언리얼 엔진 4 게임 개발 2/e

언리얼 엔진 4 게임 개발 2/e

게임 개발에 필요한 전반적인 기능 익히기

맷 에드먼즈 지음 장세윤 옮김

i!i
에이콘

아내 니콜과 딸 스베틀라나에게 감사의 마음을 전합니다.

니콜, 당신의 인내와 지지 덕분에 이 책을 무사히 마무리할 수 있었습니다.

그리고 멋진 우리 딸 스베틀라나야.

게임을 사랑하는 네 마음 덕분에 이 책의 가치가 더욱 높아졌구나.

-맷 에드먼즈

| 지은이 소개 |

맷 에드먼즈 Matt Edmonds

게임을 사랑하는 사람이자 2000년 여름부터 PC, 콘솔, 모바일 게임을 개발해온 전문가이다. 대학에서 물리학과 수학을 전공하고 대학원에서 컴퓨터공학을 전공했으며, 3D 게임 제작에 필요한 기술과 창의성의 함양이 절실히 필요함을 깨달았다. 1년 가까이 게임을 제작한 후, 마침내 Surreal Software의 오픈 소스 3D 엔진을 활용해 개발한 실시간 전략 게임을 선보인 뒤 잠시 휴식을 취했다. 현재 여러 세대의 하드웨어에 걸쳐 창의적이고 놀라운 타이틀을 제작하는 팀을 이끌고 있다. 언리얼을 사랑하는 마음과 7년의 전문적인 경험을 바탕으로 집필한 이 책을 통해 그의 열정을 짐작할 수 있다.

어린 물리학 졸업생에게 언젠가 업계의 리더가 될 수 있다는 것을 증명할 기회를 준 스튜어트 덴만에게 감사를 전한다. 이 책을 집필하는 내내 방문을 닫고 오랜 시간 일했다. 묵묵히 지켜봐준 아내와 딸의 도움 덕분에 이 책이 출간될 수 있었다고 생각한다. 이 기회를 빌어 감사하다는 말을 전하고 싶다. 책의 리뷰를 도와준 내 친구 브랜든 맨에게도 감사의 마음을 전한다. 마지막으로 어머니 감사합니다. 어머니 덕분에 이 책을 낼 수 있었어요.

브랜든 맨 Brandon Mann

현재 Z2/King에서 근무하며, 10년 이상의 전문 게임 개발 경험이 있는 엔지니어다. 인디 게임에서 트리플 A(AAA), 모바일에 이르기까지 다양한 게임을 개발하고 있으며, 언리얼 엔진 3, 4와 유니티 엔진부터 그 외 여러 자체 엔진에 이르기까지 다양한 게임 엔진을 활용해 개발하고 있다.

끊임없는 지원과 개인적으로 그리고 전문적으로 지속적으로 성장하고 발전할 수 있도록 격려 해준 내 약혼자에게 감사하다는 말을 전하고 싶다.

| 옮긴이 소개 |

장세윤(ronniej@naver.com)

유니티 한국 지사에서 필드 엔지니어로 근무하며 기술지원, 유니티 엔진 기술홍보, 기술 문서 번역 업무를 진행했다. 프리랜서가 된 이후 엔씨소프트, 넥슨, 네오플, 골프존 등 다 양한 회사와 게임 교육 학원에서 유니티 엔진 및 언리얼 엔진 교육을 진행했으며, 현재는 프리랜서 강사, 개발자, 기술 서적 번역가로 활동하고 있다.

| 옮긴이의 말 |

이 책에서는 언리얼 엔진을 활용해 게임이나 인터랙티브 콘텐츠를 제작할 때 필요한 거의 모든 기능을 다룬다. 제작 과정에서 필요한 모범 사례와 활용할 수 있는 실용적인 예제를 제공하기 때문에 특정 기능을 사용할 때 활용할 수 있는 좋은 책이다. 언리얼 엔진은 매우 다양한 기능을 제공한다. 특정 기능을 깊이 이해하는 것도 물론 중요하다. 하지만 개발자에게는 언리얼 엔진이 제공하는 기능을 전반적으로 이해하는 것이 무엇보다 중요하다. 이 책이 언리얼 엔진의 전반적인 기능을 이해하는 데 좋은 참고서가 될 것이다.

이 책에서는 C++ 기반 프로젝트 시작, 인벤토리 시스템 제작, 블루프린트 시스템의 장단점, UMG를 활용한 UI 제작, 비헤이비어 트리를 활용한 AI 적 캐릭터 제작, 레벨 스트리밍 및 레벨 전환 간 데이터 보존, 머티리얼과 연동한 오디오 시스템 활용, 셰이더 최적화 팁, 시퀀서를 활용한 인 게임 컷씬 제작, 게임 패키징 라이트맵 및 포그 시스템 활용, 가상 현실 및 증강 현실에 활용 등 매우 다양한 내용을 다룬다. 따라서 언리얼 엔진을 전반적으로 이해해야 하는 상황에서 도움이 된다.

번역을 진행하면서 문장마다 저자의 의도를 파악하려고 많은 노력을 기울였지만 의도를 제대로 파악하지 못한 부분이 있을지도 모르겠다. 잘못된 부분이나 책에 관련된 어떠한 의견이라도 소중히 여겨 잘못된 내용을 바로잡고 더 좋은 책으로 만들어가는 데 좋은 자료로 참고하겠다.

마지막으로 일 때문에 피곤하다는 핑계로 가사와 육아에 소홀한 남편임에도 항상 옆에서 응원해주는 아내와 건강하게 잘 자라고 있는 아들에게 사랑한다는 말을 전하고, 번역 기회를 주신 에이콘출판사에 감사의 말을 전하고 싶다.

에이콘출판의 기틀을 마련하신 故 정완재 선생님 (1935-2004)

| 차례 |

지은이 소개 6

감수자 소개 7

옮긴이 소개 8

옮긴이의 말 9

들어가며 19

1장   **1인칭 슈팅 게임을 위한 C++ 프로젝트 만들기**   25

개요 25

기술 요구사항 26

FPS C++ 프로젝트 빌드 28

    UE4의 설치 및 빌드 29

    에디터 실행 및 템플릿 고르기 31

    게임 프로젝트의 빌드 및 실행 32

C++를 활용한 게임 수정 34

    캐릭터 클래스의 재정의 34

    VS에서 클래스를 편집하고 에디터에서 핫 리로드하기 39

요약 43

연습문제 44

추가 자료 44

2장   **플레이어를 위한 인벤토리 및 무기**   45

개요 45

기술 요구사항 46

무기 및 인벤토리 클래스 추가하기 46

    무기 클래스 생성하기 47

    기존의 총 변환하기 49

인벤토리를 생성하고 기본 총 추가하기 52

WeaponPickup 클래스 추가하기 62

새 액터 클래스 생성하기 62

블루프린트 설정하기 67

코드로 돌아와 마무리하기 71

사용할 인벤토리 추가하기 76

무기 순환을 위한 컨트롤 추가하기 76

캐릭터에 무기 전환 기능 추가하기 77

모든 기능 통합하기 80

요약 80

연습문제 81

추가자료 81

3장   블루프린트 리뷰 및 블루프린트 스크립팅 사용시기   83

개요 83

기술 요구사항 84

블루프린트 리뷰 및 블루프린트만 사용한 게임 84

블루프린트 개요 85

블루프린트만 사용해 개발하는 것이 맞을까? 91

블루프린트 스크립팅과 성능 93

블루프린트 스크립팅 예제 – 이동하는 플랫폼 및 엘리베이터 94

블루프린트 팁, 트릭, 성능 문제 105

요약 106

연습문제 106

추가자료 107

4장   UI, 메뉴, HUD, 로드/저장   109

개요 109

기술 요구사항 110

플레이어의 HUD 클래스에 UMG 통합하기 110

인벤토리와 화면 캡처를 위한 아이콘 만들기 111

UMG를 활용해 화면에 인벤토리 아이콘 표시하기 128

인벤토리와 HUD 동기화하기 129

UMG와 게임 저장 슬롯 사용하기 137

저장 슬롯을 위한 위젯 생성하기 137

Save Game 파일 만들기 141

메뉴에서 저장 및 로드하기 146

요약 153

연습문제 153

추가자료 154

5장   적 추가하기   155

개요 155

기술 요구사항 156

AI Controller를 생성하고 기본적인 지능 만들기 156

기본 사항 확인하기 157

비헤이비어 트리에 C++ 의사 결정 기능 추가하기 163

플레이어 공격하기 167

전투 기능 다듬기 – 생성 위치, 피격 반응, 죽음 179

적 배치를 위한 생성 위치 179

피격 반응 및 죽음 181

로드/저장 시 주의사항 186

요약 189

연습문제 189

추가자료 190

6장   레벨 변경, 스트리밍, 데이터 보존   191

개요 191

기술적 요구사항 192

전통적인 레벨 로딩 방법 192

기본적인 방법 193

레벨 전환을 위해 로드/저장 사용하기 195

스트리밍이 가능할까? 213

스트리밍의 장점과 단점 213

스트리밍 예제 및 모범 사례 215

요약 218

연습문제 219

추가자료 220

7장   게임에 오디오 추가하기   221

개요 221

기술적 요구사항 222

애니메이션에서 기본적인 사운드 재생하기 222

사운드, 큐, 채널, 다이얼로그, FX 볼륨 등 224

애니메이션에서 사운드 재생하기 227

배경과 사운드 235

다른 표면과 충돌하기 235

플레이어 발자국 및 배경 FX 240

요약 248

연습문제 248

추가 자료 249

8장   셰이더 편집 및 최적화 팁   251

개요 251

기술적 요구사항 252

머티리얼의 이해와 제작 253

머티리얼 개요, 머티리얼 인스턴스 생성 및 사용법 253

머티리얼 작업 및 에디터에서 작업할 때의 성능 팁 257

런타임 및 다양한 플랫폼상의 머티리얼 264

셰이더 반복 작업을 빠르게 해주는 런타임 도구 및 기법 264

플랫폼의 이해 및 셰이더 적응하기 267

요약 278

연습문제 279

추가자료 279

9장   시퀀서를 활용한 인 게임 컷씬 추가하기   **281**

개요 281

기술적 요구사항 282

시퀀서 – UE4의 새로운 컷씬 제작 도구 282

시퀀서를 사용하는 이유 283

장면 추가 및 재생 289

시퀀서의 대안 299

빠르고 쉬운 인 게임 장면 제작 방법 299

마티네 301

요약 303

연습문제 303

추가 자료 304

10장   게임 패키징하기(PC, 모바일)   **305**

개요 305

기술적 요구사항 306

플랫폼 이해하기 307

설치 가능한 PC 버전 설정 및 일반적인 설정 308

안드로이드 설정 310

iOS 설정 317

빌드, 테스트, 배포 방법 318

UE4의 플레이 옵션 vs 패키지 프로젝트 319

기기에 빌드하고 테스트하는 방법 및 시기 319

스탠드얼론 빌드 생성 및 설치 320

출시 임박 시점에 리빌드 지옥 피하기 321

요약 322

연습문제 323

추가 자료 323

11장 볼류메트릭 라이트맵, 포그, 사전계산   325

개요 325

기술적 요구사항 326

볼류메트릭 라이트맵, 라이트매스, 포그 326

　　라이트매스 볼륨과 함께 볼류메트릭 라이트맵 추가하기 328

　　애트머스페릭 포그 사용하기 330

　　볼류메트릭 포그 사용하기 335

라이트매스 도구 339

　　라이트매스 설정 및 미리보기 모드 살펴보기 340

　　라이트맵 프로파일링하기 346

요약 349

연습 문제 349

추가 자료 350

12장 인 씬 비디오 및 시각적 효과   351

개요 351

기술적 요구사항 352

미디어 프레임워크를 활용해 인 씬 비디오 재생하기 352

　　애셋 생성하기 353

　　인 씬에서 비디오를 제작하고 재생하기 357

물리 파티클 추가하기 361

　　발사체가 부딪혔을 때 재생할 파티클 이미터 생성하기 361

　　파티클의 방향 설정 및 물리 속성 조정하기 365

요약 367

연습 문제 367

추가 자료 368

13장   UE4의 가상 현실 및 증강 현실   369

개요 369

기술적 요구사항 370

VR 프로젝트를 만들고 새로운 컨트롤 추가하기 371

    VR 프로젝트 처음 만들기 371

    GearVR로 빌드하고 배포하기 373

    HMD 컨트롤 추가하기 378

AR 프로젝트를 만들고 발사체(무기) 포팅하기 383

    첫 AR 프로젝트 만들기 383

    안드로이드 배포 세부 설정 385

    무기를 포팅해 AR에서 발사하기 386

요약 391

연습 문제 391

추가 자료 392

찾아보기 393

| 들어가며 |

언리얼 엔진 4는 현재 누구나 언제든지 무료로 사용할 수 있는 강력한 도구다. 언리얼 엔진 4는 게임 개발을 학습하는 학생과 모든 유형의 게임 및 플랫폼을 다루는 대규모 팀이 앱과 게임을 제작해 대중에게 전달하는 데 필요한 모든 것을 제공한다. 이 책은 언리얼 엔진을 사용하는 사람에게 자신감을 안겨주고, 프로젝트에서 발생하는 문제 해결에 도움을 줄 뿐만 아니라, 개발자의 수준을 마스터 레벨로 끌어올리기 위한 내용을 담고 있다.

▌ 이 책의 대상 독자

UE4 개발 경험이 있는 개발자는 이 책에 담긴 모범 사례, 실제 사례 및 주요 기술 시스템 등을 폭넓게 참고해 리더십 기술을 익히고 자신감을 쌓을 수 있다.

▌ 이 책에서 다루는 내용

1장 1인칭 슈팅 게임을 위한 C++ 프로젝트 만들기 이 책과 GitHub에 있는 UE4 프로젝트를 위한 출발점이라 할 수 있다. 엔진을 설치하고 이를 C++에서 빌드하는 것으로 시작한다. 그런 다음, 언리얼이 제공하는 1인칭 슈팅 게임 템플릿을 추가하고 이를 C++에서 빌드하고 새로운 플레이어 클래스와 컨트롤을 추가한다.

2장 플레이어를 위한 인벤토리 및 무기 게임 플레이어 관련 기본 사항을 추가하고 C++ 클래스를 추가해 에디터에서 블루프린트와 연결하는 과정에 익숙해지기 위한 내용을 다룬다. 2장 마지막 부분에서는 아이템 수집 및 새로운 컨트롤을 통한 순환 기능을 포함해 플레이어가 완전한 기능의 인벤토리 시스템을 갖추게 한다.

3장 블루프린트 리뷰 및 블루프린트 스크립팅 사용시기 예제에서 구현하는 게임 맵에서 실제 내용을 포함해 UE4의 블루프린트 시스템과 블루프린트 시스템의 장단점을 자세히 살펴본다.

4장 UI, 메뉴, HUD, 로드/저장 심도 있는 주제를 살펴본다. UI와 HUD를 설정해 이를 인벤토리와 연결한다. UE4의 파일 시스템과 어디에서나 로드 및 저장할 수 있는 시스템 구축에 필요한 다른 클래스를 자세히 살펴보고 UI에서 연결한다.

5장 적 추가하기 새 캐릭터를 임포트한 다음 캐릭터를 제작하고 플레이어 인지, 애니메이션, 플레이어 공격 기능을 포함하는 AI 시스템과 연결한다.

6장 레벨 변경, 스트리밍, 데이터 보존 UE4에서 제공하는 스트리밍 옵션을 살펴보고 맵을 변경할 때 데이터를 보존하는 방법을 살펴본다. 5장에서 구현한 로드/저장 시스템을 사용해 각 맵의 상태를 보존하면서 레벨이 전환되더라도 인벤토리가 유지되도록 시스템을 변경한다.

7장 게임에 오디오 추가하기 UE4의 주요 오디오 시스템을 간략히 살펴본 다음, 머티리얼 기반의 충격 사운드 효과 및 환경 효과와 같은 주제를 살펴본다.

8장 셰이더 편집 및 최적화 팁 실용적인 예제로 새로운 머티리얼을 만들어보고 프로파일링해 셰이더를 최적화하고 다양한 플랫폼에 적용하는 방법을 살펴본다.

9장 시퀀서를 활용한 인 게임 컷씬 추가하기 UE4에서 지원하고 주로 사용되는 컷씬 도구인 시퀀서를 살펴본다. 그리고 플레이어와 적 AI를 활용해 인 게임 컷씬을 제작한 다음, 시퀀서의 몇 가지 대안을 살펴본다.

10장 게임 패키징하기(PC, 모바일) 게임을 패키징하고 설치하는 몇 가지 예제를 진행하고 UE4 장치에서 실행하기 위한 빌드와 스탠드얼론 빌드를 수행하는 과정의 차이점을 살펴본다.

11장 볼류메트릭 라이트맵, 포그, 사전계산 사용 가능한 고급 라이팅 시스템과 이를 게임에 추가하는 방법을 살펴본다. 애트머스페릭 포그^Atmospheric Fog와 볼류메트릭 포그^Volumetric Fog를 모두 추가하고 수정하는 방법도 살펴본다.

12장 인 씬 비디오 및 시각적 효과 UE4의 미디어 프레임워크와 여기에서 제공되는 몇 가지 기능을 살펴본다. 특히, 게임 앞부분에 있는 장면을 캡처하고 게임 안에서 비디오 파일(MP4)로 재생하는 방법을 살펴본다. 또한 언리얼이 제공하는 파티클 시스템 및 물리 파티클을 살펴보고 이를 발사체 충격 효과에 추가하는 방법도 살펴본다.

마지막 장인 **13장 UE4의 가상 현실 및 증강 현실** 두 개의 스탠드얼론 프로젝트를 각각 생성하고 발사체를 메인 프로젝트에서 AR 프로젝트에 맞게 수정하는 내용을 포함해 각 프로젝트에 맞는 고유한 기능을 수정하고 구현하는 내용을 살펴본다.

▌ 준비 사항

언리얼 엔진 4를 사용하는 데 불편함이 없을 정도의 수준이 중요한 출발점이지만 필수 사항은 아니다. 이 책의 목적은 기술 분야에 종사하는 프로젝트 리더가 맡은 임무를 잘 수행할 수 있게 하는 것이다. UE4는 멀티 플랫폼 기술이지만 Visual Studio가 설치된 윈도우 PC가 주요 개발 플랫폼이며 맥북 프로^MacBook Pro와 XCode에서도 자주 사용된다. 안드로이드 장치(Gear VR 포함)와 iOS 장치도 함께 사용된다.

▌ 예제 코드 다운로드

이 책에 사용된 예제 코드는 https://github.com/PacktPublishing/Mastering-Game-Development-with-Unreal-Engine-4-Second-Edition에서 다운로드할 수 있으며, 에이콘출판사의 도서정보 페이지인 http://www.acornpub.co.kr/book/mastering-ue4-2e에서도 동일한 파일을 다운로드할 수 있다.

▌ 컬러 이미지 다운로드

책에서 사용된 스크린샷/다이어그램의 컬러 이미지가 포함된 PDF 파일을 제공한다. 다음 링크에서 PDF 파일을 다운로드할 수 있다. https://www.packtpub.com/sites/default/files/downloads/9781788991445_ColorImages.pdf.

에이콘출판사의 도서정보 페이지 http://www.acornpub.co.kr/book/mastering-ue4-2e에서도 다운로드할 수 있다.

▌ 편집 규약

책 전체에서 다양한 텍스트 규칙이 사용된다.

CodeInText: 데이터베이스 테이블 이름, 파일 이름, 파일 확장자, 경로 이름, URL, 사용자 입력, 트위터 핸들 등 텍스트 내 코드 단어를 나타낸다.

코드 블록은 다음과 같다.

```
/** Muzzle 오프셋 */
UPROPERTY(EditAnywhere, BlueprintReadWrite, Category = Projectile)
class USceneComponent* MuzzleLocation;
```

커맨드 라인 입력이나 출력은 다음과 같다.

```
$ mkdir css
$ cd css
```

볼드체: 새로운 용어, 중요한 단어 또는 화면에 표시되는 단어를 나타낸다. 예를 들어, 메뉴 또는 다이얼로그 박스에 나타나는 텍스트를 굵은 글씨로 표시한다.

경고나 중요한 내용을 나타낸다.

 권고와 조언을 나타낸다.

▌ 정오표

내용의 정확성을 기하기 위해 최선의 노력을 다하고 있지만 언제나 실수는 발생할 수 있다. 이 책에서 실수를 발견한 경우, 해당 내용을 알려주기 바란다. www.packt.com/submit-errata에 방문한 다음, 책을 선택하고 정오표 제출 양식 링크를 클릭하고 세부 내용을 입력한다.

한국어판 정오표는 http://www.acornpub.co.kr/book/mastering-ue4-2e에서 찾아볼 수 있다.

▌ 저작권 침해

인터넷 상에서 어떤 형태로든 불법 복제물을 발견하면 해당 주소나 웹 사이트 이름을 알려주기 바란다. 해당 자료에 대한 링크와 함께 copyright@packt.com으로 연락주기 바란다.

▌ 질문

이 책과 관련해 질문이 있다면 questions@packtpub.com으로 문의하길 바란다. 한국어 판에 관한 질문은 에이콘출판사 편집 팀(editor@acornpub.co.kr)이나 옮긴이 이메일로 문의하길 바란다.

01

1인칭 슈팅 게임을 위한
C++ 프로젝트 만들기

▎ 개요

이 책에 함께하는 것을 진심으로 환영한다. 이 책의 목표는 UE4와 C++ 개발에 익숙한 사람의 실력을 한 단계 끌어올리는 것이다. 어떤 장에서는 특정 시스템 구현과 모범 사례를 자세히 설명하는 데 중점을 두겠지만, 또 다른 장에서는 콘텐츠를 제작하는 팀 구성원이 자주 사용하는 UE4 시스템에 대한 폭넓은 관점을 가질 수 있도록 하는 데 중점을 둔다. 책 후반부에 이르면 프로젝트의 범위나 플랫폼과 관계없이 언리얼 엔진의 기술을 활용하는 것과 관련해 최선의 결정을 내릴 수 있는 튼튼한 기초를 마련할 수 있다. 또한 팀 전체가 프로젝트를 끝까지 내다볼 수 있게 안내한다. 물론 게임 프로젝트에는 이런 시스템을 구현할 수 있는 많은 영역이 있다. 하지만 이 책의 전반적인 목표는 어떤 요구사항이라도 기술적인 측면에서 해결할 수 있게 안내하며, 단순히 코드를 작성하는 것보다 한 단계 더 높은 수준의 기반 지식을 제공하는 것이다.

1장에서는 기본적인 전투 게임을 위한 프로젝트를 시작하고 앞으로 더 많은 고급 기능을 추가하고 작업하는 데 필요한 기반을 마련한다. 이 중 일부는 UE4의 게임 템플릿에서 자동으로 관리된다. 하지만 핵심 설정을 추가하고, 빌드하고, 테스트하며 새로운 게임 플레이 시스템을 구현하고 제대로 실행되는지 확인하는 등 책의 나머지 부분에서 사용하기 위해 필요한 모든 단계를 살펴본다.

1장에서 다루는 주요 내용은 다음과 같다.

- 새로운 1인칭 슈팅 게임 프로젝트의 생성 및 설정
- 기존 UE4 클래스 오버라이드하기
- 간단한 C++ 함수의 추가 및 구현
- 빌드 및 실행 옵션 살펴보기

▌ 기술 요구사항

1장에서는 다음과 같은 개발환경이 필요하다.

- Visual Studio 2015 또는 2017(모든 버전 사용 가능)
- 4.18.3 버전 이상의 언리얼 엔진 또는 엔진 소스 코드

플랫폼 및 설치에 대한 참고사항: 앞서 설명한 개발환경에서는 윈도우 10 컴퓨터를 사용한다고 가정하지만, 최신 버전의 Xcode가 설치된 맥^mac^에서도 동일한 작업을 수행할 수 있다. 작업 내용이 VS[1]를 기반으로 하며 VS의 일부 기능을 사용하기 때문에 1장을 진행할 때 권장하는 작업환경이지만 반드시 필요한 것은 아니다. 수시로 샘플을 테스트하고 나중에 맥에서 iOS용으로 빌드할 예정이지만, 이 책에서는 어떤 작업의 설명(주로 Visual Studio 용어)과 팁 이외에는 특정 IDE에 중점을 두지 않는다. 코드 샘플은 wholeTomato.com의

---

1 Visual Studio.

Visual Assist 도구를 사용한 서식이 반영될 수 있다. 개인적으로 Visual Studio 사용자에게 Visual Assist의 사용을 권장하지만, 이 도구는 빌드나 결과에 영향을 주지 않는다.

https://github.com/mattedmonds404/Mastering에서 이 책의 모든 소스를 찾을 수 있으며 각 장의 리비전 내역을 확인할 수 있다.

1장에서 진행하는 작업을 위해 Chapter1이라는 이름의 브랜치를 선택한다. GitHub 웹 인터페이스의 왼쪽 상단에 있는 브랜치 드롭다운 메뉴를 사용하거나 다음 링크에서 1장 소스 코드를 다운로드할 수 있다.

https://github.com/mattedmonds404/Mastering/tree/Chapter1

GitHub에서 프로젝트를 직접 사용하는 두 가지 방법: 소스 코드로 로컬에 설치된 엔진이 필요하다. 프로젝트(Mastering/Mastering.uproject)에서 마우스 오른쪽 버튼을 클릭하고 Select Unreal Engine Version을 클릭한다. 그런 다음 설치된 엔진을 선택하면 적절한 프로젝트 파일이 빌드된다. VS에서 Mastering.sln 파일을 열고 다음 과정을 수행한다.

1. 솔루션 탐색기solution explorer에서 Mastering 게임 프로젝트에 마우스 오른쪽 버튼을 클릭하고 **시작 프로젝트로 설정**Set as Startup Project을 선택한다. 이렇게 설정한 뒤 VS에서 프로젝트를 실행하면 이 프로젝트에 대한 에디터가 실행된다.
2. 구성관리자configuration에서 Development Editor로 설정하고 플랫폼을 Win64로 설정한다.
3. 솔루션 탐색기에서 UE4 **프로젝트**에 마우스 오른쪽 버튼을 클릭한 다음, **빌드**를 클릭해야 할 수도 있다. 아직 별도로 수행하지 않은 경우에는, 게임 프로젝트를 빌드할 때 엔진을 빌드하는 데 필요한 모든 의존성dependencies을 선택하지 않는다.

사용할 엔진 버전은 4.19.0이다.

FPS C++ 프로젝트 빌드

이 절에서는 언리얼 프로젝트 브라우저를 사용해 처음부터 새 프로젝트 만드는 단계를 살펴본다. 이 단계가 이미 익숙하다면 프로세스가 상대적으로 쉽게 느껴질 수 있다. 설치 단계가 처음인 경우(예: 이미 전체 개발이 진행 중인 프로젝트에 참여하는 팀 구성원), 시작하는 데 몇 단계가 더 필요하다. C++로 작업하고 Visual Studio를 사용할 예정이므로 소스 코드로 빌드한 엔진을 사용하지 않는 사용자를 위해 간략하게 살펴볼 예정이다. 책에서는 엔진 소스를 직접 수정하지는 않지만 주로 C++에 중점을 두기 때문에 C++ 프로젝트를 빌드해야 한다. 소스를 빌드하지 않고 블루프린트만 사용하는 프로젝트를 만들 수도 있다. 3장, '블루프린트 리뷰 및 블루프린트 스크립팅 사용시기'에서 이에 대한 장단점을 설명하겠지만, 책에서는 대부분의 기능을 블루프린트가 아닌 C++로 구현한다. 에픽 게임즈는 기술 사용자가 발견하는 문제나 문제를 해결하는 데 도움을 주는 개선사항을 적극적으로 수용한다. 이렇게 제기된 문제에 대한 응답은 http://answers.unrealengine.com과 같은 허브 포럼에서 훨씬 쉽게 찾을 수 있다. 또한 에픽 게임즈가 도움을 주기 전에 엔진 코드의 수정이나 변경이 즉시 필요한 경우에는 엔진을 편안하게 디버깅하고 빌드하는 환경이 필요할 수 있다. 마지막으로 에픽 게임즈가 통합할 변경사항이나 수정사항을 요청하기 위해 Git에서 GitHub 프로젝트로의 연결이 필요할 수도 있다. 그런 다음, 소스 코드에서 빌드할 수 있는 새로운 컴퓨터 엔진과 프로젝트의 설치를 진행한다.

다음 절에서는 게임 모드와 플레이어를 약간 수정한 뒤, 이를 다시 컴파일해 결과를 확인하는 과정을 진행한다. 앞서 언급한 대로 이 단계를 건너뛰고 싶은 사람은 GitHub 저장소의 Chapter1 브랜치에서 모든 작업을 확인할 수 있다.

새 프로젝트를 시작하고 실행하는 데에는 다음의 세 가지 주요 단계가 필요하다.

1. UE4 소스를 다운로드하고 설치한 다음 컴파일한다.
2. 프로젝트 브라우저에서 에디터를 처음 실행한 다음 템플릿을 선택한다.
3. 프로젝트를 빌드하고 실행한다.

UE4의 설치 및 빌드

첫 번째 단계는 UE4 소스 코드를 다운로드하고 빌드하는 단계로 여러 방법을 쓸 수 있다. 이 작업이 처음인 경우 간단하게 GitHub 사이트(https://github.com/EpicGames/UnrealEngine)에서 소스 코드를 다운로드할 수 있다.

 위 링크에 접속하려면 GitHub 계정이 있어야 하며, Unreal Developer로 신청해야 한다. https://wiki.unrealengine.com/GitHub_Setup에서 자세한 내용을 확인할 수 있다.

Clone or download 버튼을 클릭해 옵션을 확인한다. 프로젝트를 ZIP 파일로 다운로드하고 하드 드라이브의 원하는 곳에 압축을 해제할 수도 있다. 다음 그림은 이 과정을 나타낸 스크린샷이다.

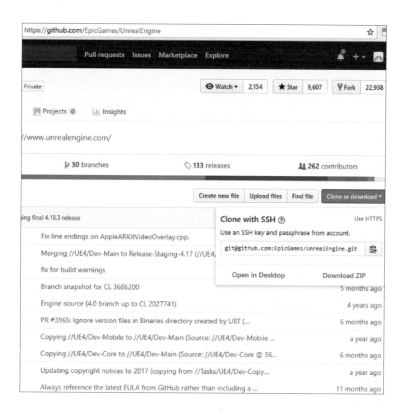

웹사이트에서 다운로드하는 방법과 함께 Git으로 소스 코드를 다운로드할 수 있다. 개인적으로 GitHub Desktop을 선호하지는 않지만 이 앱으로 소스 코드를 다운로드하는 방법을 살펴보는 것도 한 가지 방법이다. 사용자 경험에 대한 몇 가지 문제가 있기는 하지만 SourceTree 역시 GitHub 프로젝트를 관리할 수 있는 무료 앱이다. 커맨드 라인 작업이 익숙한 사용자를 위해 몇 가지 옵션을 제공하며, SourceTree에서는 터미널을 열어 명령어를 사용할 수도 있다. 이제 중요한 것은 UE4 코드를 설치해 빌드하는 것이다.

새 버전의 엔진을 다운로드할 때(업데이트나 새로 설치) 가장 먼저 해야 할 일은 항상 Setup.bat(맥에서는 setup 명령어)를 실행하는 것이다. 플랫폼에서 팝업 창이 열리는지 확인하고 같은 폴더에 있는 README.md에 설명된 대로 플랫폼에 필요한 파일을 가져오는지 확인한다.

Setup.bat 파일을 실행(또는 setup 명령어)한 작업이 완료되면 GenerateProjectFiles.bat 파일을 실행한다. 그러면 UE4.sln 파일이 동일한 폴더에 나타난다.

UE4가 생성한 솔루션과 VS 2015 및 VS 2017에 대한 간략한 설명: UE4는 기본적으로 VS 2015 프로젝트를 생성한다. 배치 파일 인수로 −2017을 지정할 수 있다. 현재는 2017용으로 빌드할 필요는 없으며 VS 2015와 2017 모두에서 2015 프로젝트를 열고 빌드하고 실행하는 데 아무런 문제가 없다. 하지만 VS 2015와 2017이 모두 설치된 경우 프로젝트를 열면 기본적으로 VS 2015에서 열리기 때문에 불편하게 느껴질 수도 있다. 이 책을 쓰는 시점에서는 두 버전 중 어떤 버전의 Visual Studio를 사용하더라도 동일한 결과를 얻을 수 있으며, 이를 위해 테스트를 마친 상태이다. 하지만 앞으로는 GitHub 저장소 상태에 따라 VS 2017을 사용해 에디터를 빌드한다. 1장의 'C++를 활용한 게임 수정' 절의 '캐릭터 클래스의 재정의'에서 이 설정이 필요한 이유와 설정 방법을 살펴본다.

엔진을 빌드하기 위해 필요한 단계는 매우 간단하다.

1. .sln 파일을 더블 클릭해 VS에서 연다.
2. 이제 VS 솔루션 탐색기의 UE4 프로젝트에서 마우스 오른쪽 버튼을 클릭하고 **시작 프로젝트로 설정**Set as Startup Project을 선택한다.

3. **구성관리자**^{Configuration}에서 Development Editor(또는 DebugGame, 뒤에 자세히 살펴볼 예정이다)로 설정하고 **플랫폼**을 Win64로 설정한다.

4. 프로젝트를 빌드한다. 컴퓨터의 성능이 떨어질 경우 시간이 오래 걸릴 수도 있다. 빌드 권장사항 중 일부가 이 절의 끝에 나와 있다.

에디터 실행 및 템플릿 고르기

다음 단계는 에디터 실행이다. VS에서 엔진을 열고 F5 키를 누른다. 솔루션에 게임이나 앱 프로젝트가 없는 경우 바로 언리얼 프로젝트 브라우저가 나타난다. 솔루션 탐색기의 UE4 프로젝트에서 마우스 오른쪽 버튼을 클릭하고 직접 디버깅하거나 실행해 언제든지 수행할 수 있다. 개인적으로 UE4 설치 폴더의 /Engine/Binaries/Win64/UE4Editor.exe 바로가기 생성을 권장한다. 이렇게 하면 프로그래밍 IDE 외부에서 쉽게 실행할 수 있으므로 유용하다.

프로젝트 브라우저에서 다음과 같이 진행한다.

1. **새 프로젝트**^{New Project} 탭을 클릭하고 그 아래의 **C++** 탭을 선택한다.
2. 1인칭 슈팅 게임(FPS)을 만들기 위해 **1인칭**^{First Person} 아이콘을 선택한다.
3. 대상 폴더와 프로젝트 이름을 입력하고 **프로젝트 생성**^{Create Project}을 클릭한다.
4. Mastering이 아닌 다른 이름을 프로젝트 이름에 입력한 경우에는 다음 정보 박스를 참고하기 바란다.

기본 설정인 **데스크톱/콘솔, 퀄리티, 시작용 콘텐츠**를 그대로 사용할 수 있지만, 옵션에 어떤 것이 있는지 자유롭게 살펴보기 바란다. 해당 메뉴에 마우스 포인터를 가져가면 나오는 간략한 설명을 참고할 수 있다. **시작용 콘텐츠**는 실제 언리얼 콘텐츠 패키지이며 1장 후반부에 시작용 콘텐츠를 직접 추가할 예정이다.

여기에 제시된 프로젝트는 GitHub에서 Mastering으로 설정됐기 때문에 책 전반에 걸쳐 프로젝트 이름을 지칭하는 데 Mastering을 사용한다. 언리얼의 템플릿 역시 프로젝트에 추가되는 몇 가지 기본 파일을 설정하는 데 프로젝트 이름을 사용한다. 예를 들어, MasteringCharacter.h 파일을 참조할 때 다른 프로젝트 이름을 선택한 경우에는 빌드된 템플릿에서 (프로젝트 이름)Character.h 파일을 참조해야 한다. 그러니 간단하게 프로젝트 이름을 동일하게 설정할 것을 권장한다.

이제 UE4는 프로젝트 브라우저를 닫고 게임의 프로젝트 파일을 생성한 다음 VS에서 열어본다. 엔진 프로젝트가 프로젝트 솔루션에서도 열리기 때문에 엔진 전용 IDE 세션을 닫는 것이 좋다. 이름이 지정된 프로젝트가 시작 프로젝트로 설정되고 C++ 템플릿을 위한 여러 소스 파일이 포함된 것을 솔루션에서 확인할 수 있다.

게임 프로젝트의 빌드 및 실행

드디어 게임을 빌드하고 실행할 수 있게 됐다. 구성관리자나 플랫폼을 변경하지 않았다면, FPS 샘플 프로젝트 빌드는 빠르게 진행되며, 엔진 코드를 다시 빌드할 필요는 없다. 일반적으로 테스트를 위해 DebugGame 버전으로 빌드하는 것이 좋다. DebugGame을 사용하면 프로젝트 코드에 대한 실시간 실행 정보 및 안전성 검사를 수행할 수 있으며, 이는 대부분 테스트할 때 성능에 큰 부담을 주지 않는다. 따라서 엔진은 development로 빌드했지만 예제 프로젝트에서 DebugGame Editor를 사용할 것을 권장한다. DebugGame Editor는 컴퓨터에서 실행되는 스탠드얼론 구성(DebugGame)으로 게임 프로젝트의 코드만 디버그 모드로 빌드하고 엔진은 빠르게 실행될 수 있는 development 구성을 사용한다. 예를 들어, 구성관리자에서 Debug Editor로 변경하면 엔진 역시 debug 모드로 전체 빌드를 수행한다. 엔진 또한 debug 빌드로 다소 느리게 실행되며, 엔진의 debug와 development 빌드를 모두 관리하면 시간이 많이 소요되고 엔진 코드를 직접 디버깅하지 않는 한 필요하지 않다. 프로젝트의 빌드가 완료되면 앞에서 엔진만 있는 프로젝트를 실행했던 것처럼 F5 키를 사용해 프로젝트를 실행한다. 그러면 게임을 게임 프로젝트로 사용하는 에디터가 실행된다. UE4에서 에디터는 프로그래머를 포함한 모든 개발자가 게임이나 앱을 제작하는 동안 방대한 양의 작업을 진행하는 공간이다. 에디터에서 작업하는 동안 게임 라이브러리의 핫 리로드hot-reload할 수 있는 **에디터에서 실행**Play In Editor, PIE 기능은 언리얼의 가장 큰 강점 중 하나이다. 프로젝트와 게임 흐름이 단순한 초기 수준에서 점점 더 복잡해짐에 따라 핫 리로드 및 PIE 자체가 항상 테스트를 위한 완벽한 옵션이 될 수는 없다. 하지만 이 절에서 진행하는 작업을 처리하는 데에는 완벽한 옵션이 된다. 게임플레이 시스템이나 새 코드를 디버깅할 때 PIE는 가장 좋은 도구이다.

에디터 기본 레이아웃에서 오른쪽 위에 있는 **플레이**Play 버튼을 눌러 실행해보기 바란다. 버튼을 누르는 즉시 전통적인 WASD FPS 키보드 컨트롤으로 이리저리 움직일 수 있으며, 무기를 발사할 수 있고(발사한 무기가 레벨에 배치된 큐브에 맞으면 물리 효과가 나타난다), 스페이스 바를 이용해 점프도 가능하다.

초기 단계에서 컨트롤에 대해 고민하는 것은 매우 좋은 생각이다. 에디터와 PIE에서 작업하는 동안 모든 팀과 모든 게임에 사용 가능한 컴퓨터 컨트롤의 계속적인 유지를 권장한다. 모바일이나 VR과 같이 컴퓨터가 기본 플랫폼이 아닌 게임이나 앱이라 하더라도 컴퓨터에서 사용 가능한 컨트롤을 유지하면 PIE의 테스트 속도와 용이함을 활용할 수 있다는 장점이 있다. 실제로 게임 프로젝트로 가서 MasteringCharacter.cpp 파일을 열고 입력 코드를 살펴보면, 회전 동작에서 마우스와 같은 직접 입력뿐만 아니라 컨트롤 스틱이나 모바일의 가상 컨트롤 스틱에 대응할 수 있게 두 가지 방법을 지원한다. 또한 스마트폰이나 태블릿과 같은 터치스크린 장치에서 한 번의 터치로 이동과 회전을 모두 지원하는 코드가 주석 처리된 것도 볼 수 있다. 다음 절에서는 새로운 입력을 추가한다. 다양한 플랫폼에서 설정된 기존 입력을 찾아보고 내용을 확인해보기 바란다. 나중에 전체 플랫폼에 대한 컨트롤을 추가하는 것보다 여러 플랫폼에 대한 컨트롤을 유지하면 훨씬 더 쉽다는 것을 기억하자.

▌ C++를 활용한 게임 수정

FPS 게임에 새로운 메커니즘^{stealth}을 추가해 프로젝트에 새로운 기능과 게임플레이를 빠르게 추가하는 몇 가지 방법을 살펴본다. 템플릿에서 제공된 기존 클래스를 재정의하고 새입력과 새 코드를 추가할 예정이다. 이 절 끝에서 게임을 실행해 입력 버튼을 눌렀을 때 캐릭터가 자세를 낮추는 동작을 취하는지 확인함으로써 원하는 대로 코드가 실행되는지 테스트한다. 이를 위해 다음과 같이 단계적으로 수행한다.

1. 에디터에서 새 C++ 클래스를 추가한다.
2. 이 클래스를 수정하고 실행 중인 에디터에서 핫 리로드로 다시 로드한다.
3. 새 입력과 게임플레이 메커니즘을 추가하고 동작을 확인한다.

캐릭터 클래스의 재정의

모범 사례에 맞게 잘 동작하도록 작업을 진행하기 위한 기존 MasteringCharacter(C++로 구현된) 클래스를 상속해 특별히 고안된 게임 코드를 추가한다. 이 작업은 Visual Studio에서 직접 수행할 수 있지만, 에픽 게임즈에는 에디터에서 사용할 수 있는 이 과정을 위한 단축 메뉴가 있다. 앞서 열어둔 에디터에서 시작해보자.

콘텐츠 브라우저에서부터 시작해보자. 콘텐츠 브라우저는 기본적으로 에디터 아래에 고정돼 있다. 콘텐츠 브라우저가 열리지 않거나 이전에 어떤 이유로 닫은 경우에는 상단의 **창**^{Window} 메뉴를 클릭하고 **콘텐츠 브라우저**^{Content Browser}가 있는 곳으로 스크롤한 다음, **콘텐츠 브라우저 1**^{Content Browser 1}을 클릭하면 콘텐츠 브라우저를 다시 열 수 있다. 콘텐츠 브라우저를 다시 열면 에디터 위에 떠 있는데, 이를 편한 위치에 고정해 사용하면 된다. 물론, 고정하지 않고 사용해도 된다. 콘텐츠 브라우저 왼쪽에 **신규 추가**^{Add New} 드롭다운 메뉴 아래에 세 줄과 작은 화살표로 된 아이콘이 있다. 이 아이콘을 클릭해 **소스** 패널을 열어보자. 소스 패널은 에디터에서 콘텐츠를 검색하는 데 매우 유용하다. 소스 패널의 **콘텐츠**^{Content} 아래에서 FirstPersonCPP라는 이름의 폴더가 있고 그 안에 Blueprints 폴더가 있다. 폴더를 클릭하면 오른쪽 패널에서 FirstPersonCharacter 항목을 확인할 수 있다. 이 항목은 현재 게임을 시작할 때 나타나는 캐릭터 블루프린트이며, C++ FPS 템플릿을 추가하면 게임을 제대로 구동시키기 위해 맵에 이 블루프린트의 인스턴스가 필요하다. 이 블루프린트는 C++ FPS 템플릿에서 사용되는 유일한 블루프린트 중 하나이다. 블루프린트를 열어 MasteringCharacter.h/cpp 파일의 C++ 코드에서 활용할 수 있는 내용이 있는지 살펴보자. 파일은 에디터에서 블루프린트로 나타난다. 파일이 열리면 변수 모임이 나타나며, 상단에 있는 **메모**를 클릭하면 **전체 블루프린트 에디터**가 열린다. 블루프린트, 블루프린트 클래스, 블루프린트와 C++ 간의 상호작용에 대한 자세한 내용은 3장, '블루프린트 리뷰 및 블루프린트 스크립팅 사용시기'에서 살펴본다. 파란색 링크를 클릭하면 게임에서 변수가 캐릭터를 어떻게 정의하고 있는지를 살펴볼 수 있다. 엄격한 C++ 스타일의 템플릿에서는 블루프린트를 거의 사용하지 않는다. 블루프린트는 템플릿을 사용하기 위해 필요한 변수의 모음일 뿐이다. 하지만 상단의 **뷰포트**^{Viewport} 탭을 클릭하면 이 변수가 어떤 역할을 하는지 볼 수 있다. 예를 들어, 오른쪽의 **디테일**^{Details} 탭에서 Camera라는 이름의 섹션을 찾을 수 있다[2]. 이 섹션 아래에 회색으로 음영 처리돼 45.0이라는 값을 가진 **Base Turn Rate** 값을 볼 수 있다. 코드에서 이 값은 캐릭터가 회전하는 속도를 결정하는 데 사용하지만 편집은 할 수 없다. 왜 그런지 살펴보자.

Visual Studio로 돌아와 MasteringCharacter.h 파일을 살펴보자. 클래스의 public 섹션 아래쪽을 살펴보면 다음과 같은 코드를 찾을 수 있다.

```
/** 각도/초당 단위의 기본 회전 속도.
다른 크기 조정값을 사용해 최종 회전 속도에 영향을 줄 수 있음. */
UPROPERTY(VisibleAnywhere, BlueprintReadOnly, Category=Camera)
float BaseTurnRate;
```

---

2 보이지 않는 경우 에디터 상단의 도구모음에서 클래스 디폴트를 선택한다.

UPROPERTY 매크로는 C++ 변수가 블루프린트에서 보이거나 편집할 수 있도록 블루프린트와 연결하기 위해 사용하는 방법이다. 여기에서는 VisibleAnywhereBlueprint ReadOnly로 설정했는데, 이 값으로 설정하면 블루프린트에서 볼 수는 있지만 편집할 수는 없다. Category=Camera로 설정됐기 때문에 블루프린트의 **Camera** 섹션 아래에 변수가 보였다. 변수는 C++의 Camel Case를 기반으로 블루프린트에서 자동으로 표시된다. 따라서 BaseTurnRate와 같이 대문자로 시작하는 단어가 블루프린트에 표시된다. MasteringCharacter.cpp 파일의 생성자에서 BaseTurnRate = 45.f로 설정된 것을 볼 수 있다. 그래서 블루프린트에서 BaseTurnRate값이 45.0으로 보였다. 이런 모든 내용이 더 많이 사용되겠지만 변경할 사항을 간단히 살펴보자.

다음 단계에는 에디터에서 게임을 빌드한다. 이를 위해 VS 2015와 VS 2017을 모두 설치한 경우 발생할 수 있는 문제를 다시 언급한다. VS 2015를 설치하지 않고 VS 2017만 설치한 경우에는 이 단계를 건너뛰어도 좋다.

Visual Studio 2017에서 모든 항목이 열리게 설정하려면 다음의 두 과정을 거쳐야 한다. 먼저, GitHub에서 프로젝트의 readme.md를 보면 배치 파일을 만드는 방법을 확인할 수 있는데, 이 방법을 사용하거나 같은 줄을 명령 프롬프트에 복사한 뒤 붙여넣어 탐색기에서 VS 2017 프로젝트 파일을 생성할 수 있다. 또한 에디터에서 프로젝트 파일을 생성하면 VS 2015가 기본으로 설정되는데, VS 2017을 사용하는 경우에는 에디터가 빌드하고 VS 2015에서 프로젝트를 열려고 한다. 따라서 VS 2015와 VS 2017이 모두 설치돼 있는 경우에는 매우 귀찮은 일이 될 수 있다. 에디터 상단의 **세팅**Settings을 선택하고 **프로젝트 세팅** Project Settings을 클릭한 다음, **플랫폼**Platforms 카테고리 아래에 있는 **Windows**를 선택하면 다음 그림과 같은 메뉴가 나타난다.

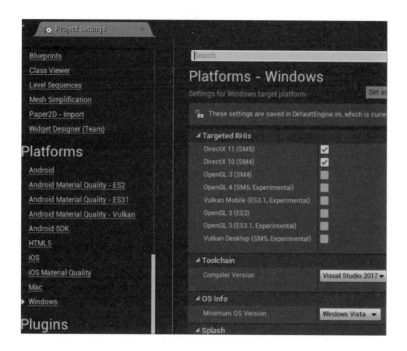

위 그림과 같이 Compiler Version에서 Visual Studio 2017을 선택하면 VS 2015에서 프로젝트가 열리던 문제가 해결된다. VS 2015만 사용하거나 VS 2017에서 작업하고 싶지 않은 경우에는 Compiler Version에서 Default를 선택하거나 2015를 명시적으로 선택하면 된다.

다시 메인 에디터 창으로 돌아가서 MasteringCharacter를 상속받는 새 클래스를 추가해보자. 다음 과정을 수행한다.

1. 상단의 메뉴 바에서 파일^{File}을 클릭하고 새로운 C++ 클래스^{New C++ Class}를 선택한다.

2. 부모 클래스 선택^{Choose Parent Class} 창에서 오른쪽 상단에 있는 모든 클래스 표시^{Show All Classes} 박스를 체크한다.

3. 검색란에서 MasteringCharacter가 나타날 때까지 MasteringCh를 입력하고 MasteringCharacter가 목록에 나타나면 선택한다.

4. 선택된 클래스^{Selected Class} 필드에서 MasteringCharacter가 제대로 선택됐는지 확인하고 다음^{Next}을 클릭한다.

5. MyMasteringCharacter에서 StealthCharacter로 이름을 변경하고 **클래스 생성**^{Create}_{Class}을 클릭한다.

 1단계의 새로운 C++ 클래스(New C++ Class)는 콘텐츠 브라우저 창에서 마우스 오른쪽 버튼만 클릭해 사용할 수도 있다. 또한 2단계에서 부모 클래스 선택(Choose Parent Class) 창의 모든 클래스 표시(Show All Classes)를 항상 체크해 사용하는 것도 좋은 방법이 될 수 있다. 에픽 게임즈에서 신규 사용자를 위해 기본적으로 유용한 클래스를 필터링해주는 것은 매우 좋지만, 프로젝트가 커짐에 따라 기본 클래스보다는 직접 추가한 커스텀 클래스를 주로 사용하게 된다.

에디터는 새로운 C++ 코드를 컴파일 중이라고 알려주고, 작업이 완료되면 에디터 오른쪽 하단에 성공적으로 완료됐다고 알려준다. 핫 리로드 개념에서 명심해야 할 중요한 사항은 Visual Studio로 돌아가면 프로젝트 솔루션을 다시 로드한다는 점이다. Visual Studio가 디버깅을 중단할지 여부를 묻는데, 여기에서 예^{Yes}를 선택하면 에디터를 닫는다. 나는 필요할 때마다 디버거를 에디터와 연결하고 해제하는 방법을 주로 사용한다. VS에서 **디버그**^{Debug} 메뉴 아래에 **모두 종료**^{Detach All} 명령(개인적으로는 이 명령에 Ctrl + D 단축키를 설정해 사용하는 것을 선호한다)을 사용할 수 있다. 이 명령을 사용하면 에디터가 유지되는 상태에서 필요한 만큼 솔루션을 다시 로드할 수 있다. 코드 디버깅을 완료한 뒤 실행 중인 에디터와 다시 연결하면 된다. 이를 위해 **디버그**^{Debug} 메뉴 아래의 **프로세스에 연결**^{Attach to Process}(개인적으로는 이 명령에 Alt + D 단축키를 설정해 사용하는 것을 선호한다)을 선택한다. 그러면 창이 뜨는데 **프로세스** 목록에서 U 키를 누르면 UE4Editor.exe를 찾을 수 있다. 목록을 더블 클릭하면 다시 디버깅 모드가 시작된다.

VS에서 클래스를 편집하고 에디터에서 핫 리로드하기

이제 MasteringCharacter를 부모로 상속하는 클래스가 추가됐다. 추가된 클래스를 C++에서 편집하고 에디터로 변경사항을 확인해보자. 앞에서 설명했듯이 디버거 연결을 해제할 것을 권장한다. 하지만 디버깅을 종료하고 에디터를 다시 실행하기로 결정하고 이 방법을 사용한다고 해서 문제가 되는 것은 아니다. 디버거 연결을 해제한 경우에는 솔루션 탐색기의 Mastring 프로젝트에서 마우스 오른쪽 버튼을 클릭하고 **프로젝트 언로드**Project Unload를 한 다음, 마우스 오른쪽 버튼을 클릭하고 프로젝트 **다시 로드**Project Reload를 선택해 모든 내용이 현재 상태로 유지되도록 해야 한다(이 방법이 VS를 닫고 다시 여는 것보다 빠르다). 이제 솔루션 탐색기에서 Source/Mastering 아래에 있는 StealthCharacter.h와 StealthCharacter.cpp 파일을 찾을 수 있다. 파일을 열어보면 내용이 거의 없는 것을 볼 수 있다. 새로운 변수를 추가해 나중에 변화를 에디터에서 확인해보자. StealthCharacter.h 파일의 GENERATED_BODY() 다음 줄에 아래 내용을 추가한다.

```
public:
    /** 스텔스 모드의 회전 및 피치(Pitch) 속도에 대한 조정값 */
    UPROPERTY(EditAnywhere, BlueprintReadWrite, Category = Gameplay)
    float StealthPitchYawScale = 0.5f;
```

Visual Studio로 돌아와 StealthCharacter.h 파일에 다음 코드를 추가한다. 앞서 추가한 StealthPitchYawScale 변수 다음에 추가하자.

```
public:
    virtual void SetupPlayerInputComponent(UInputComponent* PlayerInputComponent)
override;
    virtual void AddControllerPitchInput(float Val) override;
    virtual void AddControllerYawInput(float Val) override;

    void Stealth();
    void UnStealth();
protected:
    bool bIsStealthed = false;
```

여기에서는 MasteringCharacter에서 사용된 패턴을 따른다. 두 함수(Stealth와 UnStealth)를 새로운 입력과 연결한 다음, 부모 클래스의 함수를 재정의해 요^{yaw}와 피치^{pitch} 입력에 회전 속도를 조정하는 인자를 곱해 회전 속도를 낮춘다. StealthCharacter.cpp 파일에 다음 코드를 추가하자.

```cpp
void AStealthCharacter::SetupPlayerInputComponent(UInputComponent*
PlayerInputComponent)
{
    // jump 이벤트와 연결한다
    PlayerInputComponent->BindAction("Stealth", IE_Pressed, this,
&AStealthCharacter::Stealth);
    PlayerInputComponent->BindAction("Stealth", IE_Released, this,
&AStealthCharacter::UnStealth);

    Super::SetupPlayerInputComponent(PlayerInputComponent);
}

void AStealthCharacter::AddControllerPitchInput(float Val)
{
    const float fScale = bIsStealthed ? StealthPitchYawScale : 1.0f;
    Super::AddControllerPitchInput(Val * fScale);
}

void AStealthCharacter::AddControllerYawInput(float Val)
{
    const float fScale = bIsStealthed ? StealthPitchYawScale : 1.0f;
    Super::AddControllerYawInput(Val * fScale);
}

void AStealthCharacter::Stealth()
{
    bIsStealthed = true;
    Super::Crouch();
}

void AStealthCharacter::UnStealth()
{
    bIsStealthed = false;
```

```
    Super::UnCrouch();
  }
```

UE4 C++를 사용해본 프로그래머는 코드 내용 대부분을 명확히 이해한다. 하지만 Stealth 및 UnStealth 재정의 함수는 AStealthCharacter 클래스가 상속하는 ACharacter 클래스에 존재하는 함수[3]를 호출한다는 점에 주목하자. 캐릭터가 몸을 숙이고 다시 일으키는 동작에 기존 메커니즘을 사용하면 이 기능을 모두 다시 만들어야 하는 어려움을 피할 수 있다. 이제 프로젝트를 빌드하거나 다음과 같이 입력을 추가한 다음(이를 위해 에디터 재실행이 필요함) 에디터의 변경사항을 모두 저장했는지 확인한다.

새로운 입력 바인딩(연결)을 추가하는 두 가지 방법이 있다. 메인 에디터 창의 **세팅**Settings 탭에서 **프로젝트 세팅**Project Settings을 사용하는 것이 가장 좋다. 프로젝트 세팅에서 스크롤 바를 내려 **엔진**Engine 카테고리에 있는 Input 항목을 찾아 선택하면 오른쪽 메뉴에 Bindings가 나타나는데, Bindings 아래에서 Action Mappings를 찾을 수 있다. Action Mappings 오른쪽에 있는 작은 더하기(+) 아이콘을 클릭하면 새로운 입력을 설정하는 줄이 추가된다. 새로 추가된 NewActionMapping 입력의 이름을 Stealth로 변경한다. 그런 다음 이름을 변경한 새 입력 Stealth 오른쪽의 작은 더하기(+) 아이콘을 클릭하고 None 드롭다운 메뉴를 클릭해 다음 그림과 같이 Left Shift 버튼을 찾아 설정한다.

---

3   Crounch 및 UnCrounch 함수.

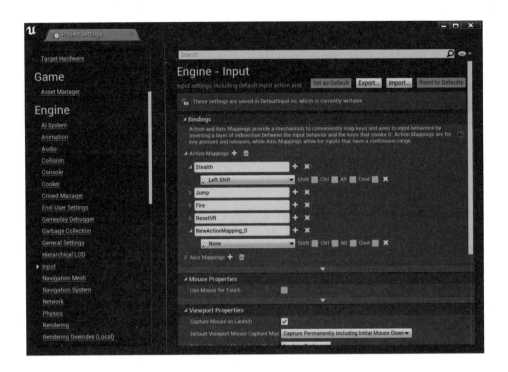

이제 **Stealth**라는 이름의 Action 입력에 키보드의 왼쪽 **Shift** 키를 바인딩(연결)했다. 이렇게 하면 게임의 /Config/DefaultInput.ini 파일에 이 입력에 대한 새로운 줄이 추가되고, 동시에 실행 중인 에디터 버전이 업데이트된다. 방법 대신 DefaultInput.ini 파일에서 [/Script/Engine.InputSettings] 바로 아래에 이 내용(+ActionMappings=(ActionName="Stealth", Key=Left Shift))을 직접 추가하고 저장하는 방법을 사용할 수도 있다. 엔진은 .ini 파일을 자동으로 다시 로딩하지 않는다. 따라서 이 방법을 사용한 경우에는 변경사항을 에디터에 적용하기 위해 에디터를 다시 실행해야 한다. 그렇기 때문에 세팅Settings 창에서 설정을 변경하는 것이 더 좋다. .ini 파일에서 내용을 변경한 경우에는 에디터나 스탠드얼론 게임을 다시 실행해야 변경사항이 적용된다는 점을 명심하자.

모든 변경사항을 적용하기 위해 FirstPersonCharacter 블루프린트에서 해야 할 한 가지 작업이 남았다. 이를 위해 블루프린트 에디터 창을 다시 연다. 컴포넌트Components 탭 아래 왼쪽 하단에서 CharacterMovement(Inherited) 컴포넌트를 클릭한다. 오른쪽의 디테일 창에 파라미터가 많이 있는데, 스크롤 바를 내려 Nav Movement 항목을 찾는다. 항목 위쪽에 있는 Movement Capabilities 항목에서 Can Crouch 체크 박스를 true로 설정한다. 이렇게 하면 에디터 왼쪽 상단의 **컴파일**Compile 버튼이 초록색 체크마크에서 주황색 물음표로 바뀐다. **컴파일**Compile 버튼을 클릭해 블루프린트의 변경사항을 갱신하고 Ctrl+S를 눌러 저장한다.

이제 게임을 실행하고 Shift 키를 누르면 플레이어의 시점이 약간 아래로 내려가고 기존의 블루프린트 부모 클래스 변수 일부를 설정하고 StealthPitchYawScale 값으로 요Yaw 회전과 피치Pitch 회전 속도가 줄어든 것을 볼 수 있다. 모든 변경사항이 잘 적용된 것을 확인했으니 pitch 및 yaw scale 값을 변경해 테스트해보자. 게임이 실행 중인 상태에서도 변경해보고 Stealth 모드에서 회전 속도를 얼마나 빠르게 할 수 있는지 그리고 얼마나 느리게 할 수 있는지 확인해보자. 또한 추가한 함수에 중단점Breakpoint을 설정해 C++에서 어떻게 실행되는지를 단계별로 확인해보자.

▌ 요약

1장에서는 엔진, 소스 코드, 프로젝트가 없는 상태에서 UE4 엔진의 로컬 빌드와 FPS 프로젝트를 직접 만들어보고 여기에 함수를 재정의하는 코드를 추가해 새로운 게임플레이를 추가하는 과정을 진행했다. 이 내용은 매우 좋은 출발점이며, 게임을 제작하는 과정에서 만날 수 있는 여러 장애물을 뛰어넘는 기본기를 쌓을 수 있고 책에서 진행할 나머지 내용에서 필요한 탄탄한 기초를 마련해준다.

다음으로 컨트롤과 1장에서 설명한 기본 내용에 대한 개선사항을 자세히 살펴본다. 그리고 인벤토리와 수집 가능한 무기 아이템을 포함하는 게임 기능을 추가하는 방법도 살펴보자. 그 후에는 블루프린트를 자세히 살펴본다. 블루프린트로 할 수 있는 일과 블루프린트가 왜 가치가 있는지 그리고 블루프린트가 문제가 될 수 있는 상황은 언제인지를 자세히 살펴본다. 1장을 마무리하면서 UI, 로딩 및 저장, AI 몬스터 추가 등과 같은 고급 주제를 살펴본다.

▌ 연습문제

다음 질문으로 1장에서 배운 내용을 테스트해보자.

1. 소스 코드에서 엔진을 빌드해 얻을 수 있는 이점은?
2. UE4 엔진 소스 코드를 찾을 수 있는 곳은?
3. 업데이트된 버전의 UE4 엔진 소스 코드를 받은 다음, 빌드하기 전에 수행해야 하는 작업은?
4. C++에 선언된 변수를 블루프린트에 노출시키는 방법은?
5. 에디터에서 새 블루프린트를 생성하지 않고 빠르게 기능을 추가하고 테스트할 수 있는 방법은?
6. 개발과정에서 구성관리자^{configuration}를 DebugGame으로 설정하는 것이 좋은 이유는?
7. 새로운 기능을 추가할 때 .ini 파일을 변경하는 방법이 좋지 않은 이유는?
8. 블루프린트 속성을 변경할 때 저장하기 전에 수행해야 하는 단계는?

▌ 추가 자료

영문· https://docs.unrealengine.com/en-us/Programming/Introduction

한글· http://api.unrealengine.com/KOR/Programming/Introduction

플레이어를 위한
인벤토리 및 무기

▌ 개요

2장에서는 인벤토리와 무기 변경을 관리하는 새로운 시스템을 Mastering 프로젝트에 추가할 예정이다. 가능하면 C++에서 이름으로 애셋을 참조하는 내용과 같은 하드코딩된 유형의 시스템도 제거한다. 변경사항을 적용할 때는 이와 비슷한 유형의 작업이 현재 프로젝트에 중요한 이유를 논의하는 것이 좋다. 하지만 2장 끝 무렵에는 모든 클래스와 애셋을 수정하기 쉬운 방법으로 참조하고 새로운 무기, 획득한 무기를 추가하는 것과 같은 반복 작업을 빠르게 처리할 수 있게 시스템을 구성해야 한다. 다음 내용을 차례대로 살펴보자.

- Weapon 클래스 추가
- C++에서의 무기 인벤토리 구현
- WeaponPickup 클래스의 생성 및 사용
- 새로운 컨트롤 바인딩을 활용한 무기 재활용

기술 요구사항

Mastering 프로젝트의 결과물을 비롯해 1장, '1인칭 슈팅 게임을 위한 C++ 프로젝트 만들기'의 모든 요구사항이 필요하다.

다음 GitHub 링크에서 2장의 진행상황에 대한 브랜치를 찾을 수 있다.

https://github.com/PacktPublishing/Mastering-Game-Development-with-Unreal-Engine-4-Second-Edition/tree/Chapter-2

사용된 엔진 버전: 4.19.0

무기 및 인벤토리 클래스 추가하기

이 절의 목표는 두 클래스(무기와 인벤토리 클래스)를 게임에 추가하고 하드코딩된 무기 템플릿을 새로 추가한 무기 클래스에 맞게 변환하며, 플레이어의 새로운 인벤토리 클래스에 추가하는 것이다. 실행 중인 에디터에서 시작해보자. 템플릿에서 기존의 무기가 어떻게 만들어졌는지 살펴보자. 이 과정을 바탕으로 새로운 무기 클래스를 기획하고 구현하는 데 필요한 정보를 수집한다.

무기 클래스 생성하기

FPS 템플릿이 이런 유형의 프로젝트를 시작하는 데 큰 도움을 주지만 여러 측면에서 매우 제한적이다. 템플릿은 개발자가 개발 방향을 설정할 수 있게 꼭 필요한 기능만 구현하는 것을 목표로 내용을 최소화했다. 게임 프로젝트를 개선하고 확장시키기 위해 필요한 새로운 시스템과 기능이 작업 동기다. 템플릿에 구현된 간단한 무기 시스템은 FPS 무기의 핵심 내용이다. 하지만 쉽게 변경할 수 없는 형태이므로 이를 위한 새로운 클래스가 필요하다. 일반적인 FPS 게임에서는 캐릭터가 여러 무기를 번갈아 사용하는 경우가 많기 때문에 이 기능을 위한 작업을 단계별로 수행할 예정이다.

먼저 기존의 무기가 어떻게 구성돼 있는지 살펴보기 위해서는 콘텐츠 브라우저에서 Content > FirstPersonCPP > Blueprints > FirstPersonCharacter를 다시 열어봐야 한다. FirstPersonCharacter를 다시 연 다음, **풀 블루프린트 에디터 열기** 옵션을 클릭한다. 메인 창에서 **뷰포트**^{Viewport} 탭을 클릭하고 여러 항목 중 일부를 클릭하면 현재의 블루프린트에 나타나는 모양이나 표현방식을 확인할 수 있다. 먼저 클릭할 항목은 **컴포넌트**^{Components} 탭 가운데 첫 번째인 FirstPersonCharacter(self)이다. 이 항목은 현재 플레이어에서 사용되는 전체 클래스이며, 1장의 결과로 현재 MasteringCharacter 클래스를 상속받는 StealthCharacter 클래스로 설정돼 있을 것이다. **컴포넌트**^{Components} 탭에서 FirstPersonCharacter(self)를 선택하면 오른쪽의 디테일^{Details} 탭에서 Gameplay와 Projectile 아래에 있는 여러 변수를 확인할 수 있는데, 여러 변수를 새로운 클래스로 옮길 것이다.

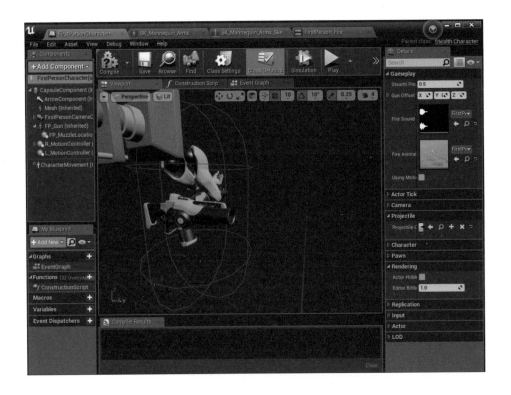

Gun Offset, Fire Sound, Fire Animation, Projectile Class는 새로운 클래스로 옮겨야 한다.
물론 무기에 따라 달라질 수 있다. **컴포넌트**^{Components} 탭으로 다시 돌아가면 FP_Gun(**상속됨**)
컴포넌트를 볼 수 있고, 컴포넌트 아래에서는 FPMuzzleLocation(**상속됨**) 컴포넌트를 볼 수
있다. 컴포넌트는 스켈레탈 메시 컴포넌트와 단순 씬 컴포넌트로서 무기뿐만 아니라 캐릭
터와도 직접적으로 연관돼 있다.

작업을 위해 메인 에디터 창과 콘텐츠 브라우저로 돌아가서 1장, '1인칭 슈팅 게임을
위한 C++ 프로젝트 만들기'에서 언급했던 단축키를 사용하자. 메인 창에서 마우스 오
른쪽 버튼을 클릭하고 **새로운 C++ 클래스** 추가하기 메뉴가 나타나면 이를 선택해 C++
클래스를 추가한다. 부모 클래스를 Actor로 선택하고 **다음**을 클릭한다. 클래스 이름을
MasteringWeapon으로 지정하고 **클래스 생성**을 클릭한 다음 핫 리로드가 완료되기를 기
다린다. 핫 리로드가 완료되면 Visual Studio로 돌아가 앞서 새 무기에 필요하다고 설명
했던 변수를 모두 추가한다.

기존의 총 변환하기

MasteringWeapon.h와 MasteringWeapon.cpp 파일을 열고 UPROPERTY 항목을 설정해 변수를 추가하자. 지금의 목표는 MasteringCharacter에서 수행하는 작업을 그대로 복제한 다음, 캐릭터 클래스에서 해당 항목을 제거하는 것이다. 무기에 추가해야 할 변수 목록은 다음과 같다.

- Gun Offset(FVector)
- Fire Sound(USoundBase)
- Fire Animation(UAnimMontage)
- Projectile Class(TSubclassOf<class AMasteringProjectile>)
- Weapon Mesh(USkeletalMeshComponent)
- Muzzle Location(USceneComponent)

이쯤에서는 코드에 추가할 내용이 있지만, 핫 리로드를 너무 많이 거치는 것은 원치 않는다. 따라서 MasteringWeapon의 새로운 인스턴스를 게임에 추가할 준비가 완료될 때까지 에디터를 종료하고 작업할 것을 권장한다. .h 파일에 위에서 나열한 변수를 추가하는 것부터 시작해보자. 처음 네 개의 변수는 MasteringCharacter.h에서 문자 그대로 잘라내고(제거할 것이므로 복사하지 않고 잘라낸다) GENERATED_BODY() 아래의 public 섹션에 붙여넣기 할 수 있다. 다음과 같이 생성자를 추가한다.

```
public:
    AMasteringWeapon();

    /** 총구 위치에서의 총포 오프셋 */
    UPROPERTY(EditAnywhere, BlueprintReadWrite, Category = Gameplay)
    FVector GunOffset = FVector(100.0f, 0.0f, 10.0f);

    /** 생성할 발사체 클래스 */
    UPROPERTY(EditAnywhere, BlueprintReadWrite, Category = Projectile)
    TSubclassOf<class AMasteringProjectile> ProjectileClass;
```

```
/** 발사할 때마다 재생할 사운드 */
UPROPERTY(EditAnywhere, BlueprintReadWrite, Category = Gameplay)
class USoundBase* FireSound;

/** 발사할 때마다 재생할 애님몽타주 */
UPROPERTY(EditAnywhere, BlueprintReadWrite, Category = Gameplay)
class UAnimMontage* FireAnimation;
```

ProjectileClass의 UPROPERTY 항목이 이전에 MasteringCharacter.h에 설정된 내용이 아니라 그 외 변수와 일치하게 설정된 것에 주의한다. 이제 스켈레탈 메시Skeletal Mesh와 총 구 위치Muzzle Location가 필요하다. 다음 코드를 추가한다.

```
/** 총구 오프셋 */
UPROPERTY(EditAnywhere, BlueprintReadWrite, Category = Projectile)
class USceneComponent* MuzzleLocation;
```

이제부터 템플릿의 모든 게임 오브젝트에서 하드코어 C++ 구현을 벗어나는 작업을 한다는 점을 명심하자. 이 작업을 바탕으로 좀 더 논리적으로 만들 수 있고, 블루프린트를 사용해 유용한 하이브리드[1] 형태로 만들 수 있다. 모든 무기는 이 클래스의 인스턴스가 될 것이므로 .h 파일의 GunOffset 값을 다음과 같이 변경해 현재와 동일한 값으로 설정한다 (지금은 이 값이 그리 중요하지 않다).

```
FVector GunOffset = FVector(100.0f, 0.0f, 10.0f);
```

블루프린트/C++의 균형은 3장, '블루프린트 리뷰 및 블루프린트 스크립팅 사용시기'에서 더 자세하게 살펴볼 예정이다. 지금은 클래스의 블루프린트 인스턴스를 무기 속성과 같은 게임 디자인 과정에서 조절되는 데이터의 컨테이너로 생각할 수 있다. 무기에서 사용할 모든 변수가 추가됐기 때문에 새로운 총(무기)을 위한 블루프린트를 추가할 수 있다. 하지

---

1 C++와 블루프린트를 모두 활용하는 형태.

만 아직은 아무런 기능이 없고, MasteringCharacter 클래스에서 변수를 제거했기 때문에 컴파일도 되지 않는다. 현재로서는 더 많은 코드 작업을 진행하는 것이 최선의 방법이다[2]. MasteringCharacter.h 파일로 돌아가 FP_Gun과 FP_MuzzleLocation 변수를 찾아 제거한다. 그런 다음, 변수와 MasteringCharacter.cpp 파일에서 MasteringWeapon.h로 옮겨온 변수를 참조하는 모든 내용을 찾아 제거한다. 이제 VR_Gun과 VR_MuzzleLocation 변수도 제거할 수 있다. 나중에 VR 게임을 위해 새로운 프로젝트를 만들 예정이므로 변수는 현재 중요하지 않다(하지만 VR 게임 등에서 비슷하게 변환하는 방법을 생각할 수 있다).

 현재 캐릭터 클래스에 있는 기능을 무기 클래스에서 동일하게 복제해야 한다는 점을 알고 있기 때문에 현재 캐릭터에서 사용되는 내용을 주석 처리하고 작업하고 있는 무기가 완성되면 나중에 주석 처리한 내용을 제거한다.

이제 MasteringCharacter.cpp에서 다음 줄을 제거할 수 있고, MasteringWeapon.cpp에서 코드가 필요하다는 것을 알 수 있다. MasteringWeapon.cpp에서 MasteringWeapon.h include 구문 다음 줄에 아래 코드를 잘라내기/붙여넣기 한다.

```
#include "MasteringProjectile.h"
```

이어서 컴포넌트가 블루프린트에 나타날 수 있게 작업한다. .cpp 파일에서 컴포넌트 설정을 위한 코드를 생성자에 추가한다(캐릭터의 생성자에 작업된 내용과 비슷하게). 또한 다음과 같이 필요한 헤더를 생성자가 시작되는 바로 앞줄에 추가한다.

```
#include "Runtime/Engine/Classes/Components/SkeletalMeshComponent.h"
#include "Runtime/Engine/Classes/Animation/AnimInstance.h"
#include "Kismet/GameplayStatics.h"

AMasteringWeapon::AMasteringWeapon()
```

---

2   적어도 컴파일이 진행될 수 있게 한다.

```
    {
        // 총 메시 컴포넌트 생성하기
        WeaponMesh = CreateDefaultSubobject<USkeletalMeshComponent>(TEXT("WeaponMe
sh"));
        WeaponMesh->SetOnlyOwnerSee(true); // 소유한 플레이어만 이 메시를 볼 수 있다.
        WeaponMesh->bCastDynamicShadow = false;
        WeaponMesh->CastShadow = false;
        WeaponMesh->SetupAttachment(RootComponent);

        // 총구 오프셋 객체 설정
        MuzzleLocation = CreateDefaultSubobject<USceneComponent>(TEXT("MuzzleLocati
on"));
        MuzzleLocation->SetupAttachment(WeaponMesh);
    }
```

이 시점에서 게임을 플레이하면 캐릭터에 무기가 없어 제대로 동작하지 않는다. 제대로 동작하기 위해서는 몇 가지 에디터 작업이 필요하다(블루프린트와 그 외 새로운 클래스에 대한 인스턴스 추가하기). 따라서 지금이 게임을 빌드하고 에디터를 다시 시작하기 좋은 시점이다. 지금까지의 작업 내용이 GitHub의 2장 브랜치에서 중간 커밋의 내용과 일치하므로 필요한 경우 해당 브랜치 코드를 받아 일치하는지 확인할 수 있다.

인벤토리를 생성하고 기본 총 추가하기

에디터로 돌아와 처음 무기의 기능 수준(새로운 클래스로 기능을 추상화한)으로 돌아가는 데 필요한 나머지 두 가지 내용을 작업한다. 기본 인벤토리 시스템과 MasteringCharacter 클래스에서 제거했던 것과 같은 무기의 블루프린트 인스턴스를 추가한다.

먼저 새로운 MasteringWeapon을 콘텐츠 브라우저에 추가해보자. 브라우저의 메인 창에서 마우스 오른쪽 버튼을 클릭하고 **블루프린트 클래스**^{Blueprint Class}를 선택한다.

새로운 C++ 클래스를 생성하는 것과 비슷하게 아래쪽에 있는 **모든 클래스**^All Classes^를 클릭하고 MasteringWeapon을 찾아 클릭한 다음, **선택**^Select^ 버튼을 클릭한다. 생성된 항목의 이름을 BallGun으로 지정하고 블루프린트 에디터에서 이 항목을 연다. 편집하는 과정을 뷰포트에서 확인하는 것이 좋기 때문에 풀 블루프린트 에디터로 연다. **컴포넌트** ^Components^ 탭에서 **WeaponMesh(상속됨)**를 선택하고 디테일^Details^ 창에서 Mesh 카테고리를 찾아 클릭한다. 여기에 SK_FPGun 애셋을 선택한다. **컴포넌트**^Components^ 탭으로 돌아와 WeaponMesh 아래에 있는 **MuzzleLocation(상속됨)** 컴포넌트를 선택하고 디테일 창의 **트랜스폼**에서 **상대 위치** 벡터값을 이전에 하드코딩했던 값인 0.2, 48.4, −10.6으로 설정한다.

컴포넌트Components 탭으로 돌아와서 앞서 편집한 두 컴포넌트 위에 있는 BallGun(self)을 선택한다. 오른쪽 디테일 창에서 사운드 및 애니메이션 변수가 있는 GamePlay 카테고리를 찾을 수 있다. Fire Sound에는 FirstPersonTemplateWeaponFire02를, Fire Animation에는 FirstPersonFire_Montage 애셋을 선택한다. Projectile 카테고리 아래의 Projectile Class 항목에는 FirstPersonProjectile을 선택하면, 총(무기)을 위한 블루프린트 제작이 완료된다. 컴파일 버튼을 클릭하고 저장하자.

마지막으로 최소한의 인벤토리를 구축해 무기를 사용할 수 있게 하는 코드를 작성해보자. 콘텐츠 브라우저에서 마우스 오른쪽 버튼을 클릭하고 새로운 C++ 클래스를 선택한다. 이 클래스는 부모 클래스를 ActorComponent로 선택해 아주 단순한 UActorComponent로 만드는데, 필터링된 그룹에서 이를 선택하거나 모든 클래스 검색을 바탕으로 설정할 수도 있다. 새로 추가한 클래스의 이름에 MasteringInventory를 지정한다. 클래스 생성Create Class을 클릭하고 한 번 더 빌드하자. MasteringInventory.h 파일에서 다음 함수는 사용하지 않기 때문에 제거한다(.cpp 파일에서 이 함수의 구현도 제거한다).

```
public:
    // 매 프레임 호출됨
    virtual void TickComponent(float DeltaTime, ELevelTick TickType,
FActorComponentTickFunction* ThisTickFunction) override;
```

두 변수와 몇 가지 함수가 필요하다. BeginPlay() 이후에 다음과 같이 코드를 추가한다.

```
protected:
    // 게임 시작 시 호출
    virtual void BeginPlay() override;

public:
    UPROPERTY(EditAnywhere, BlueprintReadWrite)
    TSubclassOf<class AMasteringWeapon> DefaultWeapon;
    /** 사용 가능한 무기 중에서 가장 좋은 무기 선택 */
    void SelectBestWeapon(class AMasteringCharacter *Player);

    /** 인벤토리에서 무기 선택 */
    void SelectWeapon(class AMasteringCharacter *Player, TSubclassOf<class
AMasteringWeapon> Weapon);

    /** 인벤토리 목록에 무기 추가 */
    void AddWeapon(TSubclassOf<class AMasteringWeapon> Weapon);

    /** 설정할 수 있는 기본 무기 추가 */
    void AddDefaultWeapon();

    /** 현재 선택된 무기 가져오기 */
    FORCEINLINE TSubclassOf<class AMasteringWeapon> GetCurrentWeapon() const {
return CurrentWeapon; }

protected:
    TArray<TSubclassOf<class AMasteringWeapon> > WeaponsArray;
    TSubclassOf<class AMasteringWeapon> CurrentWeapon;
```

인벤토리 컴포넌트는 실제 인 게임 액터가 아닌 클래스 타입(유형)만 처리한다는 점에 주의한다. 실제 인 게임 액터는 MasteringCharacter 클래스에서 생성한 뒤 장착한다. MasteringInventory.cpp에서 기존 함수 바로 다음 부분에 구현 코드를 추가한다. #include MasteringInventory.h 행 바로 다음부터 시작한다.

```cpp
#include "MasteringCharacter.h"

// 이 컴포넌트 속성을 위한 기본값 설정
UMasteringInventory::UMasteringInventory()
{
    PrimaryComponentTick.bCanEverTick = true;
}

// 게임 시작 시 호출
void UMasteringInventory::BeginPlay()
{
    Super::BeginPlay();

    if (DefaultWeapon != nullptr)
    {
        AddWeapon(DefaultWeapon);
    }
}

void UMasteringInventory::SelectBestWeapon(class AMasteringCharacter *Player)
{
    for (auto WeaponIt = WeaponsArray.CreateIterator(); WeaponIt; ++WeaponIt)
    {
        //할 일: 무기 선택을 위한 기준 추가
        {
            SelectWeapon(Player, *WeaponIt);
            break;
        }
    }
}

    void UMasteringInventory::SelectWeapon(class AMasteringCharacter *Player,
TSubclassOf<class AMasteringWeapon> Weapon)
```

```
{
    Player->EquipWeapon(Weapon);
}

void UMasteringInventory::AddWeapon(TSubclassOf<class AMasteringWeapon> Weapon)
{
    WeaponsArray.AddUnique(Weapon);
}
```

MasteringCharacter.h에서 세 가지 내용을 추가한다. 기존의 코드 내용을 포함시켰기 때문에 어디에 코드를 추가하는지 알 수 있다. 먼저 .h 파일에 이미 있는 uint32 bUsing MotionControllers : 1 다음에 UPROPERTY를 추가한 다음 TouchItem 다음에 AMasteringWeapon 포인터를 추가한다. 마지막으로 GetFirstPersonCameraComponent() 다음 세 번째 블록 끝 부분에 두 개의 함수 프로토타입을 추가한다.

```
uint32 bUsingMotionControllers : 1;

UPROPERTY(EditAnywhere, BlueprintReadWrite, Category = Gameplay)
class UMasteringInventory *Inventory;

class AMasteringWeapon* EquippedWeaponActor;

FORCEINLINE class UCameraComponent* GetFirstPersonCameraComponent() const {
return FirstPersonCameraComponent; }

FORCEINLINE class UCameraComponent* GetFirstPersonCameraComponent() const {
return FirstPersonCameraComponent; }

/** 무기 장착 */
void EquipWeapon(TSubclassOf<class AMasteringWeapon> Weapon);

/** 현재 장착된 무기 가져오기 */
FORCEINLINE class AMasteringWeapon* GetEquippedWeapon() const { return
EquippedWeaponActor; };
```

.cpp 파일에 새 헤더를 추가한다.

```
#include "XRMotionControllerBase.h" //
FXRMotionControllerBase::RightHandSourceId의 사용을 위해
#include "MasteringInventory.h"
#include "MasteringWeapon.h"
```

생성자 아랫부분에 코드 한 줄을 추가하면 이전에 총을 장착하고 무기를 발사했던 주석 처리된 기존의 코드를 제거할 수 있다.

```
Inventory = CreateDefaultSubobject<UMasteringInventory>(TEXT("Inventory"));
```

BeginPlay() 함수는 다음 코드와 같이 간단히 정리할 수 있다.

```
void AMasteringCharacter::BeginPlay()
{
    // 부모 클래스 함수 호출
    Super::BeginPlay();

    // 시작 시 가장 좋은 무기 장착
    if (Inventory != nullptr)
    {
        Inventory->SelectBestWeapon(this);
    }
}
```

OnFire() 함수 역시 코드가 간결해지고 한결 더 읽기 쉽게 바뀌었다.

```
void AMasteringCharacter::OnFire()
{
    // 발사체(무기) 발사
    if (GetEquippedWeapon() != nullptr)
    {
        UAnimInstance* AnimInstance = Mesh1P->GetAnimInstance();
```

```
            GetEquippedWeapon()->Fire(GetControlRotation(), AnimInstance);
        }
    }
```

마지막으로 파일의 아랫부분에 무기 장착 함수를 구현한다.

```
    void AMasteringCharacter::EquipWeapon(TSubclassOf<class AMasteringWeapon> Weapon)
    {
        UWorld *World = GetWorld();
        if (World == nullptr)
            return;

        if (EquippedWeaponActor != nullptr)
        {
            World->DestroyActor(EquippedWeaponActor);
        }

        const FRotator SpawnRotation = GetActorRotation();
        const FVector SpawnLocation = GetActorLocation();
        FActorSpawnParameters ActorSpawnParams;
        ActorSpawnParams.SpawnCollisionHandlingOverride = ESpawnActorCollisionHandlingM
ethod::AlwaysSpawn;
        ActorSpawnParams.Owner = this;

        EquippedWeaponActor = Cast<AMasteringWeapon>(World->SpawnActor(Weapon,
&SpawnLocation, &SpawnRotation, ActorSpawnParams));
        if (EquippedWeaponActor != nullptr)
        {
            // 스켈리튼에 총 메시 컴포넌트 부착하기
            EquippedWeaponActor->AttachToComponent(Mesh1P, FAttachmentTransformRules(EA
ttachmentRule::SnapToTarget, true), TEXT("GripPoint"));
        }
    }
```

성공적으로 생성된 무기를 메시에 바로 부착할 때는 생성 위치와 회전값이 중요하지 않지
만, 일반적으로는 안전한 위치와 회전값을 기본값으로 설정하는 것이 좋다.

MasteringWeapon 파일로 돌아와 먼저 .h 파일에서 클래스 아랫부분에 다음 줄을 추가한다.

```
public:
    /** 무기 발사 */
    void Fire(FRotator ControlRotation, class UAnimInstance* AnimInst);
```

그리고 이전에 캐릭터에서 했던 모든 작업을 수행하게 .cpp 파일에서 다음과 같이 Fire 함수를 구현한다.

```
void AMasteringWeapon::Fire(FRotator ControlRotation, class UAnimInstance*
AnimInst)
{
    // 발사체(무기) 발사
    if (ProjectileClass != nullptr)
    {
        UWorld* const World = GetWorld();
        if (World != nullptr)
        {
            // MuzzleOffset은 카메라 공간에 있기 때문에 최종 총구 위치를 찾기 위해 캐릭터 위치에
서 오프셋을 설정하기 전에 이 값을 월드 공간으로 변환한다.
            const FVector SpawnLocation = ((MuzzleLocation != nullptr) ?
MuzzleLocation->GetComponentLocation() : GetActorLocation()) + ControlRotation.
RotateVector(GunOffset);

            // Spawn Collision Handling Override 설정
            FActorSpawnParameters ActorSpawnParams;
            ActorSpawnParams.SpawnCollisionHandlingOverride = ESpawnActorCollisionH
andlingMethod::AdjustIfPossibleButDontSpawnIfColliding;

            // 총구 위치에서 발사체(무기) 생성
            World->SpawnActor<AMasteringProjectile>(ProjectileClass, SpawnLocation,
ControlRotation, ActorSpawnParams);
        }
    }
```

```
    // 사운드가 설정된 경우 사운드 재생
    if (FireSound != nullptr)
    {
        UGameplayStatics::PlaySoundAtLocation(this, FireSound, GetActorLocation());
    }

    // 설정된 경우 발사 애니메이션 재생
    if (FireAnimation != nullptr)
    {
        // 팔 메시에 대한 애니메이션 오브젝트 가져오기
        if (AnimInst != nullptr)
        {
            AnimInst->Montage_Play(FireAnimation, 1.f);
        }
    }
}
```

남은 작업은 특정 플레이어 인벤토리 컴포넌트에 기본 무기를 추가하는 것이다. FirstPersonCharacter 블루프린트를 에디터에서 연다. 그러면 **컴포넌트**^{Components} 탭 하단에서 Inventory(상속됨) 컴포넌트를 볼 수 있다. 컴포넌트를 선택하고 **디테일**^{Details} 탭의 GamePlay, Inventory, Mastering Inventory 카테고리 아래에서 Default Weapon 드롭다운을 클릭해 BallGun을 선택한다. 게임을 플레이하면 이전과 동일하게 모든 기능이 동작할 것이다. 하지만 지금은 새로운 무기를 수용하는 시스템이 캐릭터에 적용된 상태로 동작한다. 따라서 간단히 MasteringWeapon 블루프린트 애셋을 더 추가하고 인벤토리에 추가하면 무기를 쉽게 추가할 수 있다. 다음 절에서는 이 내용에 중점을 둔다.

잠시 진행을 멈추고 새로 추가된 함수에서 중단점(Breakpoint)을 몇 개 설정하고, 모든 기능이 제대로 동작하는지 디버거에서 단계별로 확인해보자. 단계별로 동작시킬 때 일부 함수는 바로 실행으로 넘어갈 수 있는데, 이 경우에는 Development Editor로 빌드한 것이 아닌지 확인하고 DebugGame Editor로 설정한다. 흔히 이런 작은 함수는 Development 빌드에서 최적화돼 없어진다.

▎ WeaponPickup 클래스 추가하기

최소한의 기능이 있을 뿐이지만 잘 동작하는 인벤토리가 갖춰졌고, 새로운 무기 생성을 위한 weapon 클래스가 준비됐다. 이제 새로 생성된 무기 아이템을 인벤토리에 추가할 수 있는 방법을 찾아야 한다. 아이템을 수집할 때 사용할 수 있는 함수는 이미 준비돼 있지만, 게임에 의미 있는 방식으로 적용하려면 어떻게 해야 할까? 게임의 유형과 기획적인 요구에 따라 접근방식이 다양하다. 예제의 경우, 전통적인 FPS 게임 스타일을 따를 것이므로 게임 월드에 수집 가능한 무기를 떨어뜨리는 방식을 사용할 것이다. 무기는 레벨 디자인 단계에서 사전에 미리 배치하거나 실행 중에 동적으로 생성해 게임 월드에 추가할 수 있다.

새 액터 클래스 생성하기

이미 설명했듯이 게임이 다를 경우에는 기획을 달리해야 한다. 예를 들어, 어떤 게임에서 무기 아이템의 슬롯만 있는 경우에는 (많은 유명한 3D 액션 게임에서 하듯) Inventory 클래스와 Weapon Pickup 클래스가 필요하지 않다. 이 경우에는 간단히 플레이어 클래스에 AMasteringWeapon 포인터 여러 개를 추가하는 것으로 문제를 해결할 수 있다. 무기 아이템이 바닥에 배치된 상태에서는 동작을 수행하고 플레이어가 수집하거나 게임 월드에서 숨겨진 상태이거나 플레이어가 무기를 장착한 경우에는 동작을 멈추게 AActor의 Tick(float DeltaSeconds) 함수를 재정의할 수 있다. 이 경우 모든 유형의 무기를 동시에 저장할 수 있는 매우 유연하고 개방적인 시스템을 갖출 수 있다. 예제에서 WeaponPickup 클래스를 추가하는 이유는 무기 아이템이 바닥에 배치됐을 때 그 외 동작을 수행하고 인벤토리를 유용하게 만드는 데 도움을 주는 몇 가지 데이터를 추가하는 데모를 보여주기 위해서다. 많은 액션 FPS 게임에서처럼 수집할 수 있는 무기 아이템이 바닥에 배치돼 있을 때는 회전하는 아이콘이 시각적으로 잘 보일 수 있게 적절한 높이에 배치하고, 플레이어가 수집할 수 있게 콜리전을 설정한다. 탄약 수와 파워 레벨을 무기에 추가해 현재 장착한 무기를 사용하지 못하게 되거나, 가지고 있는 무기 중 가장 좋은 무기를 자동으로 장착할 수 있게 시스템을 구성한다. 무기 아이템 역시 무기를 나타내는 MasteringWeapon 을 참조하기 때문에 MasteringProjectile을 하나 더 만들어 기존의 무기와 구별되게 새 무기 항목을 추가한다.

 2장 이후에는 호기심을 자극할 수 있는 비주얼을 적용하고 다양한 캐릭터와 샘플 게임을 사용해볼 수 있도록 마켓플레이스에서 여러 UE4 애셋(멋지지만 무료로 제공)을 살펴볼 예정이다. 지금은 게임 콘셉트를 빠르게 구현하기 위해 FPS 템플릿에서 제공하는 것만으로 간단히 작업한다.

이제는 새로운 클래스를 생성하는 과정이 상당히 익숙할 것이다. 따라서 이 단계를 조금 빨리 진행할 수 있을 것으로 기대한다. 예상한 대로 동작하지 않거나 문제가 발생한 경우 새로운 클래스를 생성하고 생성된 클래스의 기능을 위한 작업을 시작하는 내용을 설명한 이전 단계를 다시 살펴보는 것도 좋은 방법이다. 에디터로 돌아와 단순 Actor를 부모로 하는 새로운 C++ 클래스를 추가하자. 클래스의 이름을 MasteringWeaponPickup 으로 설정한다. 이 클래스는 지금까지 구현했던 그 외 복잡한 클래스와 비교해 더 빠르게 구현될 것이다.

무기 수집 기능을 어디에 구현할지 결정했다. 이제 캡슐화를 다시 살펴보자. 언리얼 엔진 3를 경험한 독자 대부분은 눈을 아래로 떨구게 하는 Actor.h와 Actor.cpp의 관점에 대한 비슷한 이야기를 들어봤을 것이다. Actor.h와 Actor.cpp는 의도하지 않았지만 게임에 존재하는 모든 단일 액터에 가능한 많은 인 게임 동작이 구현된 수천 줄의 코드가 포함된 서사적 파일이었다. 이 파일은 여전히 크지만, UE3와 UE4 사이에 에픽에서 쏟은 어마어마한 노력 덕분에 엄청난 양의 전문화된 코드를 컴포넌트와 특정 플러그인으로 옮길 수 있었다. 이를 바탕으로 널리 사용되는 클래스에 존재하는 여러 변수와 코드의 양을 크게 줄일 수 있었다. 수집할 수 있는 무기를 동작시키는 가장 간단한 방법은 MasteringCharacter 클래스에 무기 아이템을 배치하고 이 무기 아이템과 충돌하는 캐릭터가 모든 작업을 수행하게 처리하는 것이다. 하지만 중형 및 대형 프로젝트에 추가하는 모든 시스템에서 이런 방식으로 작업을 시작하면 캐릭터 클래스는 UE3의 액터 파일과 같은 상태가 될 것이다. 이 경우 팀에 새로 합류한 구성원은 특정 기능이 어디에 있는지 찾기 어려울 뿐만 아니라 어떤 기능을 변경하기 위해 캐릭터 클래스의 전체 내용을 숙지하는 데 시간이 오래 걸릴 것이다. 일반적으로 아이템을 소유하는 게임 동작에 필요한 기능을 캡슐화하면 팀에 새로 합류한 구성원이 프로젝트를 더 쉽게 배울 수 있고 코드 수정 작업의 위험도 줄일 수 있으며 쉽게 관리할 수 있다. 따라서 예제에서는 먼저 이런 연습을 시작하고 MasteringWeaponPickup 클래스에 가능한 많은 수집 기능을 넣어보려 한다. 다음은 헤더 본문에 필요한 함수와 변수를 모아놓은 것이다.

```cpp
public:
    // 액터 속성에 기본값 설정하기
    AMasteringWeaponPickup();

protected:
    // 게임이 시작되거나 액터가 생성되면 호출됨
    virtual void BeginPlay() override;
    virtual void NotifyActorBeginOverlap(AActor* OtherActor) override;

public:
    // 매 프레임이 호출됨
    virtual void Tick(float DeltaTime) override;

    UPROPERTY(EditAnywhere, BlueprintReadWrite)
    TSubclassOf<class AMasteringWeapon> WeaponClass;

    /** 아이템이 배치돼 있을 때 회전하는 속도, 단위 (각도/초) */
    UPROPERTY(EditAnywhere, BlueprintReadWrite, Category = Gameplay)
    float RotationSpeed = 30.0f;

    /** 무기를 획득했을 때 제공되는 탄약의 수 */
    UPROPERTY(EditAnywhere, BlueprintReadWrite, Category = Gameplay)
    uint8 Ammunition = 10;

    /** 기타 무기와 비교한 이 무기의 상대적 무기 파워 */
    UPROPERTY(EditAnywhere, BlueprintReadWrite, Category = Gameplay)
    uint8 WeaponPower = 1;
```

마지막 uint8 항목에 대한 간단한 설명: 블루프린트에 노출된 클래스가 이 값만 지원한다는 것은 이미 알려진 문제점이다. uint16과 uint32 유형을 추가하려면 에픽의 일부 시스템에서 많은 양의 작업이 필요하기 때문에 기능 목록에서 우선 순위가 높지 않다(작업량 대비 개발자가 얻을 수 있는 이익이 그리 높지 않다). 예제의 경우 문제가 없기 때문에 블루프린트 인스턴스의 모든 값을 항상 0~255 사이의 값으로 강제하는 8비트 버전의 이점을 활용할 수 있다. 폭넓은 범위의 값이 필요한 경우에는 일반적인 전체 크기의(하지만 부호를 갖는) int를 사용하며, 이 경우 레벨 디자이너가 유효하지 않은 값을 입력하지는 않았는지 확인하는 내용의 코드를 추가하는 부담이 발생한다. 따라서 이 책에서 수행하는 모든 작업 전반에서 진행 중인 주제는 독자의 기획과 필요에 맞출 필요가 있다. 여기에서 무기 파워는 임의의 값이며, 어떤 무기가 그 외 무기보다 더 나은지를 구별할 수 있게 해준다. 이런 기본적이고 추상적인 값은 무기의 수에 따라 게임에 완벽할 수도 있고 다양한 손상 및 속도 유형의 값 등으로 계산할 수도 있다.

최상위 수준의 개발자가 되기 위해서는 의사소통이 매우 중요하며 기획자와 마주 앉아 시스템에 대해 토의하고, (프로젝트의 규모에 따라) 토의한 내용을 위키 페이지나 그 외 문서 등에 공유할 수도 있어야 한다.

과장된 예: 게임에서 하나 이상의 무기를 결코 사용하지 않는다는 점을 미리 알았다면 이 모든 인벤토리와 무기 추상화는 거의 필요하지 않다. 개인적으로 다양한 수의 무기로 확장할 수 있는 시스템을 보여주고 싶다는 마음이 이런 시스템을 일찍 배치하고, 할 수 있는 한 최대로 캡슐화하는 동기가 됐다.

```
#include "MasteringCharacter.h"
#include "MasteringInventory.h"

// 기본값 설정
AMasteringWeaponPickup::AMasteringWeaponPickup()
{
    // 액터가 매 프레임 Tick()을 호출하게 설정한다. 필요하지 않은 경우 옵션을 꺼 성능을 향상시킬 수 있다.
    PrimaryActorTick.bCanEverTick = true;
```

```
    }

    // 게임이 시작되거나 액터가 생성되면 호출됨
    void AMasteringWeaponPickup::BeginPlay()
    {
        Super::BeginPlay();
    }

    void AMasteringWeaponPickup::NotifyActorBeginOverlap(AActor* OtherActor)
    {
        AMasteringCharacter *player = Cast<AMasteringCharacter>(OtherActor);
        if (player == nullptr)
        {
            return;
        }

        UMasteringInventory *Inventory = player->GetInventory();
        Inventory->AddWeapon(WeaponClass, Ammunition, WeaponPower);

        // 여기에 위의 내용을 추가한 후 변경됐을 수도 있을 가장 좋은 무기가 자동으로 선택된다.
        // 참고: 이 옵션은 UI를 바탕으로 플레이어가 켜고 끌 수 있는 옵션이어야 한다.
        Inventory->SelectBestWeapon();

        // 필요한 작업 완료 후, 오브젝트 제거.
        Destroy();
    }

    // 매 프레임 호출됨
    void AMasteringWeaponPickup::Tick(float DeltaTime)
    {
        Super::Tick(DeltaTime);
        FRotator rotationAmount(0.0f, DeltaTime * RotationSpeed, 0.0f);
        AddActorLocalRotation(rotationAmount);
    }
```

코드가 상당히 간단하다. 코드가 하는 일의 대부분은 아이템이 바닥에 닿으면 Rotation Speed로 지정된 속도로 회전하고, 플레이어가 아이템을 수집할 수 있게 설정한 다음, 플레이어가 아이템을 수집하면 자신(아이템)을 제거하는 것이다. 인스턴스를 설정할 때 콜리전 필터링을 살펴보겠지만, OtherActor 포인터를 MasteringCharacter 유형으로 형변환한다는 점은 주의 깊게 살펴보자. 형변환 코드는 MasteringCharacter의 하위 유형(StealthCharacter 클래스 등)에서는 동작하지만, 그 외 Pawn 클래스에서는 형변환에 실패해 null을 반환한다. 따라서 null을 반환한 경우에는 이를 무시한다(그 다음 줄 내용).

블루프린트 설정하기

다음으로 새 무기가 필요하다. 이 작업 역시 빠르게 진행할 수 있다. 지금은 아트 애셋을 활용해 작업할 수 있는 부분이 거의 없기 때문에 동일한 애셋을 사용해 창의적인 방법으로 데모를 보여주려 한다. BallGun 무기 블루프린트에 마우스를 갖다 대고 오른쪽 버튼을 클릭한 다음, 복제를 선택한다. 복제된 항목의 이름을 BigBallGun으로 변경한다. 같은 방식으로 FirstPersonProjectile 블루프린트를 복제하고 이름을 BigFirstPersonProjectile로 변경한다. 각 블루프린트를 수집할 수 있는 무기 아이템으로 빠르게 편집해 인벤토리에 추가하고 플레이어가 사용할 수 있게 작업할 예정이다.

복제한 각 블루프린트를 풀 블루프린트 에디터에서 연다. 발사체Projectile의 컴포넌트 창에서 ProjectileMovement(상속됨) 컴포넌트를 선택하면 오른쪽 디테일 창에 Projectile 카테고리가 나타난다. 여기에서 Speed 값을 현재 값의 거의 두 배인 6,000으로 설정한다. 이렇게 하면 기타 무기에 비해 훨씬 강한 충격을 줄 수 있다. 같은 블루프린트에서 CollisionComp(상속됨)를 선택하고 오른쪽의 **트랜스폼**Transform에서 스케일값을 2로 설정한다. 여기에서는 동일한 스케일값을 사용하기 때문에(X, Y, Z 스케일 모두) 개인적으로는 가능한 경우 오른쪽의 고정lock 아이콘을 클릭해 설정하는 것을 선호한다. 이렇게 하면 세 항목(X, Y, Z) 모두 입력하는 대신 세 항목 중 하나만 입력해 스케일값을 설정할 수 있다. 그런 다음, CollisionComp(상속됨) 아래에 StaticMesh1 컴포넌트를 선택하고 여기에서 시각적 변화를 적용할 수 있다. 스태틱 메시의 Materials(디테일 창에서)에서 드롭다운 메뉴를 클릭하고 M_FPGun으로 설정한다. 물론 머티리얼의 텍스처는 공(Ball, 현재 무기로 사용되는)이 아니라 총을 위해 설정됐지만 이를 사용해 그 외 무기와 구별할 수 있게 설정할 수 있으며, 현재 발사하는 총도 알 수 있다(이 시점에서는 총 자체가 무기와 동일하기 때문에). 두 설정을 완료한 후, BigBallGun 블루프린트 창으로 돌아와 컴포넌트 창에서 클래스(BigBallGun(self))를 클릭한다. 이제 오른쪽 디테일 창의 **Projectile** 항목 아래에서 발사체를 BigFirstPersonProjectile로 설정할 수 있다.

무기와 발사체 작업이 완료되면 마지막으로 수집 가능한 무기를 설정할 수 있다. 콘텐츠 브라우저에서 새로운 블루프린트 클래스를 만들고, 모두 표시에서 MasteringWeaponPickup을 선택한다. 생성된 블루프린트의 이름을 BigBallGunPickup으로 지정하고 이를 확인하기 위해 더블 클릭해 블루프린트를 연다. BigBallGunPickup(self)을 클릭하고 **GamePlay** 카테고리 아래에서 회전 속도나 무기를 획득했을 때 얻는 탄약의 수 등을 변경할 수 있다. 하지만 무기 파워^{WeaponPower}는 이 무기가 코드에서 추가한 기본 총보다 더 위에 "정렬"될 수 있게 1이나 그 이상의 값을 설정한다.

이 시점에서는 (self)와 씬 컴포넌트가 유일한 컴포넌트일 것이다. 블루프린트에서 직접 작업하는 방법을 사용하기 위해 씬 컴포넌트는 그대로 둔다. 이와 관련된 블루프린트에 대한 논의는 3장에서 진행할 것이다. 물론 기존 템플릿에서 했듯이 사용하려는 이런 컴포넌트를 C++의 생성자에서 추가할 수 있다. 하지만 블루프린트에서 작업하는 것이 훨씬 더 빠르고 쉽다. 물론 이런 경우에도 프로젝트의 필요에 따라 C++의 방식이 더 좋은 선택이 될 수도 있다. 여기에서 사용한 방식은 코드 작성이 필요하지 않다. 하지만 새로운 무기 아이템이 추가될 때마다 컴포넌트를 직접 추가해야 한다.

이는 프로젝트 관리의 기타 영역으로서 이를 위해 전문 개발자는 균형 잡는 방법을 알아야 한다. 프로젝트의 목표 대비 팀의 여력이 어느 정도인가? 블루프린트로 작업하는 것이 익숙한 시스템 디자이너가 많은 경우, 코딩의 도움을 필요로 하지 않는 블루프린트에서 컴포넌트를 추가하는 것과 같은 일을 시스템 디자이너가 여러 번 작업하게 하는 것도 좋은 방법이다. 반면 프로그래머가 컴포넌트를 직접 설정하고 작업시간에 제한이 있는 경우(힌트: 항상 시간이 없다!)에는 무기 아이템을 만들 때 필요한 시간을 줄이기 위해 생성자에서 컴포넌트를 추가하는 것이 가장 좋은 방법이다. 이와 같은 작업방식을 정하기 전에 항상 팀의 전체 여력을 고민하는 것이 좋다.

수집 가능한 무기 아이템으로 돌아와서 지면과의 오프셋이라는 것을 알 수 있게 씬 컴포넌트의 이름을 변경한다. 씬 컴포넌트(가장 위에 있는 컴포넌트)를 클릭하고, 상단의 **컴포넌트 추가**^{Add Component} 버튼을 클릭한다. 스켈레탈 메시^{Skeletal Mesh}를 선택한다(컴포넌트의 이름을 BallGunMesh로 지정한다).

 주요 게임에서는 대부분, 수집 아이템 용도의 개별 애셋이 준비돼 있기 때문에 캐릭터에 고정하고 장착하는 총과 같은 캐릭터 애니메이션이 추가된 메시가 아니라 단순화된 버전의 스태틱 메시를 주로 사용한다. 하지만 여기에서는 애셋을 최대한 활용해 작업한다.

메시의 디테일 창에서 Mesh 카테고리를 찾아 SK_FPGun을 설정한다. 이와 비슷하게 Material 항목은 M_FPGun으로 설정한다. 수집 아이템을 지면에 배치하면 바닥에 있지 않을 것이다. 이를 위해 0.5미터 정도 띄워 Transformation 카테고리의 Z **위치값**을 50.0 정도로 설정한다. 메시를 클릭하고 자식 컴포넌트를 메시에 추가해 전체 아이템을 수집할 수 있게 설정한다. 컴포넌트 추가 버튼을 다시 클릭하고 Sphere Collision 컴포넌트를 추가한다. 여기에서는 한 가지 항목만 변경한다. Collision 카테고리에서 콜리전 **프리셋**^{Collision Preset}을 OverlapOnlyPawn으로 설정한다.

이 콜리전 프리셋은 충돌 시스템이 충돌했는지를 결정할 때(또는 특히 이 경우에는 아이템이 기타 오브젝트를 지나갈 수 있는 오버랩을 의미) 모든 오브젝트를 무시하게 설정한다. 하지만 오버랩(겹치는 것을 허용하는 충돌방식)이 발생하면 이 이벤트를 받을 수 있으며 "Hit" 이벤트는 이동을 중지시키는 이벤트이다. 이런 방식으로 설정하면 예제의 발사체와 같은 물체는 그외 물체와는 충돌 여부를 계산할 필요 없이 이동하는 폰Pawn만 고려하면 된다. 이와 같이 성능을 높게 유지하기 위해 상호작용을 제한하는 것이 좋다. 마지막으로 BigBallGunPickup (콘텐츠 브라우저에서 검색)을 클릭해 메인 레벨 에디터 창(현재 배경이 보이는)으로 드래그해 지면(바닥)에 배치한다. 돌아다니면서 여러 개를 수집할 수 있게 몇 개 더 배치해도 좋다.

코드로 돌아와 마무리하기

에디터와 레벨에서 필요한 모든 작업을 완료한 다음에는 코드에서 일부 내용을 수정한다. 먼저, MasteringInventory.h 파일의 일부 내용을 변경한다.

```
USTRUCT()
struct FWeaponProperties
{
    GENERATED_USTRUCT_BODY()

public:

    UPROPERTY()
    TSubclassOf<class AMasteringWeapon> WeaponClass;

    UPROPERTY()
    int WeaponPower;

    UPROPERTY()
    int Ammo;
};
```

구조체를 파일 상단 #include 헤더 다음에 추가한다. 이제 인벤토리 목록에서 MasteringWeapon 클래스를 직접 참조하는 대신, 무기를 참조하는 용도로 이 구조체를 사용하려고 한다(물론 이제는 구조체에서 사용하기 위해 MasteringWeapon 클래스가 이 구조체의 멤버로 추가된다). 이 구조체를 사용해 무기와 관련이 있는 두 개의 속성, 탄약의 수와 무기 파워를 추적한다.

다음으로 DefaultWeapon 변수 다음에 있는 세 함수의 내용을 변경한다(무기 선택을 위한 플레이를 전달하는 내용을 제거하고 탄약 수와 무기 파워를 추가한다).

```
/** 사용 가능한 무기 중 가장 좋은 무기를 선택한다 */
void SelectBestWeapon();
```

```
/** 인벤토리에서 무기를 선택한다 */
void SelectWeapon(TSubclassOf<class AMasteringWeapon> Weapon);

/** 인벤토리 목록에 무기를 추가한다 */
void AddWeapon(TSubclassOf<class AMasteringWeapon> Weapon, int AmmoCount, uint8
WeaponPower);

/** 현재 선택된 무기를 가져온다 */
FORCEINLINE TSubclassOf<class AMasteringWeapon> GetCurrentWeapon()
const { return CurrentWeapon; }

/** 무기의 탄약 수를 변경한다. 0 이하 또는 999 이상으로 설정되지 않게 한다 */
void ChangeAmmo(TSubclassOf<class AMasteringWeapon> Weapon, const int
ChangeAmount);

protected:
    TArray<FWeaponProperties> WeaponsArray;
    TSubclassOf<class AMasteringWeapon> CurrentWeapon;
    int CurrentWeaponPower = -1;
    class AMasteringCharacter* MyOwner;
```

MasteringInventory.cpp 파일에 다음 내용을 추가한다.

```
#define UNLIMITED_AMMO -1

// 이 컴포넌트 속성에 기본값을 설정한다.
UMasteringInventory::UMasteringInventory()
{
    PrimaryComponentTick.bCanEverTick = true;
    MyOwner = Cast<AMasteringCharacter>(GetOwner());
    check(GetOwner() == nullptr || MyOwner != nullptr);
}

// 게임이 시작되면 호출됨
void UMasteringInventory::BeginPlay()
{
    Super::BeginPlay();
    if (DefaultWeapon != nullptr)
    {
```

```
        // 참고: 기본 무기는 탄약의 제한이 없게 설정한다.
        AddWeapon(DefaultWeapon, UNLIMITED_AMMO, 0);
    }
}
```

상단 #include 부분 바로 아래에 #define 구문을 사용하면 이 값을 보고 무제한 탄약이 있다는 것을 알 수 있다. 새로 합류한 팀 구성원이 코드의 기타 코드에서 −1로 설정된 속성을 이해하지 못할 가능성이 높기 때문에 이렇게 #define 구문을 사용하는 것이 −1을 직접 사용하는 것보다 훨씬 더 안전하다. 이 객체가 컴포넌트라는 것을 알고 있기 때문에 생성자에서 이를 활용한 것을 볼 수 있다. 컴포넌트는 소유자가 있으므로 소유자를 MyOwner로 저장한다. 여기에서 중단점Break Point을 설정하면 레벨 에디터가 시작됐을 때 null owner 값을 갖는 인스턴스 하나를 얻는다. 인스턴스는 기본 생성되는 객체이기 때문에 걱정할 필요는 없다. 하지만 check 구문에 유의하자. 누군가 MasteringCharacter가 아닌 기타 값을 인벤토리 컴포넌트에 추가하려는 경우에 오류를 확인한다. 이 check 구문은 매우 드물게 실행(인벤토리가 생성될 때마다 실행됨)되기 때문에 일반 check를 사용해도 된다. 뒤에서 비교를 위해 checkSlow 구문을 설명할 예정이다. MyOwner에 알맞은 유형으로 이미 형변환된 포인터를 저장하면 나중에 무기를 추가하는 경우에 작업시간을 절약할 수 있다. 또한 모든 플레이어에게는 하나의 인벤토리가 있으며 인벤토리는 플레이어의 일부분으로 존재한다는 점을 알고 있기 때문에 이런 함수에서 MasteringCharacter 포인터를 다시 전달하지 않아도 된다. 그리고 제한이 없는 탄약을 기본 무기로 추가하고 무기 파워를 0으로 설정했다. 그 이후에는 기존의 SelectBestWeapon, SelectWeapon, AddWeapon 함수를 다음과 같이 변경한다.

```
void UMasteringInventory::SelectWeapon(TSubclassOf<class AMasteringWeapon> Weapon)
{
    MyOwner->EquipWeapon(Weapon);
}

void UMasteringInventory::AddWeapon(TSubclassOf<class AMasteringWeapon> Weapon, int
AmmoCount, uint8 WeaponPower)
```

```cpp
    {
        for (auto WeaponIt = WeaponsArray.CreateIterator(); WeaponIt; ++WeaponIt)
        {
            FWeaponProperties &currentProps = *WeaponIt;
            if (currentProps.WeaponClass == Weapon)
            {
                checkSlow(AmmoCount >= 0);
                currentProps.Ammo += AmmoCount;
                return; // 이 무기가 인벤토리에 이미 있다는 것을 확인한 경우, 작업을 완료하고 탄약만
업데이트하면 된다.

            }
        }
        FWeaponProperties weaponProps;
        weaponProps.WeaponClass = Weapon;
        weaponProps.WeaponPower = WeaponPower;
        weaponProps.Ammo = AmmoCount;
        WeaponsArray.Add(weaponProps);
    }

    void UMasteringInventory::ChangeAmmo(TSubclassOf<class AMasteringWeapon> Weapon,
const int ChangeAmount)
    {
        for (auto WeaponIt = WeaponsArray.CreateIterator(); WeaponIt; ++WeaponIt)
        {
            FWeaponProperties &currentProps = *WeaponIt;
            if (currentProps.WeaponClass == Weapon)
            {
                if (currentProps.Ammo == UNLIMITED_AMMO) // 탄약이 무제한인 경우, 작업이 완료
된다.
                return;

                currentProps.Ammo = FMath::Clamp(currentProps.Ammo + ChangeAmount, 0,
999);
                if (currentProps.Ammo == 0) // 무기의 탄약이 비었다!
                {
                    CurrentWeaponPower = -1; // 탄약을 가진 무기 중에 가장 좋은 무기를 선택한다.
                    SelectBestWeapon();
                }
                return; // 이 무기가 인벤토리에 이미 있다는 것을 확인한 경우, 작업을 완료하고 탄약만
업데이트하면 된다.
```

```
            }
        }
    }
```

탄약을 변경하는 함수(ChangeAmmo)에서 루프를 바탕으로 구조체를 참조하는 비 const iterator를 사용한 것을 알 수 있다. 이 방식을 사용하면 배열 안에 있는 구조체 내 탄약의 수를 직접 변경할 수 있다. iterator에서 지역 변수를 사용해 값을 변경하고 배열에 다시 원하는 값을 저장하지 않는 실수를 흔히 범할 수 있기 때문에 주의해야 한다. checkSlow 를 사용한 점에도 주목하자. 무기 추가 작업은 자주 발생하지 않기 때문에 성능을 위해 일반 check 구문을 사용하는 것도 좋은 방법이다. 여기에서는 내용 설명을 위해 checkSlow 를 사용했다. checkSlow 구문은 debug 빌드에서만 사용되기 때문에 콘텐츠 개발자가 development 빌드를 사용하는 경우에는 오류를 확인하지 않는다(아티스트나 디자이너에게 는 오류를 확인하지 않아 실행에 문제가 발생할 수 있기 때문에 매우 성가신 일이 될 수 있다). 따라서 현명하게 사용하는 것이 중요하다.

> **TIP**
>
> check 구문이 실제 빌드에서 자주 사용되는 경우에는 항상 checkf 변형을 대신 사용할 것을 권장한다. checkf 구문을 사용하면 문자열 출력에 형식을 지정해 게임의 .log 파일로 출력할 수 있다. 이렇게 하면 라이브 버전의 게임 플레이어에 문제가 발생하거나 릴리즈 빌드가 종료되는 문제가 발생하는 경우, 해당 로그를 확인할 수 있으며 이를 바탕으로 문제에 대한 단서를 즉시 확인할 수 있다.

마지막으로 캡슐화를 유지하면서 무기가 탄약을 소비함에 따라 무기에 재고를 알려주는 작업을 처리해보자(총은 무기를 발사하고 인벤토리는 게임에서 탄약을 추적한다). 현재 사용 중인 무기에서 탄약이 다 떨어지면 인벤토리는 자동으로 다음으로 가장 좋은 옵션의 선택을 시도한다. 기본 무기는 탄약의 제한이 없기 때문에 사용 가능한 무기가 항상 존재한다는 점을 알고 있다. 이는 게임의 스타일에 따라 달라질 수 있다. 탄약이 없는 경우 Dry Fire[3] 사

---

3 탄약이 발사되지 않는데 발사를 시도할 때 나는 소리.

운드를 재생하거나, 근접 공격으로의 전환을 설정할 수도 있다. 다음 코드와 같이, 발사 Fire 함수에 파라미터를 추가한다.

```
    void Fire(FRotator ControlRotation, class UAnimInstance* AnimInst, class
UMasteringInventory* Inventory);
```

그런 다음, .cpp에서 Fire 함수 아랫부분에 구현한다.

```
    // 탄약의 수를 하나 감소시킨다.
    Inventory->ChangeAmmo(GetClass(), -1);
```

이것으로 작업이 완료됐다. 이제 레벨을 돌아다니며 큰 무기를 획득하고 무기에서 발사되는 탄약으로 박스가 멀리 날아가는 것을 볼 수 있다. 탄약을 모두 소진하면 기본 무기로 돌아오는 것도 확인할 수 있다.

▌ 사용할 인벤토리 추가하기

어려운 작업을 모두 완료했으니 너무 염려하지 말자. 하지만 그 외 게임에서 사용되는 보다 일반적인 인벤토리처럼 만들기 위해 필요한 작업이 하나 남았다. 바로 무기 전환 기능을 추가하는 것이다. 이 작업은 어렵지는 않지만 중요한 작업이다. 인벤토리 안에서 무기를 순환시키는 데 사용할 입력이 필요하다. 지금은 무기를 수집하면 가진 무기 중에서 가장 좋은 무기가 자동으로 장착되기 때문에 그 외 무기를 선택할 수 없다는 점도 기억하자.

무기 순환을 위한 컨트롤 추가하기

이전에 Stealth에 대한 입력을 추가하고 왼쪽 Shift 키를 바인딩했던 것과 마찬가지로, 에디터의 프로젝트 속성으로 이동해 Engine/Input/Bindings 항목으로 돌아가보자. 여기에서

+ 버튼을 이용해 두 Action Mapping을 추가하고 추가된 Mapping의 이름을 InventoryUp과 InventoryDown으로 지정한다. 개인적으로는 이 매핑값에 Mouse Wheel Up과 Mouse Wheel Down을 바인딩하는 것이 좋다고 생각한다. 하지만 선호하는 기타 입력을 사용해도 된다. 이제 순환을 위한 방법이 준비됐으니 Stealth 메커니즘을 추가했던 것과 같이 캐릭터에서 필요한 작업을 수행할 차례이다.

캐릭터에 무기 전환 기능 추가하기

먼저, 인벤토리를 순환하는 기능을 추가해야 한다. 여기에는 여러 방법이 있다. 예를 들어, 특정 계획(기준)을 가지고, 추가되는 아이템을 무기 파워를 기반으로 배열해 현재 무기의 배열 순서를 저장할 수도 있다. 이 방법은 위험할 수도 있지만, 매우 빠르고 명확한 무기 전환을 가능케 한다. 그리 중요하지 않기 때문에 여기서는 간략하게만 구현한다. 물론 어떤 시스템이 얼마나 광범위하게 사용될지 여부를 미리 확인하는 것은 장기적인 개발에 있어 매우 중요하다. 어떤 시스템이 매우 단순하지만 완벽하게 기능하게 구현돼 있고, 프로젝트를 진행하는 동안 기타 코드 영역에서 이를 변경하거나 재사용하지 않는 경우에는 그대로 둬도 문제가 되지 않는다. 언제나 완벽한 코드 작성을 원하지만 종종 외부 개발자나 경험이 부족한 개발자가 코드를 제공하는 경우도 있다. 가능한 모범 사례를 유지하려고 노력하는 것은 항상 권장되지만, 제한된 범위나 사용 범위를 초과해 과도하게 개발할 필요가 없는 경우에는 이를 인지하고 코드를 그대로 둔 뒤 기타 작업을 하는 것 역시 중요하다. 게임 개발은 속도가 중요하며, 어떤 요구사항으로 코드를 다시 방문해 작업하는 것은 문제가 되지 않는다(최대 2개의 무기를 사용하던 게임에서 이제 플레이어가 10개 이상의 무기를 사용할 수 있게 요구사항이 변경된 경우). 게임에 필요한 일을 정리하고 구축하는 데 최선을 다해야 한다. 완벽하지 않거나 이상적으로 좋아하는 방식이 아니더라도 어떤 것이 충분히 좋은지를 깨닫지 못하는 것은 많은 개발자에게 나타나는 전형적인 단점이라고 할 수 있다. 다음은 이 절을 마무리하는 간단히 구현한 무기 순환 코드이다.

```cpp
    int UMasteringInventory::FindCurrentWeaponIndex() const
    {
        int currentIndex = 0;
        for (auto WeaponIt = WeaponsArray.CreateConstIterator(); WeaponIt; ++WeaponIt,
++currentIndex)
        {
            const FWeaponProperties &currentProps = *WeaponIt;
            if (currentProps.WeaponClass == CurrentWeapon)
            break;
        }
        checkSlow(currentIndex < WeaponsArray.Num());
        return currentIndex;
    }

    void UMasteringInventory::SelectNextWeapon()
    {
        int currentIndex = FindCurrentWeaponIndex();
        if (currentIndex == WeaponsArray.Num() - 1) // 배열의 마지막 위치에 있는 경우
        {
            SelectWeapon(WeaponsArray[0].WeaponClass);
        }
        else
        {
            SelectWeapon(WeaponsArray[currentIndex + 1].WeaponClass);
        }
    }

    void UMasteringInventory::SelectPreviousWeapon()
    {
        int currentIndex = FindCurrentWeaponIndex();
        if (currentIndex > 0) // 배열의 시작 위치가 아닌 경우
        {
            SelectWeapon(WeaponsArray[currentIndex - 1].WeaponClass);
        }
        else
        {
            SelectWeapon(WeaponsArray[WeaponsArray.Num() - 1].WeaponClass); // 마지막 무
기 선택
        }
    }
```

.h 파일에 함수에 대한 선언을 추가한다. 그런 다음, AMasteringCharacter::SetupPlayer InputComponent에서 입력을 바인딩하는 내용 아래에 다음 코드를 추가한다.

```
// 인벤토리 순환하기
PlayerInputComponent->BindAction("InventoryUp", IE_Pressed, this, &AMasteringCharac
ter::SelectNextWeapon);
    PlayerInputComponent->BindAction("InventoryDown", IE_Pressed, this, &AMasteringChar
acter::SelectPreviousWeapon);
```

캐릭터에 다음 함수를 추가한다(함수의 선언은 헤더의 기타 컨트롤 처리 함수와 유사함).

```
void AMasteringCharacter::SelectNextWeapon()
{
    Inventory->SelectNextWeapon();
}

void AMasteringCharacter::SelectPreviousWeapon()
{
    Inventory->SelectPreviousWeapon();
}
```

기능을 테스트해보면 부분적으로 동작하는 것처럼 보일 것이다. 코드에 중단점을 설정해 단계별로 살펴보면, 전에는 중요하지 않아 빠졌지만 CurrentWeapon이 항상 null인 것을 확인할 수 있다. 이를 위해 SelectWeapon 함수 끝부분에 다음 코드를 추가하자. 디버깅 기술을 향상시키는 것은 언제나 좋은 일이다.

```
void UMasteringInventory::SelectWeapon(TSubclassOf<class AMasteringWeapon> Weapon)
{
    MyOwner->EquipWeapon(Weapon);
    CurrentWeapon = Weapon;
}
```

모든 기능 통합하기

이로써 인벤토리와 획득 가능한 무기 아이템에 대한 작업을 완료했다. 에디터를 실행하면 인벤토리 안에 있는 무기를 위/아래 방향으로 순환시키면서 기능이 모두 정상 동작하는지 확인할 수 있다. 기본 무기만 있는 경우에는 기본 무기를 다시 장착하지만, 캐릭터의 EquipWeapon에서 처리하는 실제 작업은 이미 어떤 무기에서 동일한 무기 클래스로의 전환을 시도하고 이를 제일 위로 반환한다. 아직은 무기가 2개뿐이지만 위/아래 방향으로 무기를 전환할 수 있는 완전한 기능의 인벤토리를 갖췄다.

▌ 요약

컴포넌트와 입력을 캐릭터에 추가해 하드코딩된 무기로 2장을 시작했다. 이제는 무한한 종류의 독특한 무기를 만들고 획득할 수 있는 멋진 무기 아이템을 만든 뒤 아이템을 인벤토리에 추가하고 가장 좋은 무기로 전환하며 탄약의 수를 추적하고 탄약이 고갈되면 기타 무기로 자동으로 바뀌고 입력을 바탕으로 원하는 무기로 바꿀 수 있는 시스템을 갖췄다. 이 시스템은 아주 작은 게임 프로젝트에서 구현할 수 있는 다양한 게임 시스템 중 하나일 뿐이지만, 디자인의 기본 요소(코딩 측면에서는)는 물론, 게임 디자인을 한데 결합하는 방법을 잘 보여준다. 필요하지 않은 것을 지나치게 개발하지 말고, 항상 미래를 계획하면서 요구사항을 반영하는 것이 맞는지 확인해야만 한다. 또한 직접 블루프린트와 에디터를 활용한 작업도 많이 진행했다. 3장에서는 블루프린트로 할 수 있는 일을 더 자세히 살펴보고 블루프린트가 동작하는 방식을 좀 더 깊이 이해할 수 있는 내용을 다룰 예정이다. 이런 논의의 주요 쟁점은 C++ 코드를 사용하지 않고 블루프린트 스크립팅만 사용해 게임을 제작할 수 있는가 하는 것이다. 이 접근방식에는 많은 위험이 따르지만 작은 프로젝트나 제한된 리소스를 사용해 개발하는 경우에는 매우 큰 이점이 될 수도 있다. 또한 블루프린트 스크립팅의 사용시기를 잘 알고 있는 경우에는 이런 이점을 C++ 프로젝트에도 적용할 수 있다.

▌ 연습문제

1. 기존 템플릿에서 설정했던 방식처럼 캐릭터에서 무기를 바꿀 수 있는 적절한 방법은?

2. 발사^{Fire} 기능을 캐릭터에서 무기^{Weapon} 클래스로 옮긴 이유는?

3. 인벤토리에 액터가 아닌 액터 클래스만 저장하는 이유는?

4. WeaponPickup 클래스의 목적은? 수집한 무기를 직접 사용하지 않는 이유는?

5. 블루프린트에서 인스턴스에 컴포넌트를 추가하는 것과 비교해 코드에서 클래스에 컴포넌트를 추가했을 때 얻을 수 있는 이점은?

6. check 구문과 checkSlow 구문 그리고 checkf 변형 구문의 차이점은?

7. 라이브 게임 빌드에서 중요한 코드를 확인하려고 할 때 사용하는 것은?(check, checkSlow, checkf 중에서)

8. 자체 함수를 만들어 현재 무기 인덱스 값을 찾는 이유는?

▌ 추가자료

영문· https://docs.unrealengine.com/en-us/Programming/Assertions

한글· http://api.unrealengine.com/KOR/Programming/Assertions

03

블루프린트 리뷰 및
블루프린트 스크립팅 사용시기

▎ 개요

3장에 온 것을 환영한다. 3장은 C++ 코드에 초점을 맞추는 것에서 떠나는 첫 번째(하지만 마지막은 아니다) 여정이 될 것이다. 언리얼은 코드를 작성하지 않고도 에디터에서 접근할 수 있는 다양한 형태의 멋진 기능을 갖춘 시스템을 제공한다. 가장 유연하며 실제로 코드를 작성하는 것과 가장 밀접한 관련이 있는 시스템인 블루프린트 시스템을 3장에서 살펴볼 예정이다. 블루프린트의 기능과 제한사항을 살펴본다. 지금까지는 대부분의 작업을 C++에서 구현하고 에디터에서 블루프린트 객체와 상호작용하는 최소한의 방법을 살펴봤다. 블루프린트는 전체 제작을 포함한 더 많은 기능을 제공한다. 3장에서 다루는 내용은 다음과 같다.

- 블루프린트 리뷰/개요
- 블루프린트만 사용한 게임의 장단점
- 블루프린트를 활용한 객체 스크립팅
- 블루프린트 팁 & 트릭

▌ 기술 요구사항

앞에서와 마찬가지로 3장은 2장, '플레이어를 위한 인벤토리 및 무기'에서 진행한 최종 프로젝트를 활용해 작업한다. 하지만 이는 꼭 필요한 요구사항은 아니며 1장, '1인칭 슈팅 게임을 위한 C++ 프로젝트 만들기'의 프로젝트 또는 새로운 UE4 템플릿을 활용해 구현할 수 있다.

3장에 필요한 GitHub 브랜치는 다음 링크에서 찾을 수 있다.

https://github.com/PacktPublishing/Mastering-Game-Development-with-Unreal-Engine-4-Second-Edition/tree/Chapter-3

사용한 엔진 버전: 4.19.0

▌ 블루프린트 리뷰 및 블루프린트만 사용한 게임

"블루프린트가 정확히 무엇인가?"라는 질문을 할 수 있다. 블루프린트를 걱정하는 두 가지 주요 영역이 존재한다. 첫 번째는 이전에 살펴보고 관련 내용을 다뤘던 C++ 클래스를 UE4 에디터와 통합하는 것이다. 에디터에서 사용되는 클래스는 일반적으로 UObject에서 파생된다. 따라서 UPROPERTY 및 UFUNCTION과 같은 매크로를 활용할 수 있고 블루프린트 인스턴스에서 StealthCharacter와 같은 클래스에 접근할 수 있다. 일부 기본 지오메트리 및 필수 게임 객체를 제외하고는 거의 모든 오브젝트를 직접 또는 디자이너, 아티스트가 레벨에 배치하면 현재 레벨에 있는 캐릭터와 같은 블루프린트 클래스의 인스턴스가 된다. 모든 프로젝트가 그 필요성을 평가해야 하는 또 다른 영역은 바로 **블루프린트 비주얼 스크립팅**[BVS] 시스템이다. C++에서 할 수 있는 거의 모든 게임플레이 개념을 블루프린트 스크립팅에서 사용할 수 있다. 또한 블루프린트는 런타임(실행 중에)에서 중단점을 사용할 수 있는 통합 디버거를 제공한다. 여기서는 이런 개념을 좀 더 깊이 살펴보고 블루프린트 스크립팅의 장점과 그 한계를 살펴보자.

블루프린트 개요

2장에서 여러 번 확인했듯이 변수를 블루프린트에 표시하면 반복 작업이나 동일한 클래스를 활용해 여러 독특한 인스턴스를 만들 때 유용하다는 점은 분명하다. 프로그래밍 관련 지식이 없는 콘텐츠 작성자도 실행 중에 이런 변수를 에디터에서 변경할 수 있다. 특히 다양한 시스템을 빠르게 튜닝하고, 구축하고, 테스트해야 하는 시스템 디자이너는 블루프린트에 적절하게 표시(노출)된 변수에 의존한다. FPS 템플릿에서 시작했듯이 C++에서 이런 작업 거의 전부를 처리한다는 것은 게임을 컴파일하고 이를 핫리로드하는 것으로 처리될 수도 있지만, 최악의 경우 에디터를 종료하고, 빌드하고, 이를 다시 실행해야 한다는 것을 의미한다. 다음 단락에서 살펴볼 블루프린트에서 스크립팅하는 것과 마찬가지로 블루프린트에 표시하는 것(변수 노출 등)과 게임에서의 활용은 팀과 프로젝트의 요구에 따라 달라진다. 게임을 위한 클래스의 기획이 프로젝트를 진행하는 과정에서 바뀌지 않거나 바뀌더라도 최소한으로만 바뀐다는 것이 거의 확실하고 팀에 C++ 프로그래머가 많은 경우라면, FPS 템플릿의 캐릭터에서 시작했듯이 매우 직접적인 방법으로 개발하는 것이 더 좋은 방법일 수도 있다. 하지만 팀의 디자이너(시스템 레벨 또는 다른 레벨의 디자이너)가 다양한 게임 객체를 만들기 위해 고민하고 끊임없이 이런 객체를 변경하며 새로운 변형을 추가하고 레벨에서 이를 빠르게 테스트해야 하는 경우라면, 유연하게 대처할 수 있는 블루프린트가 더 낫다. 앞에서 설명했듯이 기본적인 수준에서 보면, 블루프린트는 훌륭한 데이터 컨테이너다. 디자이너나 아티스트가 절대 사용하지 않을지라도 프로그래머는 에디터에서 작업하는 동안 가능한 많은 클래스 데이터에 접근하고 수정할 수 있는 직접적인 이점을 얻는다. 반복 작업은 즉시 처리할 수 있으며, 에디터에서 Visual Studio나 다른 창으로 전환하지 않고도 항상 값을 확인할 수 있다. 물론, 블루프린트에서 누구나 수정하지 못하게 해야 하는 민감하고 중요한 값이 있다. 이 경우에는 BlueprintReadOnly와 같은 UPROPERTY 값을 사용하면 이 변수에 설정된 값은 볼 수 있게 하면서 실수로 이 값을 변경하거나 잘못된 값을 저장하는 것을 방지할 수 있다. 여기에서 중요한 점은 경험이 부족한 사람이 중요한 데이터를 변경하지 못하도록 설정하는 것 외에도 UPROPERTY 타입을 정해 클래스의 변수를 에디터에서 볼 수 있도록 노출시키지 않는다는 것이다.

이제 비주얼 스크립팅으로 넘어가보자. 비주얼 스크립팅은 예제 프로젝트에서 거의 다루지 않았다. 하지만 다음 절(블루프린트 스크립팅 및 성능)에서 비주얼 스크립팅을 활용한 예제로 변경할 예정이다. 블루프린트 스크립팅을 사용하지 않고도 전체 게임을 만들 수 있기 때문에, 블루프린트 스크립팅을 처음 사용하는 경우라도 너무 걱정할 필요는 없다. 다음 절에는 많은 스크린샷과 자료가 있기 때문에 이를 참고하면 된다. 지금은 높은 수준에서 스크립팅을 사용하는 것에 대한 장점과 단점을 간단히 살펴보려고 한다. 먼저, 블루프린트 스크립팅에서 할 수 있는 주요 작업에는 어떤 것이 있을까?

- 게임 로직: for/while 루프, 대부분 유형의 로컬 및 클래스 변수 사용, 다양한 기존 UE4 클래스의 함수에 접근할 수 있는 기능이 포함됨.
- 게임 메커니즘Game Mechanics: 월드 공간 물체 간의 상호작용, 충돌 반응, 이동, 길 찾기 기능 등.
- 공유 가능한 블루프린트 함수 라이브러리 액세스: C++와 블루프린트 스크립팅 모두에서 작성할 수 있고 다른 팀이나 프로젝트에 공유할 수 있는 비상태stateless/스태틱 유틸리티 함수 그룹.
- UMG 에디터에서 UI와 쉽게 통합할 수 있다. 이런 점은 종종 UI/UX 디자이너의 워크플로에 매우 중요하다.

- 실행 파일이나 코드를 다시 빌드할 필요 없이, 쉽게 다른 객체 등을 참조할 수 있다. 바로 다음 절에서 살펴볼 것처럼, 로직을 만드는 데 블루프린트 스크립팅을 사용해 전체 게임을 만들 수도 있다.

지금까지의 내용만 살펴보면 매우 좋아 보인다. 블루프린트 스크립팅 역시 장점만 있는 것은 아니다. 하지만 그 전에 블루프린트 스크립팅은 매우 훌륭하며 강력한 도구라는 것을 명심하자. 다음은 블루프린트 스크립팅을 사용할 때 알아야 할 몇 가지 단점을 간략하게 정리한 것이다. 하지만 블루프린트 스크립팅을 익숙하고 편리하게 사용하기 위해 투자하는 팀에게 블루프린트 스크립팅이 주는 기능(이점)과 이런 단점을 비교해보면 전반적으로 이런 단점이 아주 작다고 볼 수 있다.

- 성능 비용이 중요해질 수 있다: 일반적으로 성능 비용을 최소화할 수 있다. 하지만 성능을 프로파일링하고 문제 영역을 확인하는 것이 더 어렵고 C++ 코드를 프로파일링하는 것과는 다른 스킬이 필요하다.
- 특정 데이터 유형에 대한 접근 손실: C++는 플랫폼 컴파일러 설정에만 의존하지만 블루프린트는 UE4에서 지원하는 모든 플랫폼(32비트 및 64비트, 모바일, 웹 등)에서 사용하고 접근할 수 있어야 한다.
- 디버깅이 매우 어렵다: 종종 중단점(breakpoint)에 도달하는 컨텍스트가 누락되거나 특정 변수에 마우스를 가져갔을 때 사용할 수 없는 경우가 발생할 수 있다. 디버거가 제공되지만 디버거가 동작하지 않는 경우에는 직접 디버깅을 처리해야 한다.
- 블루프린트에서는 누구나 값을 변경하고 추가할 수 있다: 찾기 힘든 버그를 만들 수 있기 때문에 전문 지식이 없는 사람이 변경하지 못하도록, 팀에서 누가 어떤 유형의 객체나 값을 수정할 수 있는지를 매우 잘 정의해야 한다는 것을 의미한다.
- C++ 코드와 블루프린트 스크립팅 사이를 전환하면서 작업하는 것은 매우 혼란스러울 수 있다: 때로는 진행하는 작업의 전체적인 내용을 파악하려면 두 데이터(C++와 블루프린트의 데이터) 모두가 필요하며 C++와 블루프린트를 전환하는 과정은 개발 속도를 느리게 만들 수 있다.

먼저, 몇 가지 요점과 이를 완화하는 방법을 간략히 살펴보자. 성능 프로파일링을 위해 에디터에는 매우 좋은 프로파일링 도구가 내장돼 있다. 이 도구에 아직 익숙하지 않다면 시간을 할애해 프로파일링 도구가 제공하는 기능을 살펴볼 것을 권장한다. 다음 그림은 **프론트엔드** 창 세션의 **프로파일러**이며 **개발 도구** 아래의 **윈도우** 툴 바에서 사용할 수 있다.

팀에서 개발 초기부터 성능을 추적하기로 결정한 경우에는 어떤 점이 변경됐고, 문제를 발생시키는 항목은 어떤 것인지를 추적하는 것이 일반적으로 더 쉽다. 하지만 변수 하나의 값을 변경하는 것과 같이 매우 간단한 작업이 성능에 해를 줄 수도 있는데, 컴파일된 블루프린트를 사용하면 버전 추적 기록에서 변화를 쉽게 검색할 수 있는 방법이 없을 수도 있다는 점을 명심해야 한다. 이를 완화할 수 있는 두 가지 방법이 있다. 하나는 에디터를 소스 컨트롤 시스템과 통합하는 것이고 다른 하나는 블루프린트를 "네이티브화"하는 것이다. 프로젝트에 지원되는 소스 컨트롤 패키지가 있는 경우(책의 프로젝트에서는 Git을 사용한다), 에디터 블루프린트 애셋에서 마우스 오른쪽 버튼을 클릭해 팝업 맨 아래 소스 컨트롤에 연결하는 옵션을 선택하면 소스 컨트롤 통합을 활성화할 수 있다.

설정이 완료되면, FirstPersonCharacter와 같은 블루프린트 애셋에서 다시 마우스 오른쪽 버튼을 클릭해 다른 버전의 애셋을 확인할 수 있다.

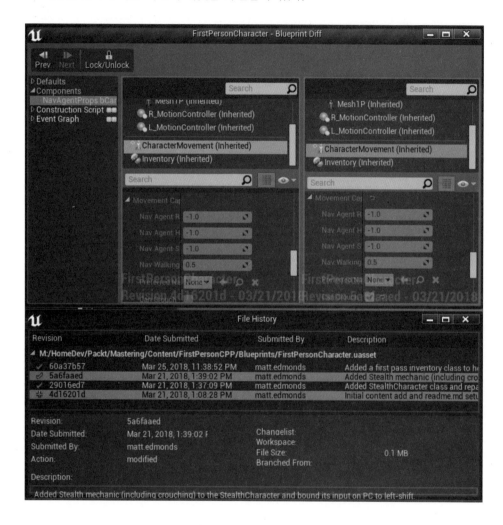

데이터 변경사항을 찾는 것이 때로는 어려울 수 있지만(앞의 스크린샷을 자세히 살펴보면 어디에서 Can Crouch가 변경됐는지 확인할 수 있다), 제대로 동작한다면 스크립트의 변경내용을 시각적 그래프로 나란히 보여주기 때문에 새로운 변경사항으로 인한 문제의 위치를 추적하는 데 도움이 될 수 있다.

Git을 설정하는 튜토리얼은 3장의 추가자료 절에서 확인할 수 있다. 블루프린트 네이티브화는 Project Settings ❯ Packaging ❯ Blueprints 메뉴에서 찾을 수 있다. 이 항목을 활성화하면 에디터의 모든 블루프린트가 중간 C++ 클래스로 변환돼 프로젝트에 패키징된다. 블루프린트를 네이티브화하는 이유로 여러 가지를 들 수 있다. 블루프린트가 예상대로 동작하지 않고 어떤 이유로 프로젝트에 문제가 되는지를 이해하는 데 어려움을 겪고 있는 경우 이를 시험해볼 수 있다. 하지만 여기에서는 옵션에 많은 시간을 할애하지 않을 것이다. 마지막으로 데이터 유형 손실과 관련해서는 블루프린트 함수 라이브러리로 해결할 수 있다. 플랫폼의 네이티브(컴파일러) 유형을 사용하면 블루프린트에서 사용할 수 있는 형식으로 결과를 반환할 수 있다. 예를 들어, UE4 FDateTime 값을 사용하는 UI가 있고, 초 단위로 두 값의 차이를 구하고 싶은 경우 date−time 구조체가 int64 포맷이기 때문에 블루프린트에서 직접 계산할 수 없다. 이런 경우에는 다음과 같이 블루프린트에서 두 date 값을 입력받고 네이티브(ToUnixTimestamp 함수는 int64를 반환한다)에서 이를 계산한 다음, int32 형식으로 결과를 반환하는 함수를 쉽게 만들 수 있다. 이렇게 하면 블루프린트에서 이 값에 접근이 가능하다(이 값은 UI에 표시할 수 있다).

```
UCLASS()
class UDateTime : public UBlueprintFunctionLibrary
{
    GENERATED_BODY()
public:
    UFUNCTION(BlueprintPure, Category = "Date and Time")
    static int32 SecondsBetweenDateTimes(FDateTime time1, FDateTime time2);
```

간단한 C++ 구현은 다음과 같다.

```
int32 UDateTime::SecondsBetweenDateTimes(FDateTime time1, FDateTime time2)
{
    return time2.ToUnixTimestamp() - time1.ToUnixTimestamp();
}
```

따라서 C++에서는 블루프린트에서 직접 사용할 수 없는 타입을 사용하지만 이 타입은 모든 최신 C++ 컴파일러에서 동작한다. 물론 두 date 값(두 날짜 사이의)의 간격이 아주 먼 경우에는 일부 데이터가 손실될 수 있다. 하지만 어떤 날짜가 이렇게 손실된 수준에 근접한 경우가 없다고 가정할 수 있다면, 이 방법은 블루프린트 어디에서나 접근할 수 있는 int64 타입을 계산할 때 쉬운 해결책이 될 수 있다.

앞서 단점 목록을 언급하기 전에 이런 문제는 대체로 매우 작은 부분이라고 말했지만, 이는 블루프린트가 제공하는 강력한 기능과 비교했을 때 그렇다는 점을 명심하기 바란다. 예를 들어, 멀티 플레이어 게임 세션을 설정하고, 다른 플레이어를 검색해 연결하고, 플레이를 위해 매칭하는 등의 모든 기능은 UE4가 제공하는 블루프린트 노드를 활용해 제작할 수 있다. 이것은 엄청나게 강력한 기능이며 작업 방식에 익숙하지 않은 프로그래머가 FAsyncTask 태스크나 OnlineSubsystem 호출을 제대로 사용하거나 GameMode의 올바른 이벤트를 활용해 발생하는 모든 일을 처리하기까지 며칠 또는 몇 주가 걸릴 수도 있다. 그렇다면 프로젝트 전체에서 C++를 버리고 100% 블루프린트로 작업해야 할까? 다음 절에서 이 내용을 논의해보자.

블루프린트만 사용해 개발하는 것이 맞을까?

게임에서 블루프린트가 어느 수준 필요하다는 것과 블루프린트 스크립팅이 매우 강력한 도구라는 것을 확인했다. 블루프린트 시스템은 매우 강력한 도구이다. 다시 사용할 수 있는 기능을 구현할 때 시스템이나 C++에서 수십, 수백, 수천 줄로 작성해야 할 수도 있다.

이 경우 블루프린트 시스템을 활용하면 많은 시간을 절약할 수 있다. 또한 블루프린트 스크립팅을 사용하는 데 따른 위험과 단점을 살펴봤다. 따라서 블루프린트만 사용하는 프로젝트는 이런 어려움에 갇히게 된다. 해결할 수 없어 보이는 문제가 발생했을 때 결국 프로젝트에 새로운 C++ 클래스를 추가하고, 뒤늦게 기본 C++ 프로젝트를 시작했을 수도 있다. 이는 매우 일반적인 결과다. 블루프린트 스크립팅과 제한사항에 매우 숙련된 팀은 설계 초기 단계에서 이런 점을 찾아낼 수 있다. 프로젝트를 시작할 때 게임 기획에서 요구하는 모든 사항을 처리할 수 있는지 확신할 수 없다면, C++ 프로젝트로 만든 다음 팀의 여력과 개발자가 선호하는 대로 블루프린트와 C++를 활용할 수 있다. 하지만 프로젝트에서 나중에 블루프린트로만 개발된 매우 큰 프로젝트를 C++ 프로젝트로 변환할 때는 더 많은 작업이 필요할 것이다. C++ 빌드를 추가하는 것은 이런 작업을 해보지 않은 개발 팀에 혼란을 줄 수 있다. 따라서 개발 단계에 있는 경우라면, C++를 활용해 개발을 시작하고 어느 쪽이든 최선의 방법으로 두 시스템 사이에서 적절한 균형을 잡아야 한다. 개발이 진행됨에 따라 변경되거나 추가되는 C++ 코드가 거의 없는 팀의 경우에도 블루프린트로만 개발한 프로젝트와 거의 비슷하게 빠른 반복 작업 속도로 개발을 진행할 수 있으며, 필요한 경우 언제든 C++를 추가할 수 있는 인프라와 워크플로를 갖추게 된다.

iOS 개발자 주목! 프로젝트 범위에 따라 달라지겠지만 전체 프로젝트가 아니라면, 당분간은 블루프린트만 사용해 프로젝트를 유지하는 것을 고려해볼 만한 중요한 이유가 있다. UE4는 윈도우 PC에서 iOS 장치의 빌드, 테스트, 패키징을 할 수 있다. 단, 블루프린트를 사용한 프로젝트만 가능하다. iOS 개념을 빠르게 입증하거나 게임플레이 아이디어를 확인하고자 빠르게 반복 작업을 하는 과정에서 빌드 시간을 크게 줄이는 데 도움이 될 수 있다. 애플(Apple)에 최종적으로 제출하기 위해서는 최소한 최신 버전의 Xcode를 실행할 수 있는 맥과 애플 개발자 라이선스가 필요하다. 하지만 블루프린트만 사용하는 프로젝트는 아이폰(iPhone)이나 아이패드(iPad)에서 게임이 할 수 있는 것을 빠르게 증명하는 좋은 방법이 될 수 있다.

일반적으로 프로젝트에서 블루프린트만 사용하기를 원하는 팀에는 두 가지 유형이 있다.

- 어려운 C++ 개발, 문제 해결, 워크플로를 설정할 수 있는 개발자가 없는 경우
- 게임 기획이 아주 단순하거나 블루프린트의 제한사항을 잘 이해하는 매우 숙련된 개발자가 있는 경우

종종 인디 팀도 앞의 두 경우에 속하곤 한다. 다시 설명하지만, 블루프린트만 활용해 게임의 프로토타입을 빠르게 만들고 나중에 C++ 프로젝트로 전환해야만 하는 경우에 이를 전환해도 아무런 문제가 없다. 하지만 여러 팀에서의 프로젝트 경험이 있는 경우에는 가능한 사전에 위 내용을 고민해보고 시작하기 전 현명하게 결정하기 바란다.

 C++ 작업을 일부 진행한 다음, 블루프린트만 사용하는 프로젝트로 다시 돌아가는 것은 매우 어려울 수 있으며 전혀 실용적이지 않다. 또한 일단 C++ 상자를 열면 이를 받아들이는 것이 좋다. 상자를 닫을 수 있을 거라는 기대는 하지 않는 것이 좋다.

▌블루프린트 스크립팅과 성능

이 시점이 되면 다음과 같이 생각할 수 있다. 지금까지 블루프린트 스크립팅과 블루프린트만 사용하는 프로젝트의 장점 및 단점에 대한 많은 논의를 했다. 하지만 아직 직접 만들면서 어떤 상황이 벌어지는지 확인하지 않았고 성능을 프로파일링하는 방법을 살펴보지 않았다. 이제 블루프린트만 사용하는 프로젝트를 만들어보고 성능을 확인할 수 있는 실제 게임 시스템을 구축해보자. 게임에서 전통적으로 많이 사용하는 이동 플랫폼을 예제로 구현해보자.

블루프린트 스크립팅 예제 – 이동하는 플랫폼 및 엘리베이터

앞서 설명했듯이 예제에서 진행하는 모든 작업과 게임플레이를 구현하는 작업은 거의 에디터만 사용해 처리할 것이라는 점을 충분히 예상할 수 있을 것이다(C++를 블루프린트와 연결하는 방법이 있으며, 이 내용은 거의 끝부분에 설명할 예정이다). 이제 에디터를 열고 콘텐츠 **브라우저**의 Content ▸ FirstPersonCPP ▸ Blueprints에서 전에 했던 것과 같이 마우스 오른쪽 버튼을 클릭하고 새로운 블루프린트 클래스를 생성한다.

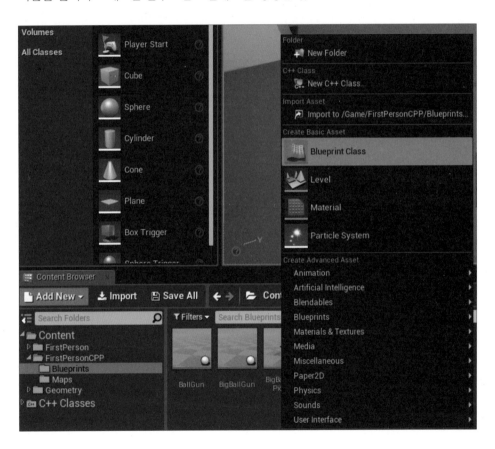

Actor를 부모 클래스로 선택하고 이름을 MovingPlatform으로 지정한다. 월드에 배치할 수 있는 액터가 준비됐지만 아직 아무런 기능이 없고, 지오메트리도 없다. 액터에 지오메트리를 추가하자. 이를 위해 레벨 주변을 둘러보면 두 개의 회색 사각형 상자(흰색이 아닌 회색 상자, 물론 흰색 상자도 잘 동작한다)가 있다. 두 상자 중 하나를 클릭하고 마우스 오른쪽 버튼을 클릭한 다음, Browse to Asset(Ctrl+B)을 선택한다(참고로 메뉴 바의 Asset 메뉴에서 대부분의 애셋을 편집하는 경우에도 이런 방식으로 찾을 수 있다). 그러면 Content > Geometry > Meshes에 있는 1M_Cube가 선택됐을 것이다. 이제 이 단순한 지오메트리를 찾는 방법을 알았다. 다시 MovingPlatform으로 돌아가 앞에서 배치한 액터를 더블 클릭한다. 이 액터는 블루프린트 클래스로 만들었기 때문에 풀 블루프린트 에디터가 자동으로 열린다. 플랫폼 오브젝트의 경우 컴포넌트를 추가해야 한다. 단순한 Cube나 Plane을 스태틱 메시로 추가할 수 있다. 특히 빠른 프로토타이핑을 위해 이런 메시를 사용할 수 있다는 점은 좋다. 하지만 전문적인 게임에서 좀 더 일반적인 워크플로에 익숙해지기 위해 방금 살펴봤던 스태틱 메시 Cube를 사용하자. 이를 위해 컴포넌트 메뉴에서 스태틱 메시를 추가한다. 계층구조에서 기본 씬 컴포넌트(DefaultSceneRoot라는 이름의 컴포넌트) 아래에 컴포넌트가 추가된다. 여기에서는 액터 오브젝트의 루트 컴포넌트가 될 수 있는 액터 컴포넌트를 추가했다. 이 경우, 기본 씬 컴포넌트는 아무런 역할을 하지 않는 자리표시자가 된다. 따라서 메시 컴포넌트의 이름을 Platform으로 변경하고 이를 제일 위에 있는 씬 컴포넌트로 드래그해 교체한다(메시 컴포넌트를 루트 컴포넌트로 설정한다).

이제 플랫폼을 제대로 볼 수 있도록 설정해보자. 메시 컴포넌트를 클릭하고 오른쪽에 보이는 속성의 Static Mesh > Static Mesh 항목에서 이전에 찾았던 1M_Cube를 선택한다. 그리고 Transform > Scale 오른쪽에서 잠금 해제 아이콘을 클릭하고 다음 그림과 같이 설정한다.

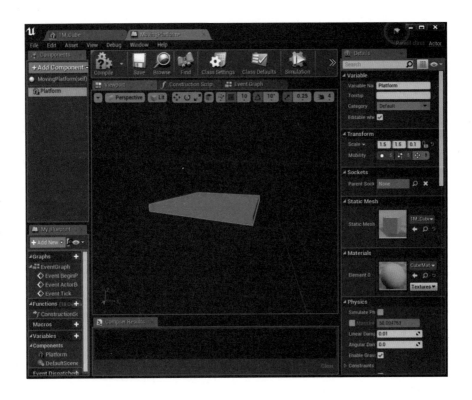

이제 블루프린트를 씬에 드래그해 배치할 수 있다. 하지만 충돌을 처리하기에는 높이가 너무 높아 플레이어를 막는 것 외에는 아무것도 할 수 없다. 또한 이 블루프린트는 컴파일 및 저장이 필요하다는 것도 확인할 수 있다. 블루프린트에 어떤 작업을 진행한 다음에는 컴파일하고 저장하는 것이 좋다. 성공적으로 컴파일 준비가 되지 않은 경우에는 컴파일 준비가 될 때까지 기다리는 것이 좋다. 컴파일이 완료되지 않은 블루프린트를 저장하고 온전하지 않은 블루프린트를 사용할 수는 있지만 블루프린트가 주는 경고 메시지 때문에 혼란스러울 수 있으며, 중요한 문제가 될 수도 있는 다른 블루프린트의 문제를 알지 못할 수도 있다.

플랫폼을 사용해 스크립팅을 작성하기 전에, 컴포넌트를 하나 더 추가해야 한다. 언리얼은 블록(히트)과 오버랩(터치) 충돌을 구분해 처리하기 때문에 플랫폼의 경우에는 두 가지 충돌이 모두 필요하다. 이를 위해 **컴포넌트 추가**^{Add Component}를 클릭하고 목록에서 Cube를 선택해 추가하면 된다. 추가한 Cube는 Platform 메시의 상위 계층에 와야 한다. Platform

의 크기가 전달되기 때문에 새로 추가한 Cube의 크기는 동일하다. 이제 Platform 컴포
넌트보다 위로 보일 때까지 뷰포트에서 Z축을 드래그하거나 트랜스폼에서 값을 입력해
위치를 약간 위로 올린다. 하지만 Cube는 여전히 기본적으로 Platform 컴포넌트에 닿
는다(예제에서는 Z 스케일값이 0.1이기 때문에 5cm를 설정하기 위해서는 50을 입력한다). 이제 디
테일 창에서 Collision 카테고리가 보일 때까지 스크롤 바를 내린 다음, 콜리전 프리셋을
OverlapOnlyPawn으로 설정한다. Cube는 캐릭터가 걷는 것을 감지할 목적으로 사용하기
때문에 화면에 보이지 않게 Rendering 카테고리에서 Visible 항목을 해제한다. Platform
컴포넌트의 콜리전 이벤트는 BlockAllDynamic으로 그대로 두면 된다. Hit 이벤트는 오버
랩^{overlap} 이벤트를 대체하기 때문에 오버랩 이벤트는 발생하지 않는다. 무기나 플레이어
가 플랫폼에 충돌하는 경우 이벤트를 받을 수 있지만 필터를 사용하면 필요한 오버랩 이
벤트는 결코 발생하지 않는다.

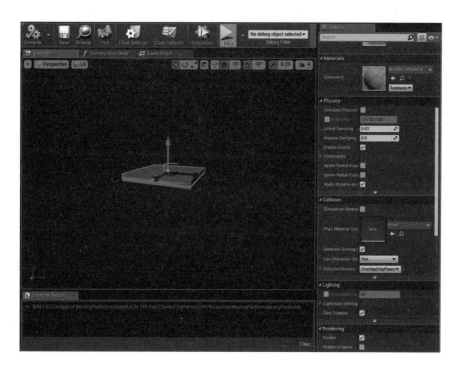

스크린샷 하단에 있는 Visible 박스를 클릭하기 전의 모습은 위의 스크린샷과 같다.

마지막으로 블루프린트 스크립팅을 진행해보자. 이벤트 그래프^{Event Graph} 탭을 클릭하면 이미 배치된 이벤트가 회색으로 음영처리된 것을 볼 수 있다. 이 이벤트는 노드를 연결해 활성화할 수 있다. 예제에서는 overlap 이벤트를 사용할 것이다. **Other Actor** 핀을 드래그한 다음, 클릭을 해제하면 드래그한 개체를 기반으로 정렬돼 액터를 입력으로 받을 수 있는 다양한 항목을 볼 수 있다. 이벤트에서 드래그한 핀은 출력으로 제공된다. 검색 창에 GetClass를 입력해 노드를 추가한다. 블루프린트에 익숙하다면 스크린샷을 참고해 작업을 진행해도 된다. 다음은 작업 순서를 나열한 것이다(GetClass를 추가한 이후의 단계).

1. Get Class 노드의 출력값에서 드래그한 다음, Is Child Of를 목록에서 찾아 추가하면 선이 연결된다. Is Child Of 노드의 드롭박스에서 MasteringCharacter 클래스를 타입으로 선택해 사용하는 캐릭터에서만 동작하게 설정한다.

2. Is Child Of 노드의 빨간색 출력 핀에서 드래그한 다음, Branch 노드를 검색해 추가한다. 그런 다음, Actor Begin Overlap 이벤트의 흰색 삼각형 출력 핀을 Branch 노드의 입력 핀과 연결한다.

3. Branch 노드의 True 출력 핀을 드래그해 MoveComponentTo 노드를 추가한다.

4. MoveComponentTo 노드의 파란색 컴포넌트 핀을 왼쪽으로 드래그한 다음, GetPlatform(루트 컴포넌트의 참조)을 검색해 추가한다.

5. TargetRelativeLocation 노드의 노란색 핀을 왼쪽으로 드래그한 다음, +를 입력해 필터링하거나 vector + vector 노드를 목록에서 찾아 추가한다.

6. vector + vector 노드의 왼쪽 위의 핀을 드래그한 다음, GetActorLocation 노드를 검색해 추가한다. GetActorLocation 노드의 입력은 그대로 둔다.

7. vector + vector 노드의 왼쪽 아래의 입력란에 원하는 값을 설정한다. 예제에서는 Z 값에 300을 입력해 지면에서 이 값만큼 올라가게 설정한다.

적절한 동작을 위해 월드 기준의 위치를 설정해야 하기 때문에 TargetRelativeLocation 변수의 이름은 다소 미흡하게 설정된 것처럼 보이기도 한다. 마지막으로 MoveToLocation 노드에서 원하는 시간 값을 입력한다. 예제에서 설정한 4초는 다소 느리고 지루하게 느껴질 수도 있는 값이지만 작업한 모든 내용이 제대로 동작한다는 것을 증명하기에 좋다.

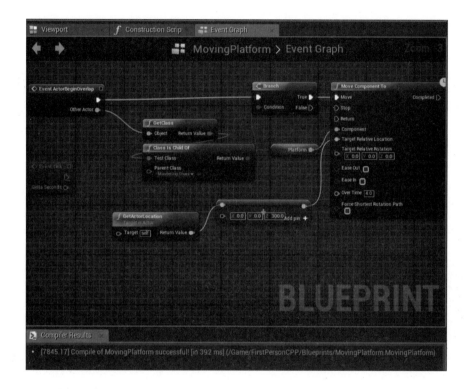

컴파일링과 저장을 잊지 말자.

 Play-in-Editor 모드에서 게임을 실행하면, 실행 전에 편집된 블루프린트의 컴파일을 시도한다(오류가 있는 경우 출력 로그에 오류 정보를 보여준다). 하지만 블루프린트 애셋을 저장하지 않는다. 따라서 모두 저장(Save-All) 버튼을 누르거나 블루프린트 창과 레벨 편집 창에서 Ctrl + S 키를 눌러 직접 저장해야 한다. 저장하지 않은 상태의 Visual Studio에서 에디터를 바로 종료하면 저장하지 않은 애셋이나 레벨의 저장 여부를 묻지도 않고 에디터를 종료시킨다. 따라서 에디터에서 작업하는 경우에는 에디터 창의 X 버튼으로 종료하는 것이 가장 좋다.

작업한 플랫폼의 동작을 확인하기 위해 블루프린트 애셋을 월드 공간에 드래그해 바닥에 배치하는 것만 남았다. 플랫폼으로 걸어가 발을 디뎌보면 위로 떠오를 것이다! 플랫폼 위로 점프해 뛰어오르면 더 높이 올라가는 것을 확인할 수 있다. 이후에 간단한 작업으로 동작을 더 좋게 만들 예정이지만, 지금이 프로젝트의 GitHub 버전과 확인하기 좋은 시점이다. 다음 스크린샷에서 예제 프로젝트에서 배치한 위치를 확인할 수 있다(MovingPlatform 블루프린트 아이콘을 메인 레벨 창으로 드래그해 배치).

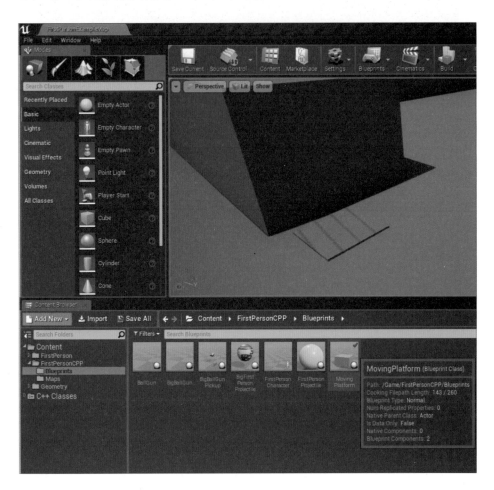

블루프린트로 해볼 수 있는 많은 옵션이 있다. 다른 컴포넌트를 포함시키고, 모든 종류의 로직을 추가해 이 플랫폼이 경로를 탐색할 수 있게 하거나 레벨 블루프린트(블루프린트 Blueprints > 블루프린트 클래스 열기 Open Editor Blueprint를 클릭해 레벨에 배치된 개별 블루프린트에 접근할 수 있다)에서 플랫폼을 위해 사용하는 스플라인을 추가할 수도 있다. 여기에서 할 수 있는 일은 다양하다. 지금은 플레이어가 발을 떼면 플랫폼이 시작점으로 되돌아가고 플랫폼이 제일 위에 도달하면 원래 위치로 돌아가게 설정하자.

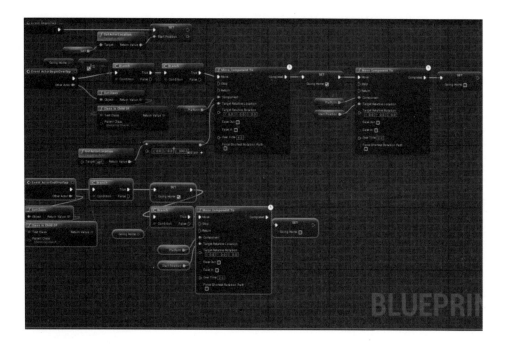

여기에서는 클래스에 추가된 여러 개의 블루프린트 변수를 사용한다는 점에 주의하자. 추가자료 절에서 변수 추가에 대한 내용을 참조할 수 있다. 간략히 설명하면, 왼쪽 아래의 **내 블루프린트** My Blueprint 탭에서 **신규 추가** Add New 버튼을 누르고 **변수** Variable를 클릭하면 변수가 추가된다. 여기에서 변수의 유형과 기본값을 변경할 수 있다. 예제에서는 내 **블루프린트 > 변수**를 선택해 변수를 하나 추가하고 StartPosition으로 이름을 지정했다. 그런 다음, 오른쪽 디테일 창에서 변수 유형을 vector로 지정했다. 변수를 하나 더 추가하고 GoingHome

으로 이름을 지정한 다음, 변수 유형은 boolean으로 설정했다. 다음부터는 C++에서 노출한 변수와 동일하게 블루프린트 스크립팅 창에서 get/set 노드를 통해 이런 변수에 접근할 수 있다. 특정 접근 지정자(그리고 예제에서는 이를 사용하지 않는다. 하지만 C++에서 접근할 수 있게 구현할 수 있다)를 만들지 않는 한 이런 변수는 C++에서는 접근할 수 없다는 점에 주의하자.

```
UFUNCTION(BlueprintImplementableEvent)
FVector GetStartPosition();
```

앞의 코드와 같이 하이브리드 C++/블루프린트 클래스에서 blueprint-implementable 이벤트로 만들면 이를 블루프린트에서 이벤트 타입 함수로 추가하고 StartPosition을 반환하게 할 수 있다. 이런 방식으로 블루프린트에만 정의된 변수를 C++에서 접근할 수 있다. 마찬가지로 C++에서 이전에 동작한 것과 같은 네이티브 함수를 만들려면 UFUNCTION 키워드로 BluprintCallable을 설정해야 한다는 것을 기억하자. 이렇게 하면 블루프린트에서 네이티브 함수에 접근하거나 클래스를 구현한 인스턴스에서 이 함수를 사용할 수 있다. 다음 장인 4장, 'UI, 메뉴, HUD, 로드/저장'에서 이와 비슷한 작업을 진행할 예정이다.

```
UFUNCTION(BlueprintCallable, Category="Appearance")
void SetColorAndOpacity(FSlateColor InColorAndOpacity);
```

이런 함수는 C++에서 구현하지만, 블루프린트에서 직접 호출할 수도 있다. 또한 C++에서 블루프린트로의 호출과 블루프린트에서 C++로의 호출은 상당한 양의 스택 오버헤드를 갖는다는 점에 유의하자. 오래된 하드웨어에서는 이런 형태의 호출이 주요 성능 문제였지만, 최근 대부분의 플랫폼에서는 이런 오버헤드가 매우 작다. C++와 블루프린트 간의 전환이 빈번하게 발생하더라도 UE3와 비슷한 시스템에서 발생했던 수준의 스트레스가 더 이상 없다는 점을 명심하자.

C++에서 블루프린트(또는 그 반대)를 호출하는 내용은 잠시 미루고, 이 엘리베이터의 동작을 완성하기 위한 로직 작업으로 돌아가보자. 다음과 같이, 여기에는 여러 단계가 필요하다. 다음은 간결한 작업을 위해 작업 목록을 순서대로 나열한 것이다.

1. 먼저 두 개의 새로운 변수가 필요하다. 앞서 설명했듯이, **내 블루프린트** 탭에서 신규 추가 버튼을 두 번 클릭하고 각 **변수**를 선택한다.

2. 첫 번째 변수의 이름을 GoingHome으로 변경하고 변수 유형은 원래 설정된 boolean으로 그대로 둔다.

3. 두 번째 변수의 이름을 StartPosition으로 변경하고 변수 유형은 vector로 지정한다.

4. 블루프린트 스크립팅 창의 BeginPlay 이벤트 핀에서 드래그한 다음, Set StartPosition 노드를 검색해 추가한다.

5. Set StartPosition 노드의 왼쪽에서 드래그한 다음, 이전에 했던 것과 같이 GetActorLocation 노드를 추가한다. GetActorLocation 노드의 입력은 self로 그대로 둔다. 이제 플레이하면 이 플랫폼은 시작 위치에 표시되며, 이를 블루프린트 전용 변수에 저장할 것이다.

6. 기존의 MoveComponentTo 노드에서 드래그한 다음, SetGoingHome을 찾아 추가하고 GoingHome 변수의 박스를 체크한다.

7. 노드에서 드래그하고 새로운 MoveComponentTo 노드를 추가한다. Platform을 다시 입력 컴포넌트로 사용한다. 하지만 TargetRelativeLocation과 같이 노드에서 드래그한 다음, GetStartPosition 노드를 추가한다.

8. 새로 추가한 MoveComponentTo 노드의 출력에서 드래그한 다음, SetGoingHome을 검색해 추가하고, SetGoingHome 노드의 박스를 해제해 false로 설정한다.

9. 새로운 이벤트가 필요하다. 이를 위해 블루프린트 스크립팅 창의 빈 곳에서 마우스 오른쪽 버튼을 클릭하고 ActorEndOverlap 이벤트를 검색해 추가한다.

10. ActorEndOverlap 이벤트의 출력에서 드래그한 다음, Branch 노드를 추가한다. Branch 노드의 Condition에서 드래그한 다음, 이전에 작업했던 것과 동일한 로직을 설정한다. ActorEndOverlap 이벤트의 **OtherActor**에서 드래그해 GetClass 노드를 추가한다. 그런 다음, GetClass 노드의 출력을 **ClassIsChildOf MasteringCharacter** 노드와 연결한다(BeginOverlap 이벤트에서 했던 내용을 복사한 다음, 붙여넣기를 하고 변경된 사항만 설정해도 된다).

11. 이 Branch가 True인 경우(즉, 더 이상 플레이어가 플랫폼에 없는 경우), True에서 드래그한 다음, **SetGoingHome**을 검색해 추가하고 이 노드의 박스를 체크한다(true로 설정).

12. SetGoingHome 노드에서 드래그해 Branch 노드와 연결하고 Branch 노드의 Condition에서 드래그한 다음, **GetGoingHome**을 검색해 추가한다.

13. Branch 노드의 True에서 드래그한 다음, **MoveComponentTo**에서 했던 것과 동일한 로직(StartPosition과 연결하고 동작을 완료한 후 GoingHome을 false로 설정한다)을 설정한다.

이제 진행한 작업의 내용과 이전의 스크린샷이 일치하는지 비교하고 GitHub에서 3장, 브랜치에 있는 프로젝트와 일치하는지 비교해야 한다. 이 엘리베이터 패드는 안정적으로 다음 층으로 올라갈 수 있을 뿐만 아니라 최종 위치에 도달하거나 플레이어가 엘리베이터에서 벗어나면 원래 위치로 되돌아간다. 최종 위치에서 원래 위치로 자동으로 되돌아가기 전에 타이머를 설정하는 것이 일반적이며, 대부분의 게임에서는 플랫폼을 원래 위치로 재설정할 때 End-Overlap 경로에만 의존하지 않는다. 다시 한 번 말하지만, 예제의 목적은 단순히 블루프린트에서 할 수 있는 일을 보여주기 위한 것이다. 그리고 이는 더 많은 실험을 위한 출발점이다.

블루프린트 팁, 트릭, 성능 문제

블루프린트에 대한 마지막 질문은 발생할 수 있는 성능 문제를 확인할 수 있는 도구와 문제 해결을 쉽게 만드는 도구에 대한 것이다. 앞서 설명했듯이, UE4의 내장 프로파일링 도구를 사용할 수 있다. 프로파일링 도구는 언제나 좋은 출발점이 된다. 또한 3장 끝의 추가자료 절에 프로파일링 도구에 대한 스택 오버플로(커뮤니티)의 링크가 있다. 개인적으로는 인텔의 VTune을 권장한다. 호환되는 하드웨어 장치를 사용하는 경우에는 NVIDIA Visual Profiler도 훌륭한 도구이다. 하지만 이런 도구는 C++ 클래스에서 문제를 발생시키는 곳이 어딘지를 확인한다. K2 클래스(또는 이름에 Kismet을 가진 것과 같이, 더 오래된 클래스)를 C++에서 보면, 블루프린트에서 작업을 처리할 때 이런 클래스 때문에 시간이 오래 걸린다고 확신할 수 있다. 하지만 경로 찾기, 물리, 충돌과 같은 경우에는 이를 확인하기가 어렵다. 이런 경우에는 블루프린트에서 문제를 확인하는 방법을 사용해야 한다. 블루프린트를 사용하는 성능을 대략적으로 빠르게 테스트하는 방법으로는 연결을 해제한 다음(블루프린트 로직이 호출되지 않도록), 연결 해제 전의 프로파일링 결과와 연결 해제 후의 프로파일링 결과를 비교해보는 것이다(또는 간단히 초당 프레임만 확인해볼 수도 있다). 성능 문제를 발생시키는 블루프린트 영역이 분명히 존재할 수 있으며, 이 경우 이를 해결하거나 로직을 변경하면 문제를 완화시킬 수 있다. 특히 예제와 같이 경로 검색이나 NavMesh를 변경하는 작업은 블루프린트 오브젝트에서 전적으로 처리할 수 있다. 엘리베이터 플랫폼은 움직이기 때문에 이 플랫폼에서 NavMesh를 변경하면(간단하게 설정할 수 있지만, 이 내용은 3장의 범위를 벗어난다) 상당한 성능 저하 문제가 발생할 수 있다. 따라서 필요한 도구를 파악하고 가장 적합한 도구를 사용하되 항상 성능을 확인하는 것이 중요하다. 모든 게임이 성공하기 위해서는 타깃 플랫폼에서 부드럽게 동작해야 한다.

3장의 마지막 법칙 하나: 블루프린트에서 할 수 있는 경우, 블루프린트에서 먼저 작업하자. 메커니즘이 동작하는지 그리고 재미있는지를 빠르게 증명하자. 많은 C++ 코드 없이 블루프린트를 활용해 플레이어를 참여시키고 멀티플레이어 게임을 함께 즐기도록 만들자. C++ 버전의 게임을 작성하기 전에, 블루프린트를 활용해 게임에서 필요한 동작을 확인하고 요구사항의 한계에 도달하는 시점을 찾는다. 블루프린트로 모든 작업을 할 수는 없지만 블루프린트를 잘 이해하고 사용하면 꽤 많은 작업을 잘 해낼 수 있다.

▌요약

3장에서는 블루프린트 스크립팅 방법을 배우고, 이를 활용한 일부 예제를 확인하고, 발생할 수 있는 제한 및 성능 문제에 대해 살펴봤다. 블루프린트는 C++ 코드에 비해 배우기 쉽고 매우 강력한 기능을 제공한다. 하지만 복잡한 프로젝트에서 블루프린트를 후반부에 사용하면 큰 골칫거리가 될 수 있다. 따라서 팀을 이해하고, 팀의 선택사항과 제한사항을 잘 아는 것이 중요하다. 그래야 블루프린트를 프로젝트에 활용하는 것에 대한 올바른 결정을 내릴 수 있다. 또한 블루프린트에 대한 이런 지식은 4장에서 살펴볼 기본 UI 작업을 수행할 때도 매우 중요하다. UMG(UE4에서 주로 사용하는 편집 인터페이스)는 블루프린트 작업을 많이 포함하며, 블루프린트를 활용해 게임과 UI의 통합을 비교적 쉽게 처리할 수 있다. 이는 UE4에 있는 대부분의 기능과 마찬가지로, 필수적으로 사용해야 하는 것은 아니다. 하지만 3장에서 얻은 블루프린트의 강점에 대한 견고한 이해를 바탕으로 UI를 빠르게 동작시키고 원하는 기능을 쉽게 구현하기 위한 이점을 얻을 수 있다.

▌연습문제

1. UE3의 두 시스템 중 대부분의 C++ 클래스에서 K2_ 접두어를 사용하며, 블루프린트의 배경이 된 시스템은?
2. 에디터에서 소스 컨트롤을 통합했을 때 얻을 수 있는 가장 큰 장점은?
3. UFUNCION과 UPROPERTY가 가치 있는 이유는?
4. C++에서 세션을 추가하는 데 걸리는 시간을 잘 예측하는 방법은?

5. 블루프린트에서 처리한 작업의 성능을 프로파일링할 때 사용할 수 있는 도구에는 어떤 것이 있는가?

6. C++가 아닌 블루프린트에서 게임을 빌드했을 때의 단점은?

7. 모든 UE4 프로젝트에서 일정 수준의 블루프린트가 꼭 필요한 이유는?

8. PIE 게임 실행 시 블루프린트를 컴파일한 뒤 추가로 해야 할 일은?

▎추가자료

UE4 에디터에서 Git 통합하기:

https://wiki.unrealengine.com/Git_source_control_(Tutorial)

블루프린트 온라인 세션 노드에 대한 개요. 온라인 서브시스템을 잘 모르는 경우 링크에서 해당 내용을 참조할 수 있다.

https://docs.unrealengine.com/en-us/Engine/Blueprints/UserGuide/OnlineNodes

블루프린트 변수 개요:

https://docs.unrealengine.com/en-us/Engine/Blueprints/UserGuide/Variables

C++ 프로파일링 도구:

https://stackoverflow.com/questions/67554/whats-the-best-free-c-profiler-forwindows

04

UI, 메뉴, HUD, 로드/저장

▌ 개요

4장에서는 모든 게임에서 기본적으로 필요한 또 다른 대상인 UI를 살펴본다. UI의 대표적인 예로 게임 상태를 저장하고 로딩하는 UI를 게임에 추가할 것이다. 언리얼은 이 두 기능을 위한 훌륭한 도구를 제공하는데, 4장에서는 특히 UI를 제작하기 위해 사용하는 UMG를 살펴볼 것이다. 게임을 저장하고 로딩하는 기능은 거의 모든 게임에서 어떤 형태로든 사용하는 시스템이지만 모두 다른 방식을 사용하며, 복잡도는 게임 기획 및 필요한 플레이어 경험에 의해 좌우된다. 책에서는 먼저 HUD에 인벤토리를 표시하는 것부터 시작할 것이다. 다음 절에서는 서로 다른 유형의 게임을 기반으로 게임을 저장하는 전략을 설명한 다음, 언리얼의 가장 어려운 점 중 하나인 인 맵 저장 후 게임 플레이 도중에 정확한 곳에 이를 복구하는 방법을 다룰 예정이다. 4장에서 다루는 내용은 다음과 같다.

- 자동화된 화면 캡처 레벨을 사용해 인벤토리 아이콘 만들기
- 화면에서 인벤토리 아이콘을 플레이어의 HUD와 통합하기
- 인벤토리와 HUD/UI 동기화하기
- 어디에서나 전체 게임의 상태를 저장하고 로드할 수 있는 기능 만들기
- 로딩 및 저장을 위한 UI 구축하기

▌기술 요구사항

다른 장과 마찬가지로, 3장, '블루프린트 리뷰 및 블루프린트 스크립팅 사용시기'에서 진행한 내용부터 시작하는 것이 좋다. GitHub 프로젝트는 다음 링크에서 얻을 수 있다.

https://github.com/PacktPublishing/Mastering-Game-Development-with-Unreal-Engine-4-Second-Edition/tree/Chapter-4

3장, '블루프린트 리뷰 및 블루프린트 스크립팅 사용시기'의 콘텐츠는 특별히 필요하지 않지만, 2장, '플레이어를 위한 인벤토리 및 무기'의 내용은 많이 사용하기 때문에 4장의 내용과 작업을 위해 필수적이다.

사용한 엔진 버전: 4.19.0

▌플레이어의 HUD 클래스에 UMG 통합하기

2장, '플레이어를 위한 인벤토리 및 무기'에서는 플레이어를 위한 인벤토리 시스템, 새로운 무기를 수집하는 방법, 수집한 무기를 전환하기 위한 입력 체계를 만들고 관리했다. 하지만 무기를 발사해 눈으로 보기 전까지는 현재 어떤 무기를 장착하고 있는지 알 수 없다. 이제 플레이어가 어느 무기를 사용하고 있는지 보여주는 디스플레이를 제공하자. 이를 위한 작업의 일부로 최종적으로는 언리얼 마켓플레이스에서 무료 아트 애셋을 추가할 것이다.

인벤토리와 화면 캡처를 위한 아이콘 만들기

예제를 좀 더 의미 있고 실용적인 시나리오로 만들기 위해서는 더 많은 아트 애셋이 필요하다. 하지만 앞서 설명했듯이, 이 책에서는 아트 애셋이나 UE4 콘텐츠를 만드는 것에 중점을 두지 않았다. 기술 개발자로서 할 수 있는 것과 없는 것을 증명하고, 독자가 마켓플레이스 콘텐츠에 돈을 쓰거나 일반적으로 게임 제작사가 하듯이 아트 스튜디오에 아웃 소싱을 하지 않고 무료로 사용할 수 있는 아트 애셋을 사용할 것이다. 이를 위해 먼저 에픽 게임즈 런처Epic Games Launcher를 실행한다. 1장, '1인칭 슈팅 게임을 위한 C++ 프로젝트 만들기'에서 처음 설명했듯이 UE4 에디터 실행 파일에 바로 가기를 만드는 것이 좋다. 잊어버린 경우를 위해 설명하면, "UE4 설치 폴더의 /Engine/Binaries/Win64/UE4Editor.exe에 대한 바로 가기 만들기"를 권하는 문장이 있다. 물론 해당 경로로 이동해서 실행 파일을 실행하는 것도 가능하다.

이렇게 하면 게임이 없는 에디터가 실행되고 열 수 있는 프로젝트 목록이 표시된다. 또한 오른쪽 상단의 Unreal Project Browser에 **마켓플레이스** 버튼이 있는데, 이곳으로 간다. 맨 위에서 **언리얼 엔진**을 선택했는지 확인한 다음, 왼쪽에서 **마켓플레이스**를 클릭한다. 콘텐츠 행 상단에 바로 보이는 콘텐츠나 무료 탭에서 에픽에서 출시한 멋진 애셋을 기반으로 게임이나 프로토타입을 만들 수 있다. Infinity Blade까지 스크롤을 내려 Weapons를 카트에 추가한다(그런 다음, 오른쪽 상단에 작게 표시된 쇼핑 카트를 확인한다).

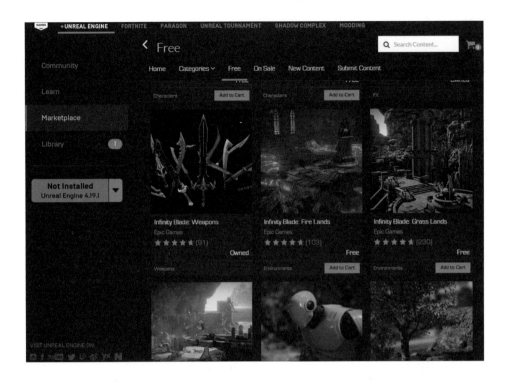

마켓플레이스 아래에서 왼쪽에 있는 **라이브러리** 항목을 선택하면 콘텐츠를 확인할 수 있다. 콘텐츠를 사용하려면 콘텐츠를 프로젝트에 추가해야 한다. 패키지가 제공하는 내용을 확인해보면, 무기는 모두 근접 공격 무기라는 것을 확인할 수 있다. 책을 쓰는 시점에서는 불행히도 무료로 제공되는 원거리(총) 무기가 없었기 때문에 우리가 가진 것을 이용해 직접 만들어야 한다. **라이브러리** 탭을 클릭하고 보관함^{Vault} 섹션으로 스크롤 바를 내려 Infinity Blade: Weapons로 이동한 다음, **프로젝트에 추가** 버튼을 클릭한다. 여기에서 상단에 있는 **모든 프로젝트 표시**^{Show all projects} 버튼을 체크하고 Mastering 프로젝트를 선택한다. 이 애셋에서 다른 엔진 버전과 호환되지 않는다는 경고가 발생할 수 있다. 드롭다운 메뉴에서 **4.19**(또는 빌드한 버전 중에 가장 최신 버전의 엔진 선택)를 선택하고 프로젝트에 추가한다. 그러면 애셋이 다운로드될 것이다. 완료될 때까지 기다리자.

에디터에서 프로젝트를 열면 콘텐츠 브라우저에서 새 폴더인 /Content/InfinityBlade Weapons가 있는 것을 확인할 수 있을 것이다. 이 폴더 아래에 캐릭터 일부가 있다(일부는 스태틱 메시이지만, 원래의 총과 수집 아이템이 예상하는 대로 캐릭터 무기 일부를 사용할 것이다). 예를 들어, /Content/InfinityBladeWeapons/Weapons/Blunt/Blunt_Ravager에서 SK_Blunt_Ravager 스켈레탈 메시를 열어보면 뾰족한 해머 무기가 있는 것을 확인할 수 있다. 새로운 무기를 만들기 위해 이런 애셋 중 일부를 게임에서 사용할 예정이다. 이 과정은 이미 2장, '플레이어를 위한 인벤토리 및 무기'에서 진행했기 때문에 예제에서 사용한 단계를 빠르게 나열하고 넘어간다.

1. /Content/FirstPersonCPP/Blueprints 폴더의 BigBallGun에서 마우스 오른쪽 버튼을 클릭하고 복제한다.

2. 수집 아이템에서도 동일한 작업을 진행한다(BigBallGunPickup).

3. Ravager 무기를 위해 이 블루프린트의 이름을 RavagerGun(물론 사용 가능한 아트 애셋 중에서 해머 등을 활용해 총을 만들어도 된다)과 RavagerGunPickup으로 바꾸고 다른 항목(발사체 등)은 BigBallGun과 동일하게 그대로 둔다.

4. RavagerGun을 블루프린트 에디터에서 열고 **WeaponMesh** 컴포넌트를 선택한다. 이제 컴포넌트의 메시를 방금 살펴봤던 SK_Blunt_Ravager로 설정할 수 있다.

5. 마찬가지로, BallGunPickup 메시 컴포넌트에서 동일한 메시를 사용하게 설정하고, 나중에 애셋을 복제했을 때 일반적인 이름을 갖게 컴포넌트의 이름을 PickupMesh로 변경한다.

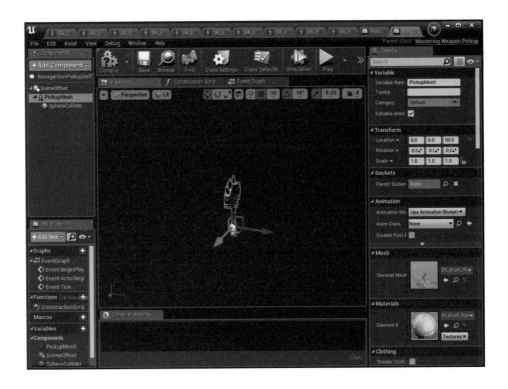

마지막으로 RavagerGunPickup(self)을 선택한 다음, 디테일 창에서 Weapon Power를 2로 설정한다. 그리고 Mastering Weapon Pickup 항목에서 RavagerGun을 선택한다. 물론 무기의 발사체를 원하는 대로 설정할 수도 있고, 플레이어의 손 위치를 조정하는 등의 작업으로 새로 만들 수도 있다.

이렇게 만든 수집 가능한 무기 아이템 중 하나를 레벨에 추가하고 빠르게 테스트해보자. 이 시점은 GitHub에 프로젝트를 추가할 좋은 체크포인트가 될 수 있다.

 이 시점에서 GitHub 프로젝트를 Pull하려면 애셋 다운로드가 완료될 때까지 약간의 시간이 더 필요할 수 있다(이 시점까지의 전체 프로젝트 나머지 부분보다 애셋이 더 크다). 하지만 이런 시간은 애셋을 처음 다운로드할 때만 필요하다.

총 5개의 각기 다른 무기가 준비될 때까지 무기 및 수집 가능한 무기 아이템을 추가하는 작업을 반복한다. 정리를 위해 무기, 발사체, 수집 아이템 등 여러 개의 블루프린트를 새 폴더인 /Content/FirstPersonCPP/Blueprints/Weapons를 생성해서 옮긴다. 다음 단계는 가지고 있는 모델을 이용해 아이콘을 만드는 것이다. 일부 프로젝트에서는 손수 아이콘을 만들고자 하는 아티스트가 있을 수도 있다. 하지만 아티스트가 없는 경우에는 이 기법을 사용해 액터를 바로 렌더 타깃 텍스처에 그려 이런 아이템을 표시할 수 있다. 렌더 타깃에 대한 내용은 추가 자료 절에서 참고하면 된다. 지금은 스크린샷을 자동으로 만드는 방법으로 아이콘을 만드는 데 집중하자.

고품질의 UI를 사용하기 위해 알파 마스크가 적용된 아이콘의 시인성을 높이려면 다음과 같은 작업이 필요하다.

1. 스크린샷을 자동으로 찍는 새 카메라 액터를 만든다. 이 카메라를 구현하는 데는 무기 액터의 회전 및 위치를 포함해 뎁스 마스크가 적용된 스크린샷을 찍고 이를 다시 텍스처로 액터에 임포트하는 기능을 포함한 여러 부분이 필요하다.

2. 새 레벨을 생성한다. 레벨에 새 카메라 액터를 추가하고 스카이라이트^{SkyLight}를 추가한다.

3. 임포트된 텍스처를 UI에 전달하기 위해 수집 아이템으로 가져온다.

4. UMG에서 생성된 무기의 텍스처를 사용하는 아이콘 위젯을 만든다.

5. UMG에서 리스트 위젯을 만들고 이를 HUD에 추가한다. 인벤토리 클래스를 리스트 위젯과 연결하고 플레이어가 선택한 무기가 반영되게 업데이트한다.

이와 같은 가장 중요한 게임 기능을 사용하려면 여러 단계가 필요하며, 각 단계마다 다양한 수준의 복잡도가 필요하다. 하지만 앞에서 진행했던 것처럼, 구현을 위한 각 단계를 순서대로 나열하고 각 단계별로 테스트할 수 있다면 전 단계에서 다음 단계로 이동하면서 구현하면 되기 때문에 시스템을 완성하는 데에는 큰 문제가 없다. 새 카메라 클래스부터 시작해보자. 에디터의 /Content/Blueprints에 새 C++ 클래스를 추가하고

MasteringIconCamera로 이름을 지정한 다음, CameraActor를 상속받는다. 카메라의 모든 임무는 수집 가능한 무기를 열어 카메라 앞의 좋은 위치에 배치한 다음, 스크린샷을 찍어 이를 아이콘으로 사용하는 것이다.

이 예제가 바로 블루프린트를 사용해 시간을 절약할 수 있다는 것을 보여줄 수 있는 절호의 기회이다. 간단히 레벨에 직접 카메라를 배치하고 어떤 작업으로 뷰포트의 스크린샷을 찍는 것도 물론 가능하다. 시간이 허락되고 누군가 C++로 이런 시스템을 구현하기로 결정하거나 관련 경험이 있는 경우에는 필요한 노력을 기울여 시스템을 만들 수 있을 것이다. 다른 방법으로 블루프린트에서 게임 모드와 새 폰을 만들면 네이티브 C++ 클래스는 필요하지 않다. 블루프린트 클래스를 이미 만들었기 때문에 이 절에서 진행할 단계를 나열하려고 한다. 문제가 발생할 경우 GitHub 프로젝트에서 이 단계를 확인할 수 있다.

1. Blueprints 폴더에서 IconMaker 폴더를 생성하고, 그 안에 Pawn을 기반으로 하는 새 블루프린트를 생성하고 IconPawn으로 이름을 지정한다.

2. GameModeBase를 기반으로 하는 게임 모드를 생성한다. IconGameMode로 이름을 지정한다.

3. 게임 모드에서 Allow Tick Before Begin Play를 체크 해제(false로 설정한다)하고 HUD Class를 None으로 설정하고, Default Pawn Class를 IconPawn으로 설정한다.

4. IconPawn에서 DefaultSceneRoot 아래에 ChildActor 컴포넌트를 추가하고 Child Actor Class를 MasteringIconCamera로 설정한다.

5. 이 하위 카메라에서 카메라 컴포넌트의 Camera Settings에서 Constrain Aspect Ratio 항목을 체크 해제한다(이렇게 하면 커스텀 뎁스 필드 스크린샷을 사용할 때 종종 발생하는 오류를 방지할 수 있다).

6. 선택적으로 FOV를 설정한다(나중에 쉽게 테스트하기 위해 45로 설정한다). 매우 작은 범위부터 90 이상까지 모든 범위를 설정해도 된다. 일반적으로 이런 종류의 작업에는 단순화를 위해 직교 카메라를 사용한다. 하지만 UE4의 직교 렌더링을 사용

하면 라이팅과 관련된 여러 문제가 발생할 수 있다. 예제에서는 FOV를 코드에서 처리할 것이다. 이는 나중에 확인할 수 있다.

이 작업은 블루프린트 클래스를 위한 것이다. 이제 블루프린트를 사용할 새 레벨이 필요하다. 에디터에서 블루프린트의 저장을 확인한 다음, **파일 ➤ 새 레벨**을 클릭하고 **빈 레벨**Empty Level 템플릿을 선택한 다음, IconScreenshotMap으로 이름을 지정한다. IconPawn을 레벨로 드래그해 추가하고 **IconPawn**이 선택된 상태에서 디테일 창으로 이동해 위치와 회전이 모두 0, 0, 0인지 확인한다. 여기에서 FPS 템플릿 예제 맵에서 사용한 방법을 적용할 수 있다. 레벨에 배치된 폰의 Pawn 속성에서 Auto Possess Player 속성을 Player 0으로 설정한다. 이렇게 설정하면, 게임이 시작할 때 플레이어를 생성하는 대신 이 폰을 기본 로컬 플레이어로 바로 사용한다. 다른 팁도 적용해보자. FirstPersonExampleMap에 있는 모든 라이팅 관련 오브젝트를 복사(또는 전체 라이팅 폴더를 복사)한 다음, IconScreenshotMap에 붙여넣는다.

어떤 방법을 사용하든 Sky Light와 GitHub 버전에 사용된 Directional Light가 필요할 것이다. 하지만 이 내용은 스크린샷을 찍을 때 무기의 모습을 다르게 보이게 하는 다소 주관적인 내용이다. GitHub 버전은 약간 밝아서 렌더링이 살짝 빛이 바랜 느낌으로 나올 수 있다. 하지만 다시 한 번 설명하지만, 이는 주관적이며 4장에서 초점을 맞추는 부분이 아니다. 이로써 레벨 및 라이팅이 준비됐다. 이제 레벨의 메인 에디터 탭에서 월드 세팅World Settings을 수정해보자. GameMode Override를 IconGameMode로 설정하고, Physics 아래에서 Override World Gravity 항목을 체크하고 값을 0.0으로 설정한다(이렇게 설정해 Pawn이 바로 떨어지지 않게 한다). 완성도를 높이기 위해 기본 Ball Gun에 Pickup을 추가하고 나중에 구별하기 위해 Big Ball Gun Pickup의 스케일을 조절했다. 이제 레벨과 스크린샷을 사용하는 Pawn의 설정을 모두 완료했다. 이제 카메라를 배치해 필요한 작업을 수행하면 된다. 이 작업은 다시 C++의 BeginPlay 함수에서 시작하자. 헤더에 여러 멤버 변수와 스크린샷 찍는 과정을 자동화하기 위한 여러 함수를 추가해야 한다.

```cpp
UCLASS()
class MASTERING_API AMasteringIconCamera : public ACameraActor
{
    GENERATED_BODY()
public:
    virtual void BeginPlay() override;

protected:
    virtual void TakeShot();
    virtual void SpawnAndPlaceNextActor();
    virtual FVector ComputeActorLocation();
    virtual void OnFinishedLoadingAssets();

    UPROPERTY(Transient)
    TArray<FSoftObjectPath> WeaponBlueprintSoftRefs;
    UPROPERTY(Transient)
    TArray<class UBlueprint*> WeaponBlueprints;

    UPROPERTY(Transient)
    class UBlueprint* CurrentWeaponBlueprint = nullptr;
    UPROPERTY(Transient)
    class AMasteringWeaponPickup* CurrentWeaponPickup = nullptr;
    UPROPERTY(Transient)
    class UCameraComponent* CameraComp;
    UPROPERTY(Transient)
    bool bInitialied = false;

    UPROPERTY(EditAnywhere, BlueprintReadWrite)
    FString WeaponsPath = "FirstPersonCPP/Blueprints/Weapons";
    UPROPERTY(EditAnywhere, BlueprintReadWrite)
    float ShotDelay = 0.4f;
    UPROPERTY(EditAnywhere, BlueprintReadWrite)
    int ScreenshotResolutionX = 256;
    UPROPERTY(EditAnywhere, BlueprintReadWrite)
    int ScreenshotResolutionY = 256;

    int CurrentWeaponIndex = 0;
};
```

간략하게 보여주기 위해 일반적으로 전문 개발 환경에서 진행할 때 기록할 수 있는 주석 및 여러 내용을 생략했다. 다행스럽게도 3장의 전통적이고 공식적인 예제로 전반적으로 좋은 가이드라인을 제공할 수 있었다. 여기에서 항목을 생략한 것은 공간을 절약하여 더 많은 내용을 보여주기 위한 것이다. 평소와 마찬가지로, 새로운 개념이 나오면 코드와 함께 설명할 것이다. 이 코드에는 새로운 UPROPERTY 태그인 Transient가 사용됐다. 이 태그는 이런 속성을 절대로 오브젝트와 같이 저장하지 말라고 엔진에 알려준다. Transient 태그는 오브젝트의 수명주기^{lifetime} 동안 사용되며 다른 UPROPERTY처럼 사용할 수 있다. 하지만 저장을 요청하는 오브젝트를 "dirty"로 변경하지 않고 콘텐츠는 오브젝트의 인스턴스와 같이 직렬화^{serialize}되지 않는다. 거의 마지막에 있는 속성인 ShotDelay를 간단히 설명하려 한다. ShotDelay는 새로운 무기 pickup을 로드하고 스크린샷을 찍는 사이에 일시 중지하는 시간을 나타낸다. 이는 주로 게임이 여러 프레임에 걸쳐 오브젝트를 생성할 수 있게 한다. 그런 다음, 적절한 밉맵 LOD로 갱신한다. 예제에서는 무기 pikcup을 위한 모든 블루프린트를 비동기 방식으로 로드할 것이다. 하지만 애셋이 로드된 상태에서도 오브젝트가 가장 낮은 밉^{Mip} 레벨로 나타나기 때문에 이런 지연시간은 지금도 필요하다. 스크린샷을 바로 찍어 사용하면 가장 나쁜 품질의 텍스처를 사용하게 된다.

```
void AMasteringIconCamera::BeginPlay()
{
    if (bInitialied)
    {
        return; // BeginPlay 함수는 레벨 시작 시 여러 번 호출될 수 있다.
    }

    bInitialied = true;

    CameraComp = GetCameraComponent();

    UWorld* World = GetWorld();
    check(World != nullptr);
    APlayerController* Player = World->GetFirstPlayerController();
```

```
    Player->SetCinematicMode(true, true, true, true, true);
    Player->SetViewTarget(this);

    FString contentPath = FString("/Game/") + WeaponsPath;

    static UObjectLibrary* ObjectLibrary = nullptr;
    ObjectLibrary = UObjectLibrary::CreateLibrary(AMasteringWeaponPickup::StaticCla
ss(), false, GIsEditor);
    ObjectLibrary->AddToRoot();
    ObjectLibrary->bHasBlueprintClasses = true;

    ObjectLibrary->LoadBlueprintAssetDataFromPath(contentPath);

    TArray<FAssetData> AssetDatas;
    ObjectLibrary->GetAssetDataList(AssetDatas);

    for (auto itr : AssetDatas)
    {
        FSoftObjectPath assetPath(itr.ObjectPath.ToString());
        WeaponBlueprintSoftRefs.Add(assetPath);
    }

    // 찾은 애셋을 무기 pick-up으로 스트리밍 방식으로 로드하고, 완료되면 OnFinished 함수를 호출한다.
    FStreamableManager& Streamable = UAssetManager::GetStreamableManager();
    Streamable.RequestAsyncLoad(WeaponBlueprintSoftRefs, FStreamableDelegate::Crea
teUObject(this, &AMasteringIconCamera::OnFinishedLoadingAssets));
    }
```

여기에서 몇 가지 흥미로운 점이 있다. 첫 번째는 단일 오브젝트에서 BeginPlay가 여러
번(일반적으로 두 번) 호출될 수 있다는 주석 내용이다. 예제에서는 작업 처리를 한 번만 수
행하려고 한다. 따라서 먼저 플레이어를 시네마틱 모드로 설정하고, 이동(Movement)과
HUD, 그 외의 아주 기본적인 폰에서 필요하지 않은 기타 항목을 모두 끈다. 이 카메라
를 뷰 타깃으로 설정하고 무기, pickup, 발사체 블루프린트가 옮겨진 기본 경로(/Game/
FirstPersonCPP/Blueprints/Weapons)를 가져온다. 하지만 UPROPERTY를 사용해 블루프
린트에 노출시켰으므로 개별 아이콘 카메라에서 특정 폴더를 가리키게 편집할 수 있다(앞

서 설명한 스크린샷 해상도 및 delay와 동일하게). 다음으로 UObjectLibrary 클래스를 사용해 해당 경로에서 pickup 오브젝트를 대량으로 검색한다. 검색된 pickup을 빠르게 반복하고 해당 오브젝트에 대한 참조를 만든다. 이 과정은 꼭 필요한 것은 아니지만, 4장의 다른 몇 가지 주제와 마찬가지로 오브젝트의 참조를 만들 때 유익하고 좋은 습관을 만들기 위한 것이다. PC에서는 단순히 레벨에서 필요한 모든 애셋을 로드하고 플레이를 종료하면 모든 애셋을 해제하는 방법을 사용할 수 있다. 모바일 및 다른 플랫폼에서는 메모리가 부족할 수 있다. 따라서 게임을 중지시키지 않으면서 백그라운드에서 애셋을 로드하고 나중에 더 이상 필요하지 않을 때 가비지 컬렉터에 의해 메모리가 해제되게 하는 도구를 준비하는 것이 좋다. Pickup 오브젝트의 목록이 완성되면 이 목록을 StreamableManager로 보내 사용해야 하는 블루프린트를 일괄 처리한다. 이 요청에서는 FStreamableDelegate의 CreateUObject를 사용해 콜백을 추가한다(이렇게 하면, 대부분의 경우 this 포인터를 사용해 UObject와 연결된 콜백을 생성한다). 이 모든 블루프린트가 메모리에 로드되면, 다음에서 살펴볼 OnFinishedLoadingAssets를 호출한다.

 TIP 이와 같이(레벨을 열고, 플레이하고, 종료하는 경우) 작업하는 동안 테스트 속도를 높이려면, 솔루션 탐색기의 Mastering 프로젝트에서 마우스 오른쪽 버튼을 클릭하고 다음과 같이 명령 인수 행(Command Arguments line)에 맵 이름과 –game을 추가할 수 있다: "$(SolutionDir)$(ProjectName).uproject" IconScreenshotMap –game –skipcompile –debug. 이렇게 하면 DebugGame Editor 빌드가 게임에서 바로 실행되지만, Editor 빌드로 빌드되게 지시한다. DebugGame으로 빌드하면 콘텐츠 쿠킹을 완료하지 않은 경우, 시작할 때 오류가 발생한다.

블루프린트가 모두 로드되면, 하나씩 월드에 액터로 생성하고 스크린샷을 찍은 다음 이를 제거하고 다음 단계로 넘어가야 한다. 이를 위해 타이머와 람다 함수를 사용할 것이다. 지금까지 작업한 내용을 살펴보자.

```
    void AMasteringIconCamera::OnFinishedLoadingAssets()
{
    UWorld* World = GetWorld()
    for (auto itr = WeaponBlueprintSoftRefs.CreateIterator(); itr; ++itr)
    {
        UBlueprint *BPObj = CastChecked<UBlueprint>((*itr).ResolveObject());
        WeaponBlueprints.Add(BPObj);
    }

    SpawnAndPlaceNextActor(); // 이 함수는 첫 번째 pickup을 생성하고 CurrentWeaponIndex
값을 1로 증가시킨다.
    static FTimerHandle ScreenShotTimer;
    World->GetTimerManager().SetTimer(ScreenShotTimer, [=] {
        if (CurrentWeaponIndex == 0) // 작업을 완료한 경우에는 index가 0에 도달한다.
        {
            World->GetTimerManager().ClearTimer(ScreenShotTimer);
            if (APlayerController* Player = UGameplayStatics::GetPlayerController
(World, 0))
            {
                Player->ConsoleCommand(TEXT("Exit"), true);
                return;
            }
        }
        TakeShot();
    },
    ShotDelay, true, ShotDelay);
}
```

여기에서는 먼저, 소프트 참조[Soft Reference](FSoftObjectPath 타입의 TArray)를 하드 참조[Hard Reference](이 경우, UBlueprint 포인터의 단순 UPROPERTY TArray)로 변환한다. 메모리 누수나 메모리 부족 등의 문제가 발생하면 항상 UE4의 UPROPERTY 포인터는 가리키는 오브젝트에 대한 하드 참조로 계산돼 해당 포인터를 null로 설정(또는 다른 오브젝트를 가리키게 설정)하고 해제하기 전까지 포인터가 해제되지 않게 한다. 또는 포인터가 가리키는 오브젝트를 삭제하면 포인터도 해제된다. 항상 UObject 포인터를 따라가면 최종적으로 누가 UObject를 소유하고 있는지 찾을 수 있지만, 지금은 블루프린트 모두를 메모리에 로드된 상태로 유지하려고 한다. 소프트 참조를 하드 참조로 변환한 이유가 바로 여기에 있다. 그런 다음, SpawnAndPlaceNextActor를 호출해 발사될 첫 번째 pickup을 큐에 넣어보자. 이 코드는 바로 다음에 살펴볼 것이다.

지난 5년 동안 C++를 배우는 대부분의 프로그래머에게 람다 함수는 상당히 일반적이다. 그 전에 C++를 배운 사람들에게는 람다 함수가 새로울 수 있지만, 람다 함수는 매우 유용하며 UE4의 다양한 영역에서 지원된다. 여기에서는 게임의 타이머 매니저에서 간단한 타이머를 생성하는 용도로 사용했다. ShotDelay 멤버 변수에 초기 지연시간을 설정했으며, 루프로 동작하기 때문에 타이머가 실행되는 간격도 설정했다. 또한 특별 조건을 만족했을 때만 루프를 종료하게 설정했다. CurrentWeaponIndex가 0이 되면 작업을 완료하고 수집할 pickup이 없다는 것을 의미한다. 루프로 동작하는 타이머(또는 루프로 동작하지 않지만 활성화 상태의 타이머)를 중단하는 방법은 타이머를 설정할 때 핸들을 기반으로 타이머를 지우는 것이다. 이제 ShotDelay에 설정된 간격마다 TakeShot을 호출하고, 작업이 완료되면 다음 샷을 큐에 넣는다.

다음에 호출될 함수인 TakeShot 함수를 살펴보자.

```cpp
AMasteringIconCamera::TakeShot()
{
    UWorld* World = GetWorld();

    check(CurrentWeaponPickup != nullptr);

    UMeshComponent* Mesh = Cast<UMeshComponent>(CurrentWeaponPickup->GetComponentBy
Class(UMeshComponent::StaticClass()));
    check(Mesh != nullptr);

    Mesh->bForceMipStreaming = true;

    Mesh->SetRenderCustomDepth(true);

    GScreenshotResolutionX = ScreenshotResolutionX;
    GScreenshotResolutionY = ScreenshotResolutionY;
```

```
GetHighResScreenshotConfig().SetHDRCapture(true);
GetHighResScreenshotConfig().bMaskEnabled = true;
World->GetGameViewport()->Viewport->TakeHighResScreenShot();

// 이 타이머는 한 프레임만 (매우 짧은 시간) 대기한 다음, 현재 액터를 제거하고 다음 액터를 생성한다.
// 같은 프레임에 액터를 제거하면 스크린샷에 액터가 나타나지 않는다.
FTimerHandle SpawnNextTimer;
World->GetTimerManager().SetTimer(SpawnNextTimer, [this] {
    if (CurrentWeaponIndex >= WeaponBlueprints.Num())
    {
        CurrentWeaponIndex = 0; // 작업을 완료하면, 다음 트리거에서 타이머 루프를 종료시킨다.
    }
    else
    {
        SpawnAndPlaceNextActor();
    }
},
0.001f, false);
}
```

함수의 많은 부분에서 메시 포인터와 같이 어떤 항목의 함수를 호출하기 전에 check를 사용하는 것을 볼 수 있다. 자동화된 기능을 구현한다는 것을 감안할 때, 콘텐츠 제작자가 적절한 pickup을 제작하지 못한 경우, 이것이 중요하다고 알려줘야 한다. 하지만 이것이 문제가 된다면 프로그래머를 제외하고는 crash가 발생하지 않게 이런 유형의 실수를 처리하는 것이 좋다(Visual Studio를 사용하는 사람이나 항상 확인된 내용의 check 구문은 Set Next로 이를 건너뛸 수 있다). 다시 한 번 말하지만, 여기에서는 단순 crash가 발생하지 않게 하는 최소한의 안전 장치로서 check 구문을 사용했다. 이제 메시를 가져온 다음, 적절한 스크린샷을 위해 설정하고, 게임의 스크린샷 해상도, 스크린샷의 속성이 적절하게 설정됐는지 확인하고, 게임 뷰포트를 사용해 스크린샷을 찍는다. 가장 접근하기 쉬운 방법이기 때문에 예제에서는 플레이어 폰의 시점을 기반으로 스크린샷을 찍는다. 그런 다음, 의도적으로 짧은 타이머를 설정해, 다음 프레임에 다음 액터로 넘어가거나[1] 무기 인덱스를 재설

---

1 의도적인 프레임 대기

정해 작업이 완료됐다는 신호를 이전 타이머에 보낸다. 주석에 설명했듯이 액터를 삭제하면 (SpawnAndPlaceNextActor가 하듯이), 스크린샷을 찍는 시점에 액터가 보이지 않을 가능성이 있다. 하지만 한 프레임이 끝날 때까지 대기하면 문제가 없다.

이제 SpawnAndPlaceNextActor를 살펴보자.

```cpp
void AMasteringIconCamera::SpawnAndPlaceNextActor()
{
    if (CurrentWeaponPickup != nullptr)
        CurrentWeaponPickup->Destroy();

    CurrentWeaponBlueprint = WeaponBlueprints[CurrentWeaponIndex];
    check(CurrentWeaponBlueprint != nullptr); // 블루프린트가 아닌 경우에는 목록에서 찾을
수 없다.
    UWorld* World = GetWorld();

    FRotator Rot(0.0f);
    FVector Trans(0.0f);

    FTransform Transform(Rot, Trans);
    FActorSpawnParameters ActorSpawnParams;
    ActorSpawnParams.SpawnCollisionHandlingOverride = ESpawnActorCollisionHandlingM
ethod::AlwaysSpawn;
    CurrentWeaponPickup = World->SpawnActor<AMasteringWeaponPickup>(CurrentWeaponBl
ueprint->GeneratedClass, Transform, ActorSpawnParams);
    CurrentWeaponPickup->RotationSpeed = 0.0f; // 스크린샷에서 사용할 아이템은 회전시키지
않는다!

    check(CurrentWeaponPickup != nullptr);

    FVector Pos = ComputeActorLocation();
    CurrentWeaponPickup->SetActorLocation(Pos);

    CurrentWeaponIndex++;
}
```

이 함수는 훨씬 직관적이기 때문에 집중력이 그렇게 많이 필요하지는 않다. 현재 액터를 삭제하고, 인덱스로 블루프린트로 설정된 액터를 가져온 다음, 블루프린트의 Generated Class를 활용해 월드에 생성하고, 회전을 중단시키고, 위치를 고정하고, 인덱스값을 증가시킨다.

그렇다면 위치는 어떻게 고정할 수 있을까? 드디어 약간의 기본적인 3D 수학을 사용할 차례다.

```cpp
FVector AMasteringIconCamera::ComputeActorLocation()
{
    check(CurrentWeaponPickup != nullptr);
    UMeshComponent* Mesh = Cast<UMeshComponent>(CurrentWeaponPickup->GetComponentBy
Class(UMeshComponent::StaticClass()));

    FVector InPos;
    FVector BoxExtent;
    CurrentWeaponPickup->GetActorBounds(false, InPos, BoxExtent);

    // 다음 주석을 해제하면 pickup을 위해 생성된 액터 바운딩을 볼 수 있다.
    /*FVector CurrentPosition = CurrentWeaponPickup->GetActorLocation();
    FColor fcRandom(FMath::RandRange(64, 255), FMath::RandRange(64, 255),
    FMath::RandRange(64, 255));
    DrawDebugLine(World, CurrentPosition, CurrentPosition + InPos, fcRandom, false,
20.0f);
    DrawDebugBox(World, CurrentPosition + InPos, 0.5f * BoxExtent,
FQuat(ForceInitToZero), fcRandom, false, 20.0f); */

    // 다음 주석을 해제하면 애셋과 함께 임포트된 메시 바운딩을 볼 수 있다.
    /*FBoxSphereBounds bsMesh = Mesh->Bounds;
    DrawDebugLine(World, CurrentPosition, bsMesh.Origin, fcRandom, false, 20.0f);
    DrawDebugBox(World, bsMesh.Origin, 0.5f * bsMesh.BoxExtent,
FQuat(ForceInitToZero), fcRandom, false, 20.0f);*/

    const float fX = BoxExtent.X;
    const float fY = BoxExtent.Y;
    const float fZ = BoxExtent.Z;
```

```
if (fX > fY)
{
    FRotator YawRot(0.0f, 90.0f, 0.0f);
    CurrentWeaponPickup->SetActorRotation(YawRot);
}

const float fLongestBoxSide = FMath::Max(fX, FMath::Max(fY, fZ));

// FOV는 전체 프러스텀 FOV다. 중간에 적절한 삼각형을 만들기 위해 이 각도의 절반을 사용한다.
const float FOVhalf = 0.5f * CameraComp->FieldOfView;
const float FOVradians = FOVhalf * PI / 180.0f;

const float FOVtan = FMath::Tan(FOVradians);

float XDistance = fLongestBoxSide / FOVtan;

FVector Positioning(XDistance, 0.0f, 0.0f);

return CurrentWeaponPickup->GetActorLocation() + Positioning - InPos;
}
```

> 주석 처리된 바운딩 박스/오프셋을 그리는 부분이 궁금하다면, 주석 처리된 한 부분을 해
> 제하거나 모두 해제해 확인해보기 바란다. 이 기능을 사용했던 이유와 주석 처리한 채 그
> 대로 둔 이유는 SkeletalMeshActors가 주로 아티스트가 작업한 외부 도구(3D Studio Max,
> Maya 등)에서 애셋을 임포트하는 시점에 바운딩(bounding) 정보를 가져오기 때문이다. 개
> 인적으로 Infinity Blade Weapon의 바운딩이 조금 이상하다는 점을 발견했기 때문에 이 방
> 법을 사용해 애셋이 실제로 어떻게 생겼는지 확인했다. 여기에는 수학이나 프로그래밍 오
> 류가 없었다.

이 함수에서는 액터의 테두리 영역의 크기를 가져와 가장 긴 크기(X, Y 또는 Z)를 찾아서 길
이가 뷰 프러스텀의 가장자리(에지, Edge)에 놓일 때까지 밀어 배치한다. 무기가 길이보다
더 긴 경우에는 카메라를 향할 수 있도록 더 긴 부분을 회전시킨다. 스크린샷을 찍기 전에,
액터를 X축으로 얼마나 멀리 배치해야 화면에 가장 잘 맞게 배치할 수 있는지를 알아내기

위해 간단한 삼각법을 사용한다. 카메라 프러스텀의 Field Of View^{FOV}를 얻은 다음 top-down으로 정렬된 프러스텀의 시야를 두 개의 직각 삼각형으로 나눈다. 가장 긴 변을 꼭 맞춰야 한다는 것은 기본 상식이다. 그런 다음, 삼각형 중 하나에서 프러스텀 각도 절반의 탄젠트를 사용한다. 탄젠트는 정의에 따르면 이웃한 변의 길이 분의 반대편 변의 길이이기 때문에 오브젝트를 얼마나 멀리 배치해야 하는지를 알기 위해 바운딩의 긴 변을 나눈다. 그리고 바운딩 박스 자체의 상대 위치 오프셋^{InPos}을 빼 반환할 적절한 중심 위치를 구한다.

아이콘 맵을 실행하면 프로젝트의 Saved 폴더에 각 pickup에 대한 스크린샷이 생성될 것이다. 이 시점은 GitHub 프로젝트와 확인하기 좋은 시점이다. 최종 UI 요소를 만드는 데 스크린샷을 활용한다.

UMG를 활용해 화면에 인벤토리 아이콘 표시하기

앞 절의 상당한 양의 코드 작업을 완료한 이후인 이 절에서는 블루프린트와 에디터에서 대부분의 작업을 진행한다. 더 진행하기 전에 간단한 팁을 소개한다. 에디터에서 애셋을 다른 곳으로 옮기면 에디터는 이동한 애셋 파일의 리디렉터 .uasset을 남긴다. 이런 리디렉터는 모두 오래된 애셋에서 새로운 애셋을 가리킨다. 이를 위해 리디렉터 **고치기**$^{Fix-Up}$ ^{Redirectors} 기능을 제공한다. 이 기능을 사용하면 Content 폴더의 모든 리디렉터 및 리디렉터를 가리키는 모든 오브젝트를 찾아 새 위치를 제대로 가리키게 하고, 기존의 리디렉터를 삭제한다. 이 작업은 콘텐츠 브라우저에서 수동으로 수행할 수도 있다. 콘텐츠 브라우저의 필터 설정에서 **다른 필터**$^{Other Filters}$ **〉 리디렉터 표시**$^{Show Redirectors}$를 설정하고 고치기^{Fix} ^{Up}를 선택해 잘못된 리디렉터를 제거할 수 있다. 예제에서는 이 시점에서 프로젝트를 깔끔하게 유지하기 위해 리디렉터 고치기를 수행했다. 이제 FirstPersonCPP 아래에 Textures 폴더를 만들고 콘텐츠 브라우저에서 **임포트** 버튼을 클릭한다. 그런 다음 스크린샷이 추가된 위치(/Saved/Screenshots/Windows)로 이동한다. 여기에서 생성된 .png 파일을 선택하고 텍스처로 모두 임포트한다. 프로젝트가 커질수록 블루프린트와 같이 쉬운 검색을 위해 이름 규칙을 사용하는 것이 좋다. 따라서 임포트하는 모든 텍스처 이름을 간단히 T_(무기 이름)라고 설정한다. 물론 UE4에서 조금만 노력하면, C++에서 파일 관리자를 사용해 쉽게 .png 파일의 이름을 변경하는 작업을 자동화할 수도 있다. 하지만 게임 콘텐츠를 텍스처로 임포트하는 과정은 조금 더 복잡하다. 여기에서는 인벤토리 UI에서 텍스처를 그리는 작업을 처리하기 위해 파일을 모두 선택하고 수동으로 이름을 변경하는 것으로 충분하다.

인벤토리와 HUD 동기화하기

모든 구현 단계를 다 보여주진 않았지만, 실제로 아이콘을 바꿔가면서 보여주는 단계는 이 책의 첫 부분이다. 모든 작업은 GitHub에서 확인할 수 있으며, 4장의 각 브랜치마다 변경된 사항을 살펴보는 것은 좋지만 논의를 위해 앞으로 새로운 개념과 의사 결정에 초점을 맞출 것이다. 이 책은 결국 언리얼을 마스터하기 위한 책이기 때문에 작업의 속도와 복잡도가 증가한다. 먼저 복잡도가 증가함에 따라 약간의 정리가 필요하다. 프로젝트가 점점 더 성숙한 상태에 다다르면 소스 파일의 수가 증가하는 경향이 있기 때문에 초기에 이를 논리적 디렉터리로 관리하기 시작하는 것이 가장 좋다. 프로젝트 계층 구조에서 내용물을 그룹화하는 방법에는 기능별 또는 시스템별 이렇게 두 가지 주요 체계가 있다. 소스 파일을 기능별로 그룹화하는 방법은 복잡하고 특수한 유형의 하위 폴더로 이루어진 모든 UI 위젯 클래스와 같은 것을 하나로 묶는 것이다(현재의 재구성 방법). 시스템별로 그룹화하는 방법은 인벤토리와 관련된 모든 내용을 한데 묶는 것과 비슷하다. 이런 것이 사소한 결정인 것처럼 보이거나 최신 IDE를 사용하면 단순히 하나의 계층에 모든 클래스를 두는 것이 좋다고 느낄 수도 있다. 하지만 이 부분은 프로젝트 크기와 개발 팀의 크기에 따라 결정해야 한다. 중요한 점은 초기에 이런 아키텍처를 결정한 다음, 프로젝트 전체에서 팀의 일관성을 유지하는 것이다.

이제 작업을 시작해보자. C++에서 생성해야 할 새 메인 클래스는 다음과 같이 UUserWidget 이다.

```
UCLASS()
class MASTERING_API UMasteringInventoryDisplay : public UUserWidget
{
    GENERATED_BODY()
public:
    virtual void Init(class UMasteringInventory* Inventory);

    UFUNCTION(BlueprintImplementableEvent, Category = Inventory)
    void WeaponSelected(FWeaponProperties Weapon);

    UFUNCTION(BlueprintImplementableEvent, Category = Inventory)
    void WeaponAdded(FWeaponProperties Weapon);

    UFUNCTION(BlueprintImplementableEvent, Category = Inventory)
    void WeaponRemoved(FWeaponProperties Weapon);
};
```

BlueprintImplementableEvent가 책에서 처음 사용됐으니 간략히 살펴보자. 이 함수는
C++에서 실제로 구현하지 않고 헤더에 선언만 한다. 이 함수의 실제 기능은 블루프린트
에 생성되는 블루프린트 이벤트에서 구현한다. 앞으로 이런 함수에 더 익숙해질 것이다.
지금은 이런 함수가 어떻게 사용되는지 살펴본 다음, 어떻게 호출되는지 살펴보자.

```
void UMasteringInventoryDisplay::Init(class UMasteringInventory* Inventory)
{
    Inventory->OnSelectedWeaponChanged.AddUObject(this, &UMasteringInventoryDisplay
::WeaponSelected);
    Inventory->OnWeaponAdded.AddUObject(this, &UMasteringInventoryDisplay::WeaponAd
ded);
    Inventory->OnWeaponRemoved.AddUObject(this, &UMasteringInventoryDisplay::Weapon
Removed);
}
```

여기에서는 Inventory 클래스의 이벤트와 연결해 이벤트가 발생하면 모든 리스너(이벤트
바인딩)에 브로드캐스트 Broadcast 방식으로 이벤트 발생을 알리고, 블루프린트에 구현된 이

벤트에 무기 속성을 전달한다. 그럼 이것은 어떻게 처리할 수 있을까? 먼저 Inventory 클래스에 다음 이벤트를 추가한다.

```
DECLARE_EVENT_OneParam(UMasteringInventory, FSelectedWeaponChanged,
FWeaponProperties);
    FSelectedWeaponChanged OnSelectedWeaponChanged;

    DECLARE_EVENT_OneParam(UMasteringInventory, FWeaponAdded, FWeaponProperties);
    FSelectedWeaponChanged OnWeaponAdded;

    DECLARE_EVENT_OneParam(UMasteringInventory, FWeaponRemoved, FWeaponProperties);
    FSelectedWeaponChanged OnWeaponRemoved;
```

그리고 적당한 양의 리팩토링(그리고 몇 가지 버그 수정) 후에 .cpp에서 다음 코드를 작성한다.

```
void UMasteringInventory::SelectWeapon(FWeaponProperties Weapon)
{
    OnSelectedWeaponChanged.Broadcast(Weapon);
    MyOwner->EquipWeapon(Weapon.WeaponClass);
    CurrentWeapon = Weapon.WeaponClass;
}
```

마찬가지로 무기 추가와 새로 구현된 무기 제거 코드도 추가했다(탄약이 모두 소진됐을 때 수행된다).

 이와 같은 게임의 경우 플레이어에게 인벤토리를 표시하는 방법과 무기를 수집하지 않고도 탄약을 수집할 수 있는지 여부를 알 수 있게 하는 방법도 염두에 두고 기획을 하는 것이 중요하다. 예제에서는 탄약이 다 소진되면 무기도 전혀 없을 수 있기 때문에 표시 목록에서 제거한다. 물론 음영으로 표시할 수도 있다. 중요한 것은 기획으로 구현 결정을 이끌어내는 것이다.

C++에서 인벤토리가 변경되면 인벤토리 표시 오브젝트의 주요 이벤트와 통신할 준비가
됐다. 여기에서 블루프린트 측면에서 어떻게 보이는지 잠시 살펴보자.

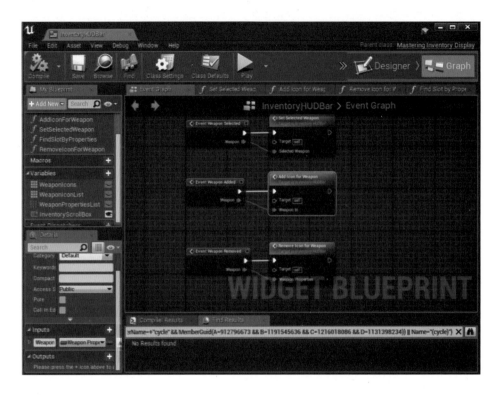

여기에는 주목해야 할 것이 몇 가지 있다. 왼쪽에 있는 함수와 변수를 확인하자. 함수와 변
수는 모든 작업을 수행하기 위해 + 버튼을 이용해 추가한 블루프린트 전용 함수 및 변수
이다. 이 부분은 GitHub로 가서 모든 구현 내용을 살펴보지 않으면 의문점이 약간 남을
수 있다. 다행스럽게도 이 함수와 변수의 기능은 그 이름으로 이해할 수 있다. 인벤토리
항목이 추가되면 위젯이 ScrollBox에 추가된다. Layout이 뒤따르지만, 중요한 개념은 선
택 및 제거 동작에 대응할 수 있게 무기 클래스와 아이콘 위젯을 병렬 배열로 추적한다는
점이다. 이 함수를 통해 다른 모든 함수가 직접 여기에 표시되지 않는 이유를 알 수 있다.

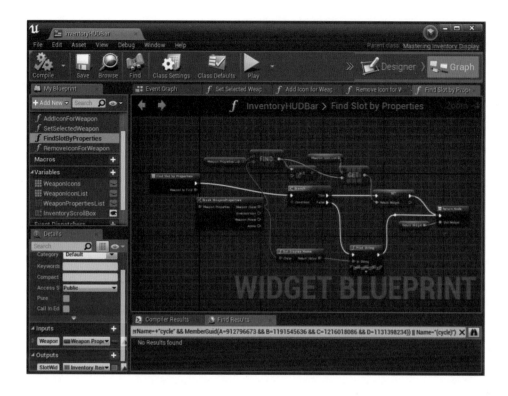

특별히 복잡한 함수는 아니지만, 한 번에 바로 이해하기 힘든 것은 사실이다. Print String 노드에 리디렉터 노드가 있는 점을 주목하자. 리디렉터 노드는 실행 핀(흰색 핀)을 드래그해 언제든지 추가할 수 있고, 종종 비주얼 스크립팅에서 발생하는 복잡한 선 배치를 해소하는 데 도움이 된다. 입력Inputs 및 출력Outputs 변수(왼쪽 아래 참조)도 익숙해지기 바란다. 블루프린트 함수는 빠른 구현에 매우 유용하며 UMG 위젯을 사용해 작업하는 경우 필수적이다. 일부 UI/UX 디자이너는 기능을 구현하는 데 익숙할 수도 있지만, 디자이너는 주로 오른쪽 상단의 디자이너Designer 탭에서 작업할 것이다. 화면 위에 그릴 이 스크롤 인벤토리 위젯을 빠르게 살펴보자.

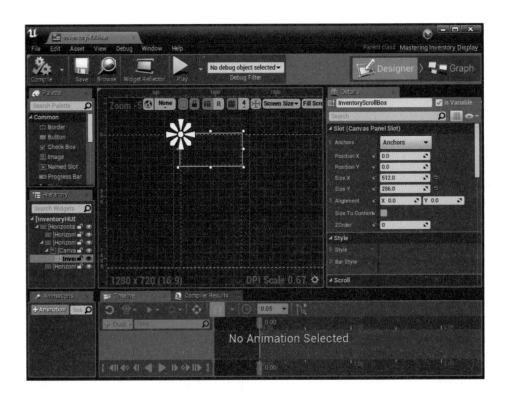

여기에서 주목할 사항은 오른쪽 위에서 ScrollBox 위젯이 변수(블루프린트 스크립팅에서 참조된 것을 볼 수 있다)로 설정됐다는 점이다. 그리고 왼쪽에 HorizontalBox 위젯이 조금 이상하게 배치된 점이다. 기본적으로 ScrollBox를 Canvas 위젯 가운데에 원하는 크기로 끼워넣는다. InventoryItem이라는 이름의 이미지 기반 위젯(GitHub 프로젝트에서 확인 가능)을 포함해 위젯을 제대로 설정하는 데 필요한 다양한 위젯이 있다. 작업을 위해 변경된 항목이 어떤 것인지 확인하려면 항상 변경된 내용을 나타내는 노란색 화살표(클릭해보면 알겠지만, 기본값으로 되돌린다)를 찾으면 된다.

모든 항목을 제대로 동작시키려면 MasteringGameMode와 MasteringHUD를 위한 블루 프린트를 추가해야 한다. MasteringGameMode는 사용할 HUD로 MasteringHUD를 설정할 수 있고, 메인 레벨 편집 창의 월드 세팅World Settings에서 게임 모드를 설정할 수 있다.

십자 모양 텍스처를 하드코딩하지 않은 것에 주목하자. 이런 항목을 블루프린트에 노출시켰다는 것은 적절하게 설정되지 않은 경우, 이를 처리할 코드를 추가한다는 것을 의미한다.

결과를 확인해보면 이제 무기를 스크롤할 수 있고 선택된 무기(목록에서 유일하게 완전하게 알파가 적용된 오브젝트이기 때문에)를 확인할 수 있다. 가지고 있는 무기를 순회하면 아이콘으로 가득 찬 ScrollBox가 순회하고, 탄약이 소진된 무기는 제거된다.

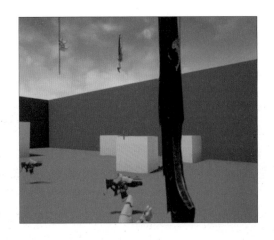

위젯을 컴파일하는 도중에 오류가 발생하면 Mastering.Build.cs의 변경사항을 확인한다. Mastering.Build.cs에서 게임에 필요한 소스 모듈을 포함시킬 수 있다(지금까지는 UMG가 필요하지 않았다).

```
  + PublicDependencyModuleNames.AddRange(new string[] { "Core", "CoreUObject",
"Engine", "InputCore", "HeadMountedDisplay", "UMG" });
```

마지막으로 언급할 내용은 변경사항을 제출한 다음, 파일을 정리하기 위해 이동시켰다는 점이다(GitHub에 익숙한 사용자에게는 잘 알려짐). GitHub는 이동을 이전 파일을 삭제하고 새 파일을 추가하는 동작으로 인식한다. 따라서 이에 익숙하지 않다면 변경 기록을 찾지 못할 수도 있다. 하지만 두 제출이 함께 진행되기 때문에 이를 확인할 수 있다.

이제 인벤토리가 동기화돼 잘 동작한다.

UMG와 게임 저장 슬롯 사용하기

UE 4.19 이후 버전은 저장하려는 객체에 대한 데이터 모음을 저장하고 로드하기 좋은 클래스를 제공한다. 예제의 경우, 이런 객체는 자신의 상태나 위치를 변경할 수 있는 모든 액터가 될 것이며 아직은 그리 많지 않다. 하지만 게임이 개발됨에 따라 인 씬 저장이 필요하다면 가능한 빨리 이 과정을 시작하는 것이 중요하다. 이 기능을 만드는 과정에서 가장 큰 장애물은 3장, '블루프린트 리뷰 및 블루프린트 스크립팅 사용시기'에서 구현한 클래스로 거의 모든 기능을 블루프린트 쪽에서 구현한 클래스이다. 네이티브 C++ 클래스와 블루프린트 모두에서 잘 동작하는 해결책을 만드는 것이 이 절의 전체적인 목표이다. UMG UI는 4장의 마지막 절보다 어렵지는 않을 것이다.

저장 슬롯을 위한 위젯 생성하기

이 절에서 진행할 많은 작업은 다양한 액터 클래스의 저장 및 로드 기능에 대한 것이다. 하지만 이 액터는 플레이어에게 보여줄 인터페이스 역시 필요하며 이 인터페이스를 만드는 작업을 먼저 시작할 것이다. 다음 단계는 UMG 위젯에 버튼을 추가하는 것이다. 이를 위해 다시 에디터로 돌아와, 많은 작업을 할 수 있게 C++ 코드에 대한 접점이 있는 위젯이 필요하다. 이를 단순화하기 위해 UUserWidget을 기반으로 하는 새 C++ 클래스를 만들고 이름을 MainMenuWidget으로 지정하고 이 클래스를 UI 폴더에 추가한다. 그런 다음, 이전과 마찬가지로 새 블루프린트 애셋을 만들고 다음 그림과 같이 네 개의 버튼을 추가한다.

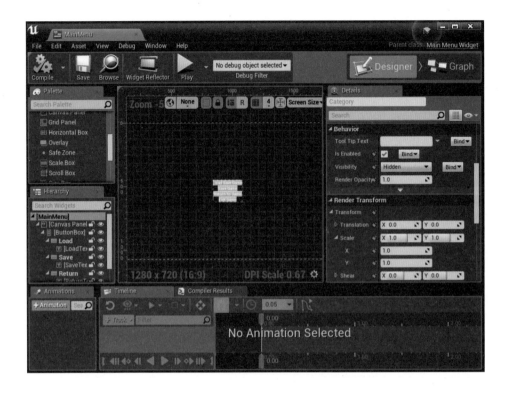

초기 visibility 값을 Hidden으로 설정하고, ButtonBox 레벨에서 앵커^{anchor}를 가운데 ^{center}로 설정하고 alignment의 X, Y 모두에 0.5를 설정한다. 언제나 그렇듯, 책에서 특별히 설명하지 않은 UMG/블루프린트 관련 문제(궁금한 점)는 GitHub를 참조할 수 있다.

다음으로 각 버튼에 대한 클릭 이벤트를 바인딩한다. 각 버튼을 클릭하고, 디테일 탭 하단에 초록색 + 버튼이 있는 입력을 위한 이벤트 항목이 있다. 각 버튼의 OnClicked 이벤트를 클릭하면 이 이벤트가 추가된 블루프린트 그래프로 이동한다. 그런 다음, 위젯 클래스에 다음 함수를 추가한다.

```
UCLASS()
class MASTERING_API UMainMenuWidget : public UUserWidget
{
    GENERATED_BODY()
```

```
public:
    UFUNCTION(BlueprintCallable)
    void LoadGame(FName SaveFile);

    UFUNCTION(BlueprintCallable)
    void SaveGame();

    UFUNCTION(BlueprintCallable)
    void Open();

    UFUNCTION(BlueprintCallable)
    void Close();
};
```

저장 이벤트를 SaveGame 함수와 연결하고, 로드 이벤트를 LoadGame 함수와 연결한다. Open 함수는 이벤트에 의해 호출된다. 이 입력을 위해 이전에 했듯이, 플레이어 세팅^{Player Settings}에서 입력을 설정해야 한다. 개인적으로는 여러 게임에서 일반적으로 사용되는 F10 키를 설정했다. 물론 원하는 키, 터치 입력, 제스처 등을 설정해도 된다. MasteringCharacter에서 HUD를 받는 단순 통과 함수에 이 입력을 연결하고 HUD에서 같은 이름의 함수를 호출한다.

```
AMasteringHUD* HUD = Cast<AMasteringHUD>(CastChecked<APlayerController>(GetController())->GetHUD());
    void AMasteringHUD::ToggleMainMenu()
    {
        if (MainMenu != nullptr)
        {
            if (MainMenu->GetVisibility() == ESlateVisibility::Visible)
                MainMenu->Close();
            else
                MainMenu->Open();
        }
    }
```

위젯 클래스로 돌아가 Open과 Close 함수를 살펴보자. 하지만 여기에서는 Open 함수만 설명한다. Close 함수는 Open 함수와 FInputModeGameOnly에 입력 모드를 설정하는 내용이 반대일 뿐 본질적으로 동일하기 때문이다.

```cpp
void UMainMenuWidget::Open()
{
    checkSlow(GetVisibility() == ESlateVisibility::Hidden); // 닫힌(closed) 상태에서만 열기 위해 확인
    SetVisibility(ESlateVisibility::Visible);

    UWorld* World = GetWorld();
    if (World != nullptr)
    {
        APlayerController* playerController = World->GetFirstPlayerController();
        if (playerController)
        {
            playerController->bShowMouseCursor = true;
            FInputModeUIOnly InputMode;
            playerController->SetInputMode(InputMode);
            UGameplayStatics::SetGamePaused(this, true);
        }
    }
}
```

이제 게임을 하는 동안 **F10** 키를 누르면 메뉴가 나타난다. **Return To Game** 버튼을 클릭하면 버튼 클릭 이벤트가 위젯의 Close를 호출하고, 게임의 일시 중지 모드를 해제하고 마우스 컨트롤을 일반 플레이어 입력으로 되돌려 놓는다. **Exit Game**이라고 표시된 버튼에는 특별한 이벤트가 존재하는데, 여기에는 간단한 블루프린트 노드가 있다. 이 노드는 종료 명령을 사용하는 Execute Console Command 노드를 사용해 플레이를 종료시킨다 (스탠드얼론 애플리케이션도 종료).

Quit Game 노드는 콘솔 명령을 사용할 수 없을 때(릴리즈 빌드, 특정 플랫폼 등)에도 동작한다. 따라서 나중에 프로젝트에서 노드를 Quit Game 노드로 변경할 것이다. Quit Game 노드는 모바일에서 실행을 완전히 종료시키는 대신, 앱을 간단히 백그라운드 모드로 보내기 때문에 유용하다. iOS 및 안드로이드는 OS에서 리소스가 필요하다고 판단하면 백그라운드에 있는 앱의 실행을 효율적으로 종료시킬 수 있다는 점을 명심하자. Quit Game 노드는 여러 플랫폼에서 동작하며 이를 활용해 앱을 백그라운드로 보내는 시도를 해볼 수 있다.

이 내용이 지금 시점에 필요한 메뉴 작업의 전부다. 이제 실제로 게임을 저장할 차례다.

Save Game 파일 만들기

이 절의 처음에 설명했듯이, 실제 게임과 모든 다이내믹 액터의 상태를 저장하려면 다음의 주요 단계를 수행해야 한다.

1. 저장할 모든 액터에 인터페이스를 추가한다. 여기에는 작업한 이동 플랫폼에 대한 몇 가지 변경사항이 포함된다.
2. UPROPERTY에 태그를 추가해 모든 액터의 원하는 변수를 FArchive로 직렬화 Serialize한다.
3. 이렇게 직렬화된 결과를 파일에 저장하면 나중에 이를 파일에서 복구할 수 있다.

매우 간단한 저장의 경우(플레이어 스탯 및 현재 레벨 등), 4장 마지막의 추가 자료 절에 있는 USaveGame 문서 링크를 참고할 수 있다. 책에서는 비교적 어려운 버전으로 넘어간다. 먼저 저장하려는 모든 액터에 인터페이스를 추가해야 한다. 이를 위해 처음으로 에디터 외부에서 C++ 클래스를 만들어야 한다.

.h 헤더의 내용은 다음과 같다.

```cpp
// 프로젝트 설정의 설명 페이지에 저작권 공지를 내용을 추가한다.

#pragma once

#include "CoreMinimal.h"
#include "Serialization/ObjectAndNameAsStringProxyArchive.h"
#include "Inventory/MasteringInventory.h"
#include "SavedActorInterface.generated.h"

/**
 *
 */
USTRUCT()
struct FActorSavedData
{
    GENERATED_USTRUCT_BODY()
    FString MyClass;
    FTransform MyTransform;
    FVector MyVelocity;
    FName MyName;
    TArray<uint8> MyData;

    friend FArchive& operator<<(FArchive& Ar, FActorSavedData& SavedData)
    {
        Ar << SavedData.MyClass;
        Ar << SavedData.MyTransform;
        Ar << SavedData.MyVelocity;
        Ar << SavedData.MyName;
        Ar << SavedData.MyData;
```

```
            return Ar;
    }
};

USTRUCT()
struct FInventoryItemData
{
    GENERATED_USTRUCT_BODY()

    FString WeaponClass;
    int WeaponPower;
    int Ammo;
    FString TextureClass;

    friend FArchive& operator<<(FArchive& Ar, FInventoryItemData& InvItemData)
    {
        Ar << InvItemData.WeaponClass;
        Ar << InvItemData.WeaponPower;
        Ar << InvItemData.Ammo;
        Ar << InvItemData.TextureClass;
        return Ar;
    }
};

USTRUCT()
struct FInventorySaveData
{
    GENERATED_USTRUCT_BODY()

    FString CurrentWeapon;
    int CurrentWeaponPower = -1;
    TArray<FInventoryItemData> WeaponsArray;

    friend FArchive& operator<<(FArchive& Ar, FInventorySaveData& InvData)
    {
        Ar << InvData.CurrentWeapon;
        Ar << InvData.CurrentWeaponPower;
        Ar << InvData.WeaponsArray;
        return Ar;
    }
```

```cpp
};

USTRUCT()
struct FGameSavedData
{
    GENERATED_USTRUCT_BODY()

    FDateTime Timestamp;
    FName MapName;
    FInventorySaveData InventoryData;
    TArray<FActorSavedData> SavedActors;

    friend FArchive& operator<<(FArchive& Ar, FGameSavedData& GameData)
    {
        Ar << GameData.MapName;
        Ar << GameData.Timestamp;
        Ar << GameData.InventoryData;
        Ar << GameData.SavedActors;
        return Ar;
    }
};

struct FSaveGameArchive : public FObjectAndNameAsStringProxyArchive
{
    FSaveGameArchive(FArchive& InInnerArchive)
        : FObjectAndNameAsStringProxyArchive(InInnerArchive, true)
    {
        ArIsSaveGame = true;
    }
};

UINTERFACE(BlueprintType)
class USavedActorInterface : public UInterface
{
    GENERATED_UINTERFACE_BODY()
};

class ISavedActorInterface
{
    GENERATED_IINTERFACE_BODY()
```

```
public:
    UFUNCTION(BlueprintNativeEvent, BlueprintCallable, Category = "Load-Save")
    void ActorLoaded();
};
```

BlueprintNativeEvent가 좋은 점은 함수를 C++에서 실행할 수 있지만, 구현은 블루프린트에서 한다는 점이다. MovingPlatform 클래스에 추가 작업이 필요하다. 플랫폼은 현재 블루프린트에 정의돼 있다. 인터페이스를 BlueprintType으로 만들면 블루프린트 전용 클래스인 이동 플랫폼에 쉽게 추가할 수 있다. 이제 클래스로 이동해 아카이브에 클래스가 적절하게 저장되게 작업한다. MovingPlatform 클래스를 열고, 상단 메뉴 바에서 **클래스 세팅**^{Class Settings}을 클릭하면 구현된 인터페이스를 확인할 수 있다. **Add**를 클릭하고 **Saved Actor** 인터페이스를 선택하면 블루프린트에서 이 기능을 추가할 수 있다. 블루프린트를 컴파일하면 액터가 로드될 때에 대한 이벤트를 추가할 수 있다. 올바른 상태로 적절하게 설정하기 위해 왼쪽의 내 블루프린트 탭에서 두 변수를 클릭하고, 디테일 탭에서 추가 옵션을 연 다음, GoingHome과 StartPosition 블루프린트 변수 모두에서 SaveGame 박스를 체크한다. 이제 MovingPlatform을 아카이브에 직렬화하면 변수가 저장되고 로드된다. 노드를 드래그해 선택하고 마우스 오른쪽 버튼을 클릭해 나오는 메뉴에서 함수로 접기를 사용해 정리하는 것이 이상적이지만, MoveComponentTo와 같은 비동기 노드는 이벤트 그래프에 배치돼야 하기 때문에 지금은 불가능하다. 인터페이스의 Actor Loaded에 대한 이벤트를 추가한 다음, 이동 노드 일부를 복사/붙여넣기를 이용하여 복사 및 붙여넣고, 플랫폼의 이동 기능이 제대로 동작하는지 확인한다(GoingHome 변수를 기반으로). 플랫폼이 이미 있는 곳으로 이동하라고 하는 것은 전혀 문제가 되지 않는다. 따라서 GoingHome으로 설정되면, 플랫폼의 StartPosition으로 이동하라고 설정한다. 그리고 OnActorBeginOverlap 이벤트를 약간 수정했다. 현재 위치가 아니라 Z축에서 StartPosition + 300 위치로 이동시킨다. 이 부분은 블루프린트로만 구성한 가장 어려운 부분이다. 다른 클래스에 인터페이스를 추가하고 일반적인 저장 기능과 몇 가지 특별한 저장 기능(예: MasteringCharacter)을 추가해보자.

MyData는 SaveGame이 있는 태그를 지정하는 모든 UPROPERTY 항목을 포함한다. 마지막으로 추가할 내용은 플레이어의 인벤토리이다. 여기에는 클래스 참조 및 텍스처와 클래스를 직접 참조하는 구조체 배열이 있기 때문에 사용자 정의로 인벤토리를 처리해야 한다.

 UPROPERTY에 태그를 지정하면 클래스 및 애셋 참조를 바로 저장할 수 없다. 어떤 오브젝트가 레벨이 로드될 때 생성되는 다른 오브젝트를 참조하는 경우에는 작업이 가능할 수 있다. 또는 안전을 위해 고정된 경로로 월드에 배치된 액터를 이름으로 조회할 수도 있다. 대부분의 경우, 클래스를 문자열로 저장한 다음 오브젝트를 다시 생성한다. 이 방법은 예제에서뿐만 아니라 다른 곳에서도 광범위하게 사용된다.

다른 기본 유형이 있는 경우(MovingPlatform에 있는 블루프린트 변수와 같이), 변수 선언에 UPROPERTY(SaveGame)를 간단히 추가하면 자동으로 액터 데이터와 함께 이 변수가 직렬화 처리된다. 적절한 인벤토리의 로드 및 저장 기능을 위해서는 여러 새로운 구조체와 이와 관련된 자체 직렬화가 필요하다. 이 작업은 다음 절의 데모에서 설정할 것이다. 이 클래스는 액터 클래스가 아니기 때문에 저장하는 액터와 같은 위치에 구조체를 배치하는 것이 조금 불편할 수는 있지만 이 정도의 복잡성으로 작업하는 것이 가장 좋아 보인다. 이제 메뉴와 새로운 UI, 저장 및 로드 코드를 사용해 언제든지 변경될 수 있는 모든 내용을 저장하고 다시 로드할 수 있다.

메뉴에서 저장 및 로드하기

데이터 저장은 비교적 단순하지만, 다른 모든 저장/로드 시스템과 마찬가지로 로드가 좀 더 어렵다. 이 기능은 클래스의 규모가 더 커질 수도 있어, SavedActorInterface 등으로 기능을 옮길 수도 있지만 거의 전부 MainMenuWidget 클래스에 구현했다. 완료한 작업을 살펴보자.

```cpp
UCLASS()
class MASTERING_API UMainMenuWidget : public UUserWidget
{
    GENERATED_BODY()
public:
    UFUNCTION(BlueprintCallable)
    void LoadGame(FString SaveFile);

    UFUNCTION(BlueprintCallable)
    void SaveGame();

    UFUNCTION(BlueprintCallable)
    void Open();

    UFUNCTION(BlueprintCallable)
    void Close();

    UFUNCTION(BlueprintCallable)
    void PopulateSaveFiles();

    void OnGameLoadedFixup(UWorld* World);
    static TArray<uint8> BinaryData;

protected:
    UPROPERTY(BlueprintReadOnly)
    TArray<FString> SaveFileNames;
};
```

저장을 위해 기본 파일 I/O가 일부 사용됐지만, 다른 부분은 직관적으로 이해하기 힘들 수도 있기 때문에 여기에서 설명할 것이다.

```cpp
void UMainMenuWidget::SaveGame()
{
    FGameSavedData SaveGameData;

    SaveGameData.Timestamp = FDateTime::Now();

    UWorld *World = GetWorld();
```

```cpp
        checkSlow(World != nullptr);

        FString mapName = World->GetMapName();

        mapName.Split("_", nullptr, &mapName, ESearchCase::IgnoreCase,
ESearchDir::FromEnd);

        SaveGameData.MapName = *mapName;

        TArray<AActor*> Actors;
        UGameplayStatics::GetAllActorsWithInterface(GetWorld(), USavedActorInterface::S
taticClass(), Actors);

        TArray<FActorSavedData> SavedActors;
        for (auto Actor : Actors)
        {
            FActorSavedData ActorRecord;
            ActorRecord.MyName = FName(*Actor->GetName());
            ActorRecord.MyClass = Actor->GetClass()->GetPathName();
            ActorRecord.MyTransform = Actor->GetTransform();
            ActorRecord.MyVelocity = Actor->GetVelocity();

            FMemoryWriter MemoryWriter(ActorRecord.MyData, true);
            FSaveGameArchive Ar(MemoryWriter);
            AMasteringCharacter* Mast = Cast<AMasteringCharacter>(Actor);

            Actor->Serialize(Ar);
            if (Mast != nullptr)
            {
                UMasteringInventory* Inv = Mast->GetInventory();
                SaveGameData.InventoryData.CurrentWeapon =
                Inv->GetCurrentWeapon()->GetPathName();
                SaveGameData.InventoryData.CurrentWeaponPower = Inv-
>GetCurrentWeaponPower();
                for (FWeaponProperties weapon : Inv->GetWeaponsArray())
                {
                    FInventoryItemData data;
                    data.WeaponClass = weapon.WeaponClass->GetPathName();
                    data.WeaponPower = weapon.WeaponPower;
                    data.Ammo = weapon.Ammo;
                    data.TextureClass = weapon.InventoryIcon->GetPathName();
```

```
                SaveGameData.InventoryData.WeaponsArray.Add(data);
            }
        }

        SavedActors.Add(ActorRecord);
    }

    FBufferArchive BinaryData;

    SaveGameData.SavedActors = SavedActors;

    BinaryData << SaveGameData;

    FString outPath = FPaths::ProjectSavedDir() + SaveGameData.Timestamp.ToString()
+ TEXT(".sav");

    FFileHelper::SaveArrayToFile(BinaryData, *outPath);

    BinaryData.FlushCache();
    BinaryData.Empty();

    APlayerController* playerController = World->GetFirstPlayerController();
    if (playerController)
    {
        playerController->bShowMouseCursor = false;
        FInputModeGameOnly InputMode;
        playerController->SetInputMode(InputMode);
        UGameplayStatics::SetGamePaused(this, false);
    }
    Close();
}
```

타임스탬프를 저장한 다음, _ 문자로 맵 이름을 나눈다. 이 방법에는 레벨 디자이너가 맵
이름에 이 문자(_ 문자)를 추가하지 않게 명확히 알려야 하는 부담이 있다. 이 경우, PIE 모
드에서 게임을 플레이하고 테스트하면 _문자로 끝나는 맵 이름의 왼쪽에 몇 가지가 추가
된다. 예를 들어, FirstPersonExampleMap과 같이 PIE 접두어가 없으면 에디터에서 재생
할 때 끝부분이 분리된다. 저장 인터페이스를 구현한 모든 액터의 목록을 가져와 이를 순

회하면서 처리한다. 그런 다음, 관련 액터 임시 데이터를 저장하고, MasteringCharacter가 인벤토리 작업을 해야 하는지 여부도 확인한다. 앞서 설명했듯이, 인벤토리 저장(및 로드)은 FWeaponProperties가 클래스와 텍스처를 직접 참조하기 때문에(적절하게 직렬화하고 이를 적절하게 로드하기 위해 경로/이름별로 저장해야 한다), FWeaponProperties 구조체 인벤토리가 직접 사용하는 것이 아니라 FInventoryItemData 구조체를 사용해 처리해야 한다. 관련 정보를 모두 설정한 다음, 출력용으로 바이너리 포맷을 직렬화하고 파일을 저장한다. 파일 이름에 타임스탬프의 이름을 추가한다. 물론, 사용자가 이름을 선택하게 하거나 다른 이름으로 저장할 수도 있다. 하지만 이렇게 하면 적어도 저장된 시간은 명확하게 보여줄 수 있다.

저장이 완료되면, 마우스 커서가 다시 안 보이도록 설정한 뒤 게임의 일시 중지 모드를 해제하고 메인 메뉴를 닫는다.

로딩을 위해서는 먼저, 사용자가 저장된 파일 중에서 로드된 파일을 선택(또는 취소)할 수 있도록 몇 가지 UI를 추가해야 한다.

Switcher UMG 항목에 주목하자. 이 항목은 기본적으로 계층 구조에서 위젯에 의해 보이는 항목을 전환시킨다. **로드** 버튼의 OnClicked 이벤트의 새 함수에서 **로딩** 메뉴를 열었던 것과 같이, 메인 메뉴 블루프린트의 노드에서 이 항목을 설정한다.

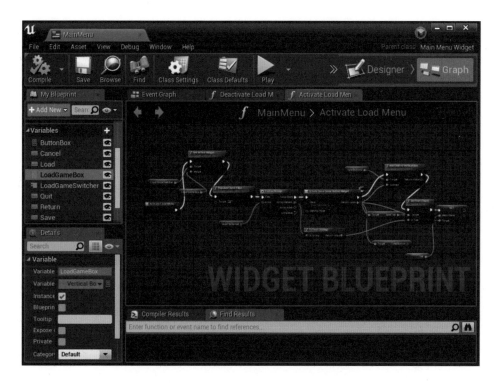

저장된 모든 파일을 가져오기 위해 네이티브 함수를 호출한다.

```cpp
void UMainMenuWidget::PopulateSaveFiles()
{
    FString dir = FPaths::ProjectSavedDir();
    FString fileExt = TEXT("sav");
    IFileManager::Get().FindFiles(SaveFileNames, *dir, *fileExt);
}
```

게임 목록을 로드하기 위해 각 항목에 버튼을 생성해 추가한다(메인 메뉴의 멤버로). 클릭하면 하나의 작업을 처리하는 간단한 버튼과 텍스트 레이아웃의 UserWidget 블루프린트가 생성된다.

자세히 살펴보면 다른 방법으로 처리할 수 있는 몇 가지 내용이 있다. 이 내용은 책 뒷부분에서 살펴보자. 예제에서는 저장을 위해 맵을 로드(또는 재시작)하고, 데이터를 로드한 다음, 맵을 다시 로드하더라도 유지되는 정적static 멤버 변수에 로드한 데이터를 저장한 다음, HUD의 BeginPlay 이벤트에서 이를 호출했다. 6장, '레벨 변경, 스트리밍, 데이터 보존'에서는 레벨을 전환하고 레벨 간 데이터를 전달하는 방법에 대해 살펴볼 예정이다. 그러니 의문이 남아 있다면 6장에서 이를 해소할 수 있다. 또한 저장된 파일을 삭제하는 방법은 Content 폴더로 가서 파일을 삭제하는 방법뿐이다. 하지만 4장에서 작업한 모든 내용 덕분에 메뉴에 삭제 기능을 추가하는 것은 문제가 되지 않을 것이다. 그리고 여러 방법으로 한 위젯을 다른 위젯과 연결하는 것도 가능하다. 이 경우, 개인적으로는 메뉴를 버튼에 전달하는 방법을 사용한다. 더 좋은 방법이 있을 수도 있지만, 가장 간단한 해결책을 사용하면 시간이 절약된다는 점을 명심하자. 결국 모든 게임은 대중에게 더 가까이 다가갈수록 시간 절약이 필요하다.

지금까지 저장 및 로드 기능을 완성했다. GitHub를 확인하면서 변경사항이 적용된 새 레벨을 확인해보자. 이제 한 레벨에서 다른 레벨로 데이터를 저장하고 이를 로드할 수 있게 됐다. 재미있게 테스트해보고 기능을 확인해보기 바란다.

▌ 요약

4장에서는 마스터 수준으로 작업의 복잡도를 높였다. 워밍업 작업을 마친 후에는 이 정도 수준의 세부 내용을 살펴보고 개발 중인 게임을 만들 때 필요한 팁과 기법을 배우기 시작해야 한다. 4장에서 진행한 내용으로 다양한 수준의 UI 작업에 대한 단단한 기초가 마련됐을 거라 생각한다. 4장에서는 여러 무기를 만들었고, pickup을 사용해 스크린샷 아이콘을 생성했다. 이렇게 생성한 아이콘을 다시 pickup과 인벤토리에 추가했고, 무기의 스크롤 내용을 동기화하는 데 이 인벤토리를 활용했다. 그리고 메뉴를 만들었고, 모든 오브젝트에 대한 저장 시스템을 만들었다. 4장에서 굉장히 많은 작업을 진행했다. 프로젝트는 드디어 책에서 시작한 템플릿과 비교해 점점 더 실제 게임처럼 보이기 시작했다. 하지만 중요한 요소 중 하나인 적Enemy이 빠졌다. 5장에서는 적을 만들어보자.

▌ 연습문제

1. 파일을 새 폴더로 옮기기 전에 GitHub에 변경사항을 커밋Commit하는 것이 중요한 이유는?

2. 빈 레벨에서 시작할 때 폰이 움직이거나 떨어지지 않도록 하는 데 필요한 단계는?

3. UE4에서 리디렉터^{Redirector}를 정리하는 두 가지 방법은 무엇이며, 작업 과정에서 리디렉터를 정리해야 하는 중요한 이유는?

4. UMG 부모 위젯 안에서 다른 위젯을 배치하는 데 사용할 수 있는 자식 위젯은 무엇인가?

5. C++에서 UMG로 통신할 때 BlueprintImplementableEvents를 사용해 얻을 수 있는 이점은?

6. 클래스 변수를 저장할 때 직렬화를 시도하지 않아야 하는 UPROPERTIES 유형이 있다. 이 유형은 무엇인가?

7. 이런 특별한 유형의 값을 저장하고 복원하기 위해 4장에서 사용한 대안은 무엇인가?

8. 간단히 몇 줄만으로 확장자와 일치하는 파일 목록을 만들기 위해 사용한 시스템은 무엇인가?

▌추가자료

USaveGame을 활용한 간단한 저장 방법:

https://docs.unrealengine.com/en-US/Gameplay/SaveGame/Code

05

적 추가하기

▌ 개요

전투를 포함하는 대부분의 게임에는 어떤 형태로든 NPC^non-player characters가 존재한다. NPC는 게임에 현실감과 상호작용을 부여하며, NPC를 제어하는 AI는 NPC를 믿게 만든 다(믿거나 말거나). 따라서 NPC를 잘 구현하는 것은 매우 중요하다. UE4의 BehaviorTree 를 최대한 활용하는 것은 적과 게임상의 친구(NPC 등)로 게임의 효율성을 높이는 매우 중요 한 단계이다. 5장에서는 월드의 정보를 사용해 BehaviorTree의 선택을 갱신하고 플레이 어에게 적절하게 반응하는 기본적인 근접 공격을 하는 적군을 만든다. 또한 BehaviorTree 와 BehaviorTree의 데이터를 디버깅하는 방법도 살펴볼 예정이다. 5장에서 다루는 주제 는 다음과 같다.

- 새로운 캐릭터와 스켈레탈 메시를 게임에 임포트하기
- 새로운 AIController 클래스 생성하기
- 기본적인 BehaviorTree 만들기
- C++에서 감지 기능 추가하기
- 동작과 애니메이션 블루프린트 연동하기

▌기술 요구사항

언제나 그렇듯, 4장에서 진행한 내용에서 시작하는 것을 권장한다. 하지만 5장의 대부분은 몇 가지 예외를 제외하고는 스탠드얼론 프로젝트로도 동작한다. 5장의 GitHub 브랜치는 다음 링크에서 확인할 수 있다.

https://github.com/PacktPublishing/Mastering-Game-Development-with-Unreal-Engine-4-Second-Edition/tree/Chapter-5

사용한 엔진 버전: 4.19.2

▌AI Controller를 생성하고 기본적인 지능 만들기

4장에서 했던 새로운 무기를 추가하는 것과 마찬가지로, AI 적을 위한 새로운 비주얼이 필요하다. 이를 위해 마켓플레이스로 돌아가 무료로 사용 가능한 콘텐츠를 찾아보자. 에픽은 Paragon 프로젝트(현재는 중단된 프로젝트)에서 엄청난 양의 애셋을 무료로 공개했다. 예제에서는 적으로 사용할 수 있는 캐릭터 중 하나(또는 그 이상)를 임포트해 사용할 것이다. 그리고 적 컨트롤러를 추가하고 레벨에 생성한 다음, 어떻게 적이 의사 결정을 내리고 플레이어가 싸울 수 있는 도전적인 상대가 되는지 확인할 것이다.

기본 사항 확인하기

마켓플레이스에서 콘셉트를 증명하기 위해 GitHub 프로젝트에 파라곤 애셋을 임포트하자. 4장, 'UI, 메뉴, HUD, 로드/저장'의 시작 부분에서 했던 것과 같은 방식으로 Countess 애셋을 가져온다. 자세하게 표현된 캐릭터의 약 2GB가량 다운로드에서 대략 200MB 정도를 절약하기 위해 Tier 2 스킨은 GitHub 프로젝트에서 제거했다. 하지만 Paragon 프로젝트에서 공개한 매우 자세하게 표현된 다른 캐릭터 중 하나를 사용해도 된다. 캐릭터가 프로젝트에 추가되면 캐릭터를 게임에서 의미 있게 만들기 위해서는 다음의 세 가지 단계가 필요하다.

1. 새로운 AIController 클래스를 만들고 이를 기반으로 하는 블루프린트 인스턴스를 만든다(이름은 MeleeAIController로 지정한다).
2. 애니메이션 블루프린트를 추가하고 새로 생성한 캐릭터와 연동한다.
3. BehaviorTree에 노드를 구성하고 동작을 시작할 수 있게 컨트롤러에 추가한다.

Behavior Tree에 몇 가지 기본적인 기능을 구성하려면 여러 단계가 필요하다. 하지만 게임에서 기본적인 폰Pawn으로 동작시키기 위해 한 단계씩 진행해보자.

AIController를 생성한 다음, 변수 하나를 추가한다.

```
public:
    UPROPERTY(EditAnywhere, BlueprintReadWrite, Category = "Targeting")
    float HearingRadius = 300.0f;
```

FirstPersonCPP/AI에 이 클래스를 기반으로 하는 블루프린트 인스턴스를 만들고 이름을 CountessController로 지정한다.

ParagonCountess > Characters > Global에 새 Animation > Animation Blueprint를 생성한다. 그러면 부모 클래스와 스켈리튼 설정을 묻는 창이 나타난다. AnimInstance와 S_Countess_Skeleton을 각각 설정한다. 애셋이 생성되면, ABP_Countess로 이름을 지

정하고 더블 클릭해 에디터를 연다. **애님그래프**AnimGraph 탭을 클릭하면 하나의 노드를 확인할 수 있다. 여기에서 드래그한 다음, StateMachine을 검색해 추가하고 더블 클릭한다. Entry 노드에서 드래그하고 스테이트State를 하나 추가한다. 추가된 스테이트의 이름을 Idle로 설정하고 더블 클릭한다. 다음 그림과 같이 애니메이션 노드를 하나 추가해 임시 애니메이션 블루프린트를 구성해보자.

캐릭터를 사용하고 테스트하기 위해 FirstPersonCPP/AI 위치에 캐릭터Character를 기반으로 하는 새로운 블루프린트 클래스를 생성하고 BP_Countess로 이름을 설정한다. 블루프린트를 다음 그림과 같이 설정한다.

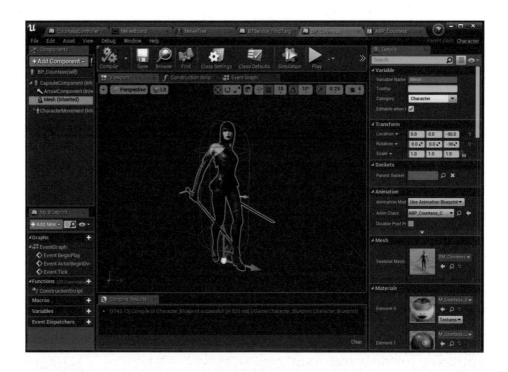

충돌을 위한 Capsule 루트 컴포넌트와 메시의 위치 및 회전을 확인해 게임에서 제대로 보이게 설정한다. 가장 위에 있는 (self) 컴포넌트를 클릭해 AIController를 Countess Controller로 설정한다.

가장 관련이 많지만 모든 클래스의 요구사항에 대한 대략적인 계획을 세우기 위해 골격만 설계하는 과정이 될 것이다. 앞서 설명했듯이, 기본 레벨에서 작업하고 변경사항을 소스 컨트롤에 체크인check-in하는 것은 좋은 방법이다. 작업이 진행되면서 전반적인 작업 내용이 변경되더라도 (심지어 클래스가 삭제되더라도) 소스 컨트롤에 체크인하는 것이 좋다. 이렇게 하면 문제가 발생했을 때 안전하게 되돌릴 수 있는 지점을 마련할 수 있으며 팀으로 작업할 때 작업상태를 쉽게 공유할 수 있다. 따라서 기본 소스 트리에 프로젝트를 체크인하자. AI 폴더에서 마우스 오른쪽 버튼을 클릭하고, 인공지능Artificial Intelligence 카테고리에서 Behavior Tree와 Blackboard를 추가한다. 이름을 각각 MeleeTree와 MeleeBoard로 지정한다. 블랙보드Blackboard를 열고 왼쪽의 **추가** 버튼을 이용해 두 개의 키를 추가한다.

하나는 오브젝트object 타입으로 그리고 다른 하나는 벡터vector 타입으로 만들고, 에디터 오른쪽의 속성에서 이름을 각각 Target과 TargetLocation으로 설정한다. 다음으로 비헤이비어 트리Behavior Tree를 연다. 먼저 상단의 **추가** 버튼을 이용해 새 서비스service를 추가한다. 이렇게 하면 콘텐츠 브라우저에서 같은 폴더 위치에 새로운 서비스 애셋이 생성된다. 생성된 애셋의 이름을 BTService_FindTarget으로 바꾸고 더블 클릭한다. 이 서비스는 블루프린트 스크립팅의 한 부분으로 동작하며 비헤이비어 트리의 다양한 곳에서 활용할 수 있다. 이 서비스가 소스 컨트롤에 체크인하는 데 있어 가장 복잡한 부분이다. 노드 그래프를 다음과 같이 구성한다.

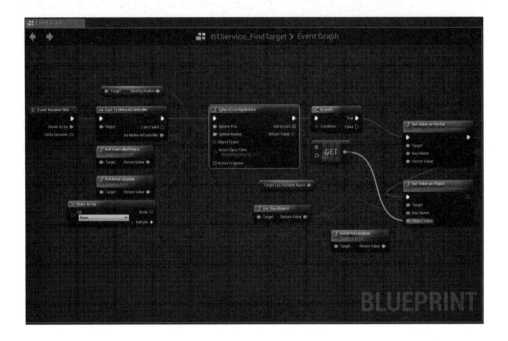

다행히 아직까지는 매우 직관적이다. 비헤이비어 트리 서비스를 소유하는 액터[1]는 AI Controller이다. 그런 다음, AI Controller에서 Hearing Radius 값을 가져와 Mastering Character 폰에 대해 SphereSweep을 수행한다. 그리고 MasteringCharacter 폰을 감지하면 적 캐릭터의 위치를 갱신하기 위해 Target과 TargetLocation 변수를 설정한다(변수의 이름을 사용해 설정한다). 블랙보드^{Blackboard}는 이름에서 알 수 있듯이, 다양한 외부 위치에서 데이터를 게시할 수 있는 공간으로, 비헤이비어 트리$^{Behavior Tree}$가 내부에서 직접 이 데이터에 접근할 수 있다. 블랙보드를 간단히 키^{key}/값^{value}을 조합한 변수 저장 공간으로 생각할 수 있다.

필요한 작업을 완료했으니 이를 활용해 아주 단순한 비헤이비어 트리를 만들 수 있다. 먼저, 루트의 디테일 창에서 Blackboard가 MeleeBoard로 설정됐는지 확인한다. 다음으로 비헤이비어 트리의 메인 편집 영역에서 비헤이비어 트리의 루트 노드에서 아래로 드래그하고 Selector 노드를 추가한다. Selector와 Sequence 노드는 모두 일련의 작업(Task)을 수행한다. Selector는 Selector에 연결된 자식 노드를 왼쪽에서 오른쪽으로 실행하며, 자식 노드 중 하나가 성공할 때까지[2] 실행한다(그런 다음, 제어권을 다시 트리의 위로 넘긴다). Sequence는 Sequence에 연결된 자식 노드를 왼쪽에서 오른쪽 방향으로 실행하며, 자식 노드 중 하나가 실패할 때까지 실행한다. Selector에서 마우스 오른쪽 버튼을 클릭하고 **서비스 추가**$^{Add Service}$를 클릭한다. 여기에서 앞서 작업한 Target을 찾는 서비스를 선택한 다음, 속성 확인을 위해 추가한 서비스를 클릭한다. 디테일 창에서 random time interval을 제거(0.0으로 설정)해 0.5초마다 실행될 수 있게 설정한다. 마지막으로 Selector에서 드래그해 Task를 선택하고 MoveTo를 사용한다. MoveTo를 선택하고 디테일 창에서 Blackboard key를 TargetLocation으로 설정한 다음, 너무 가까이 접근하지 않게 Acceptable Radius를 100.0으로 설정한다.

---

1 Event Receive Tick의 Owner Actor.

2 성공이라는 값을 반환할 때까지를 말한다.

내비게이션에 대한 참고사항

비헤이비어 트리에서 사용하는 내비메시(Nav-Mesh)를 생성하려면 레벨에 NavMesh 볼륨을 추가하고 AI가 이동할 수 있는 모든 곳을 포함할 수 있도록 NavMesh 볼륨의 크기를 설정해야 한다. 예제를 더 진행하려면 이런 볼륨을 추가해 배치해야 한다(볼륨 하나를 크게 배치하거나 여러 개를 세부적으로 배치). 5장 마지막 부분의 추가 자료 절에서 내비메시(NavMesh)에 대한 링크를 확인할 수 있다.

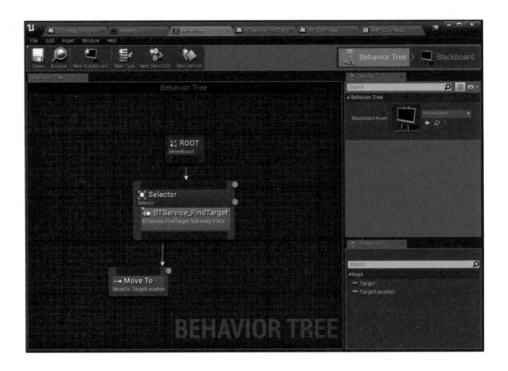

이것으로 작업을 완료했다. BP_Countess를 레벨에 드래그해 바로 배치하고 애니메이션과 회전 동작을 부드럽게 수행하는지 확인해보자. 플레이를 하고 맵 주변을 돌아다니면 적이 따라다닐 것이다. 지금까지 작업한 내용이 GitHub 프로젝트에 반영돼 있을 것이다. 필요하다면 이를 확인해보자.

162

비헤이비어 트리에 C++ 의사 결정 기능 추가하기

다음 과정은 블루프린트와 C++에서 로직 작업과 감지 기능을 추가하는 작업을 포함한다. 이 작업은 여러 이유로 가치가 있을 수 있다. 블랙보드^{Blackboard}라는 콘셉트는 정상적으로 동작하지만 관리하기가 어려울 뿐 아니라 일반적인 블루프린트 디버깅보다 더 어려울 수 있다. 어떤 변수에 기대한 값이 설정되지 않았을 때 이유를 추적하는 명확한 방법은 없다. 따라서 타당한 수준에서 가능한 많은 로직을 C++에서 작업하는 것이 도움이 된다. 이 인스턴스에서는 Hearing 감지와 앞에서 진행한 Target 설정 작업을 효율적으로 제거하고, 이를 C++에서 진행할 것이다.

물론 장점과 단점은 항상 있다. 예를 들어, 이 작업에서는 거의 새로운 기능은 얻지 못하지만 좀 더 확장 가능한 성능을 얻을 수 있고 나중에 복잡도가 증가함에 따라 디버깅이 용이하다는 장점이 있다. 더 이상의 복잡도가 필요하지 않다면, 이전 절에서 했던 작업에서 멈추는 것이 가장 좋은 방법일 수 있다. 가장 큰 문제 중 하나는 두 레이어(블루프린트와 C++)를 동기화해야 할 때 발생한다. 반복 개발을 한 예로 들 수 있다. 개인적으로 처음에는 OnTargetChange 블루프린트 이벤트를 사용해 간단히 블랙보드 변수를 설정하고 블랙보드 데코레이터^{Blackboard Decorator}가 Target 오브젝트에서 액터의 위치를 가져오게 설정했다. 작업을 완료한 다음, 여기에는 한 가지 문제가 있다는 것이 기억났다. 플레이가 시작되는 시간에 블랙보드는 시작하라는 명령을 받고 같은 틱^{Tick}에 적 캐릭터에 구체 콜리전이 추가돼 첫 번째 충돌 쿼리를 수행한다. 여기에서 이벤트를 사용해 target 설정을 시도하면, 첫 번째 프레임에서는 아직 변수를 설정할 블랙보드가 없기 때문에 target 설정에 실패한다. 그리고 이 문제는 플레이어가 적 캐릭터의 구체 콜리전의 영역을 벗어난 뒤 다시 진입하기 전까지 고칠 수 없다. 따라서 최종적으로 좀 더 복잡한 방식의 혼합 해결방법을 다음과 같이 구현했다.

```cpp
public:
    AMeleeAIController(const FObjectInitializer& ObjectInitializer =
FObjectInitializer::Get());

    UFUNCTION(BlueprintImplementableEvent)
    void OnTargetChange(class AMasteringCharacter* Target);

    UFUNCTION(BlueprintCallable)
    class AMasteringCharacter* GetTarget();

    virtual void BeginPlay() override;

    UPROPERTY(EditAnywhere, BlueprintReadWrite, Category = "Targeting")
    class USphereComponent* HearingSphere;

    UPROPERTY(EditAnywhere, BlueprintReadWrite, Category = "Targeting")
    float HearingRadius = 1000.0f;

protected:
    UFUNCTION()
    void OnHearingOverlap(UPrimitiveComponent* OverlappedComp, AActor* Other,
UPrimitiveComponent* OtherComp, int32 OtherBodyIndex, bool bFromSweep, const
FHitResult& SweepResult);

    UPROPERTY()
    AMasteringCharacter* CurrentTarget = nullptr;

    AMeleeAIController::AMeleeAIController(const FObjectInitializer&
ObjectInitializer)
            : Super(ObjectInitializer)
    {
        HearingSphere = CreateDefaultSubobject<USphereComponent>(TEXT("HearingSphe
re"));
        HearingSphere->InitSphereRadius(HearingRadius);
        HearingSphere->SetCollisionObjectType(ECC_Pawn);
        HearingSphere->SetCollisionProfileName("Trigger");

        HearingSphere->OnComponentBeginOverlap.AddDynamic(this, &AMeleeAIController
::OnHearingOverlap);
```

```
        bAttachToPawn = true;
    }

    class AMasteringCharacter* AMeleeAIController::GetTarget()
    {
        return CurrentTarget;
    }

    void AMeleeAIController::BeginPlay()
    {
        Super::BeginPlay();

        HearingSphere->AttachComponentTo(GetRootComponent(),
        FAttachmentTransformRules::SnapToTargetNotIncludingScale);
    }

    void AMeleeAIController::OnHearingOverlap(UPrimitiveComponent* OverlappedComp,
AActor* Other, UPrimitiveComponent* OtherComp, int32 OtherBodyIndex, bool bFromSweep,
const FHitResult& SweepResult)
    {
        AMasteringCharacter *Target = Cast<AMasteringCharacter>(Other);
        if (Target != nullptr && CurrentTarget != Target)
        {
            CurrentTarget = Target;
            OnTargetChange(CurrentTarget);
        }
    }
```

이 작업의 또 다른 장점은 블루프린트 FindTarget 서비스가 다음과 같이, 상당히 단순
해졌기 때문에 0.1초마다 호출할 수 있다는 점이다(또는 원하는 경우 프레임마다 호출할 수도
있다).

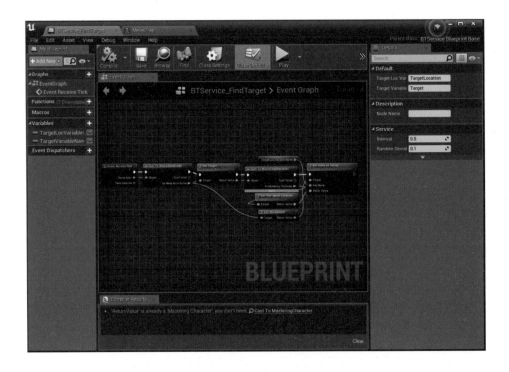

이제 이 서비스는 컨트롤러의 target을 가져오는 경로로 사용되며, Nav Agent Location 을 사용한다는 것을 알 수 있다. Nav Agent Location을 이용하면 탐색에 있어 훨씬 더 정확한 결과를 볼 수 있다(일반적으로 목표 위치를 에이전트와 같은 평면에 놓기 때문에 3D 측정보다 거리가 더 가깝고 더 직관적인 2D 측정을 사용한다).

이 작업은 비교적 단순한 변경 작업이지만, 초기에 이용하면 시간을 절약할 수 있다. 또한 CountessController 블루프린트의 Hearing Radius 값을 변경해도 블루프린트에서 hearing sphere의 값이 바로 변경되지 않지만, 새로 생성되면 생성자에서 새로 설정된 값을 새로 추가된 인스턴스에 사용하게 된다. 기본 레벨에서 빠르게 테스트하기 위해 기존에 배치한 적 캐릭터countess를 맨 오른쪽으로 옮겼다. 이렇게 하면 6m 바깥에 있을 때만 알려준다.

플레이어 공격하기

이 절에서는 기획 단계에서 빠진 몇 가지 작업이 필요하다.

- 이동과 공격 상태를 전환 가능하게 애니메이션 블루프린트의 기능 추가
- 적 캐릭터에 대미지 처리 기능 및 죽음 상태 추가
- 공격 성공 판단을 어디에서 어떻게 처리할지 결정(무기의 공격 범위 설정, 적 앞에서 원 뿔을 이용한 한 프레임 충돌 테스트 등 얼마나 현실적으로 적 공격 기능을 구현할 수 있는가?)

두 번째 단계에서는 일반적으로 UI 작업을 더 포함하며, 플레이어도 마찬가지로 죽는 기능 및 부활(재생성) 기능을 추가한다. 하지만 이 기능은 다른 모든 학습을 마친 후에 수행할 수 있어야 하며 이에 대한 내용은 여기에서 자세히 다루지 않는다. 적 머리 위에 표시되는 체력바와 같은 항목은 5장 끝에 있는 추가 자료 절에서 3D 위젯에 대한 링크를 참조하기 바란다. 세 번째 단계는 게임의 복잡성과 관련된 상당히 주관적인 내용을 포함한다. 한 번에 많은 적을 공격할지, NPC가 서로 싸우게 할지, 플레이어 시나리오와 비교해한 번에 1~3명의 적과 싸우게 할지, 현실적인 느낌을 주는 것이 핵심인지 등이 포함된다.

이제 점차 크기가 증가하는 이 프로젝트를 GitHub에 체크인하는 과정에서 최종 버전의 스테이지를 설정하기 위해 몇 가지 항목을 살펴봐야 한다. 현재 Countess 플레이어의 애니메이션 블루프린트는 이동 상태에서 달리는 애니메이션이 재생되게 설정돼 있고, 적 캐릭터가 공격 범위까지 이동하고 다시 시작 위치에 묶이게 된다. 여기에서 적 캐릭터를 멀리 드래그해 배치하면 목표에 다가가지 않고 스텔스 캐릭터에 대한 시각 및 청각 반경을 줄이기 위해 새로운 감지 모드가 추가된다.

```cpp
    void AMeleeAIController::OnHearingOverlap(UPrimitiveComponent* OverlappedComp,
AActor* Other, UPrimitiveComponent* OtherComp, int32 OtherBodyIndex, bool bFromSweep,
const FHitResult& SweepResult)
    {
        AStealthCharacter* StealthChar = Cast<AStealthCharacter>(Other);
        if (StealthChar != nullptr)
        {
```

```
        if (StealthChar->IsStealthed())
        {
            return; // 스텔스로 설정된 구체가 이 작업을 처리하도록 함
        }
    }


    SetPotentialTarget(Other);
}


void AMeleeAIController::OnStealthHearingOverlap(UPrimitiveComponent*
OverlappedComp, AActor* Other, UPrimitiveComponent* OtherComp, int32 OtherBodyIndex,
bool bFromSweep, const FHitResult& SweepResult)
{
    SetPotentialTarget(Other);
}


void AMeleeAIController::OnSightOverlap(UPrimitiveComponent* OverlappedComp,
AActor* Other, UPrimitiveComponent* OtherComp, int32 OtherBodyIndex, bool bFromSweep,
const FHitResult& SweepResult)
{
    APawn* Owner = GetPawn();
    if (Owner == Other)
    {
        return;
    }


    FVector ToTarget = Other->GetActorLocation() - Owner->GetActorLocation();
    FVector Facing = GetPawn()->GetActorForwardVector();
    if (SightAngle > 90.0f)
    {
        UE_LOG(LogTemp, Error, TEXT("90도 이상의 시야 각은 지원하지 않으니, 이 경우 청력 감지
를 사용하자!"));
        SightAngle = 90.0f;
    }


    if (FVector::DotProduct(ToTarget, Facing) < 0.0f)
    {
        return;
    }
```

```cpp
        float DotToTarget = FVector::DotProduct(ToTarget.GetSafeNormal(), Facing.
GetSafeNormal());
        float RadiansToTarget = FMath::Acos(DotToTarget);
        float AngToTarget = RadiansToTarget * 180.0f / PI;

        if (AngToTarget < SightAngle)
        {
            SetPotentialTarget(Other);
        }
    }
}

void AMeleeAIController::SetPotentialTarget(AActor* Other)
{
    AMasteringCharacter* Target = Cast<AMasteringCharacter>(Other);
    if (Target != nullptr && CurrentTarget != Target)
    {
        CurrentTarget = Target;
        OnTargetChange(CurrentTarget);
    }
}
```

한 가지 개선점은 플레이어에게 시선 검사를 한다는 점이다. 이는 어려운 작업이 아니지만, 추가하지 않으면 플레이어가 버그로 인식할 수 있다. 다음 변경 내용도 주목하자.

```cpp
void AMeleeAIController::BeginPlay()
{
    Super::BeginPlay();

    HomeLocation = GetPawn()->GetNavAgentLocation();

    HearingSphere->AttachToComponent(GetRootComponent(),
    FAttachmentTransformRules::SnapToTargetNotIncludingScale);
    StealthHearingSphere->AttachToComponent(GetRootComponent(), FAttachmentTransfor
mRules::SnapToTargetNotIncludingScale);
    SightSphere->AttachToComponent(GetRootComponent(),
    FAttachmentTransformRules::SnapToTargetNotIncludingScale);

    OnReturnedHome();
}
```

OnReturnedHome은 구체의 모든 반지름을 변수에 저장된 값으로 설정하고 생성자에서 모든 반지름을 0으로 설정하는 SetReturningHome을 호출한다. 테스트 중 첫 번째 프레임에서 BeginPlay의 Attach 호출이 처리되기 전에 충돌을 수행하도록 설정하면 월드 공간의 원점에 있는 구체와 충돌한다는 것을 발견했다. 이 두 함수는 새로운 비헤이비어트리 태스크에서도 사용된다.

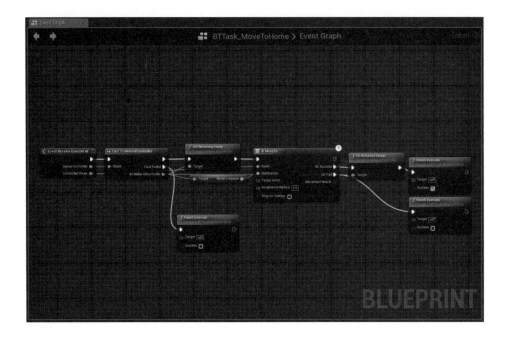

그리고 타깃(목표)을 향해 이동하는 기능을 위해 기존과 매우 유사한 태스크(Task)가 새로 추가됐다. 따라서 블루프린트를 확인하거나 업데이트할 필요가 없다(그리고 이 시점에서 기존의 검색 서비스를 완전히 삭제할 수 있다). 이는 다음 그림에서 내장된 Kiting 트리가 추가된 부분에서 확인할 수 있다.

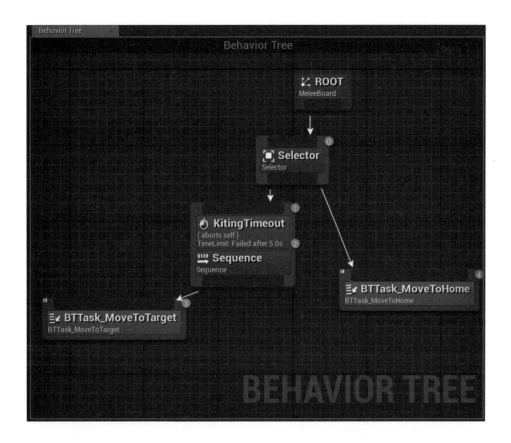

 기본 맵에서 Kiting-timeout을 테스트하는 가장 쉬운 방법은 적을 많이 배치하고 따라오게 한 다음, 전에 추가했던 움직이는 플랫폼으로 이동해 그 위에 있는 박스에 머무는 것이다. 플레이어 경로에 도달하지 못한 채 5초가 지나면(맵의 한쪽 끝에서 다른 쪽 끝까지 조심해 서 이동하는 방법으로도 테스트할 수 있다), 비헤이비어의 실행 흐름이 Move To Home으 로 이동하는 것을 볼 수 있다.

마지막 작업은 적 캐릭터의 대미지 처리가 완료되지 않은 상태에서도 공격 상태로 전환하고 플레이어에게 대미지를 입히는 작업을 처리하는 것이다. 이를 위해 애니메이션 인스턴스에 변수를 추가하고 비헤이비어 트리의 태스크에서 이 변수를 설정해야 한다. 그리고 적 캐릭터에게 공격 가능 여부를 전달하는 방법도 필요하다. 이를 위해 비헤이비어 트리에서 Wait 노드를 추가할 것이다. 끝으로 이 대미지를 빠르게 처리하는 방법이 필요하다. 대미지 처리를 위해 적 캐릭터가 사용하는 공격 애니메이션에 이벤트를 추가하고, 이 이벤트가 발생하면 플레이어가 적 캐릭터 앞에 있는지 확인한 다음, 플레이어가 앞에 있는 경우 공격하게 설정할 것이다.

원하는 상태로 C++ 클래스를 동기화하는 가장 쉬운 방법은 컨트롤러 클래스에 열거형 변수를 추가하고, 애니메이션 인스턴스에 대한 참조를 가져와 변수를 설정하는 것이다. 여기에는 단점이 있다. 말 그대로, 이 작업은 다른 스레드(Thread)에서 업데이트를 처리한다. 이런 업데이트는 한 번에 처리되지 않기 때문에 C++ 컨트롤러를 업데이트하고, 애니메이션 인스턴스를 업데이트한 다음, 애니메이션 인스턴스와 C++ 컨트롤러를 각각 다시 업데이트해야 할 수도 있다. 따라서 C++ 로직이 애니메이션 블루프린트의 상태를 결정하는 방법을 사용할 때는 원하는 상태로 변경할 때 최대 2프레임의 지연이 발생할 수 있다는 점을 알고 작업하는 것이 중요하다. 애니메이션 블루프린트에서 상태를 업데이트하게 로직을 구성한 경우에는 한 곳에서만(주로 컨트롤러) 업데이트해야 한다. 프레임 사이의 동기화를 위해 큐(queue)를 만들고, 큐에 입력된 다음 항목으로 진행하는 것을 권장한다.

AI는 상당히 단순하기 때문에 AI 블루프린트에 불리언Boolean 변수를 추가한 다음 새로운 비헤이비어 트리 태스크를 추가하고, 다음 그림과 같이 노드를 구성한다.

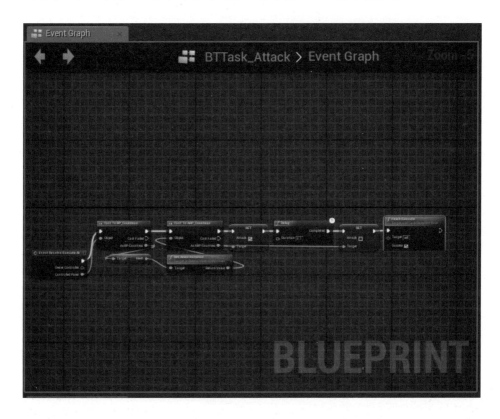

단순히 애니메이션 블루프린트를 공격 상태로 설정하고 짧은 시간 동안 대기한 다음, 공격 상태를 해제하는 것을 확인할 수 있다(이렇게 설정하면 공격이 끝나고 공격 상태로 다시 진입하지 않는다). 그리고 다음과 같이 비헤이비어 트리를 업데이트한다.

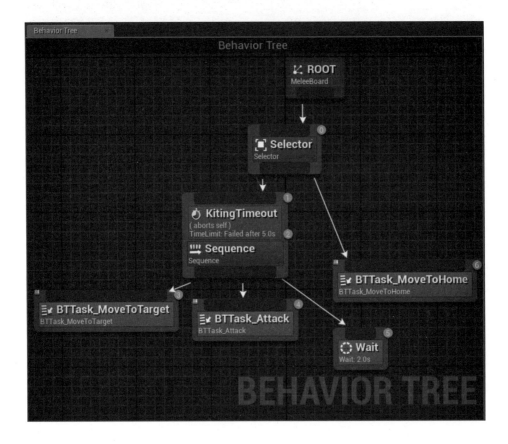

공격 노드 다음에 Wait 노드를 배치해 플레이어가 공격 범위 안에 있으면 공격 도중에 그 시간만큼 기다린 후, 다음 공격을 이어간다. 기다린 후에 플레이어가 공격 범위 안에 없으면, Move-to-target 노드로 플레이어를 쫓아가는 장면을 볼 수 있다.

그리고 애니메이션 블루프린트에 이 내용을 반영해야 한다. Attack 불리언 블루프린트 변수를 추가하고 트랜지션을 다음과 같이 설정한다(Idle 상태로 되돌아가기 위해 공격 애니메이션의 거의 끝부분까지 대기하고, Idle 또는 Moving 상태에서 비헤이비어 트리가 Attack 변수를 True로 설정하면 공격 상태로 진입한다).

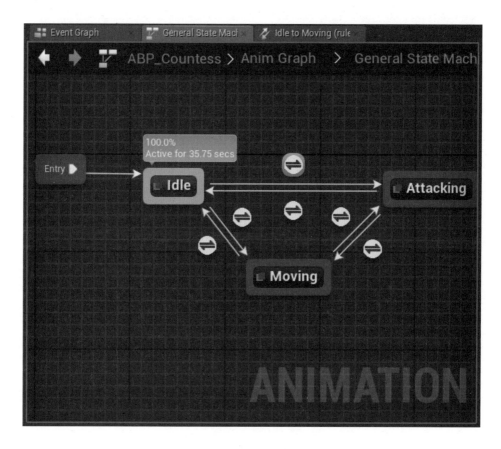

그리고 AI가 공격하는 나머지 부분에서 적 캐릭터가 플레이어를 공격했는지 여부를 확인한다. 다시 한 번 설명하지만, 플레이어의 죽음과 UI는 프로젝트를 간결하게 유지하기 위해 여기에서 다루지 않지만 이 작업 이후에 플레이어의 죽음과 UI 등을 작업하는 것이 일반적이다. 이제 공격 애니메이션에 애니메이션 노티파이^{Notify} 이벤트를 추가하고, 애니메이션 블루프린트의 이벤트 그래프에서 이 이벤트를 처리하게 구성하고, 컨트롤러에서 공격 처리를 위한 로직을 구성한다. 먼저 컨트롤러를 열어 다음과 같은 블루프린트 함수를 추가한다.

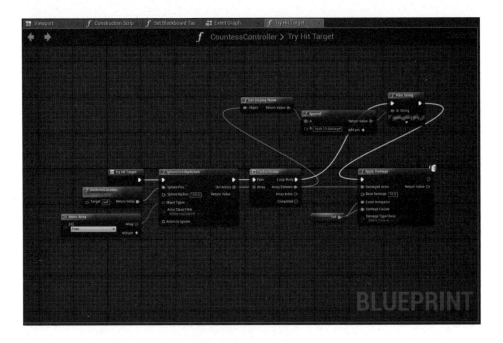

이 함수는 플레이어가 적 캐릭터 앞 1.5m 이내에 있으면 공격을 진행하고 플레이어가 받는 대미지의 양을 화면에 출력한다. 다시 설명하지만, 이 시점에서 플레이어를 죽이고 다시 부활시키는 기능은 매우 일반적이다. 이어서 애니메이션(Primary_Attack_A_Normal 애니메이션이 애니메이션 블루프린트의 공격 노드에 설정됐다)으로 이동해 타임라인에서 마우스 오른쪽 버튼을 클릭하고 새 노티파이 추가^{Add New Notify}를 더한 다음, 이름을 AttackHit로 설정한다.

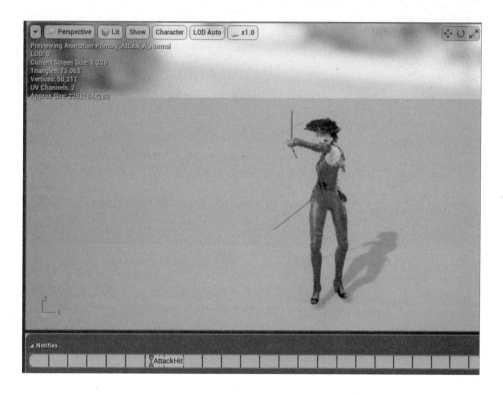

그런 다음, 애니메이션 블루프린트의 이벤트 그래프로 가서 마우스 오른쪽 버튼을 클릭하고 방금 추가한 노티파이에 대한 이벤트를 추가한다[3].

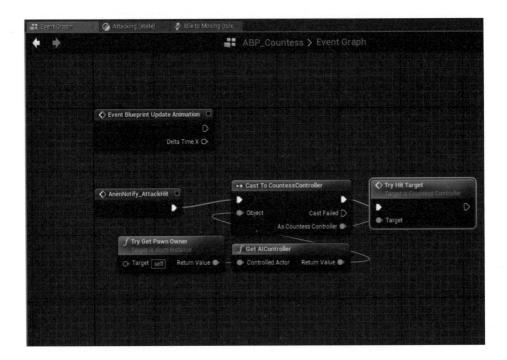

지금까지 AI가 플레이어를 쫓아가고, 일정한 간격으로 공격하며, 플레이어가 시야에 없을 때 원래 있던 곳으로 돌아가고, 공격을 성공하면 대미지를 전달하는 AI를 구현했다. 이로써 완전한 기능을 갖춘 AI 적 캐릭터의 구현을 완료했다(다음 절에서는 몇 가지 항목을 추가해 기능을 개선할 예정이다). 지금까지 했던 모든 변경사항은 GitHub에 있기 때문에 필요하면 언제든 GitHub의 프로젝트와 비교할 수 있다.

---

3 이벤트 그래프 빈 공간에서 마우스 오른쪽 버튼을 클릭하고 AttackHit로 검색하면 AnimNotify_AttackHit 이벤트가 검색된다.

▌ 전투 기능 다듬기 – 생성 위치, 피격 반응, 죽음

이제 플레이어를 쫓아가 공격을 시도하는 AI가 준비됐다. 하지만 아직 플레이어는 적과 거의 상호작용을 할 수 없는 상태이다. 이를 위해 레벨에 직접 배치하는 방법 대신, Spawn Point 액터로 적을 분산시켜 생성하고(다수의 적을 생성할 수 있고, 이벤트가 발생할 때 대기시킬 수 있다), 공격을 당했을 때 반응하게(다른 동작에 방해를 주지 않아야 한다. 단순히 블렌드 애니메이션을 사용해 다른 레이어 위에 배치하면 된다) 하고, 체력이 다했을 때 죽는 기능을 추가해 좀더 전문적으로 기능을 구현하려고 한다(로딩/저장 시 이 모든 내용을 반영시킨다).

적 배치를 위한 생성 위치

대부분의 슈팅 게임에서 생성 위치는 매우 유용한 도구이다. 멀티플레이어 게임에서는 플레이어를 다시 부활시킬 때(재생성) 생성 위치를 사용하며, AI는 웨이브 형태로 공격하거나 플레이어에게 도전과제가 될 수 있도록 일정한 수의 적군을 생성할 때 생성 위치를 사용한다. 여기에서는 빠르고 간단하게 생성 위치를 만들고, 이를 드래그해 기본 레벨에 인스턴스를 생성해 모든 기능이 잘 동작하는지 확인할 예정이다. 먼저 AI 폴더에서 마우스 오른쪽 버튼을 클릭하고 Trigger Box 유형의 새 블루프린트 클래스를 생성하고 Countess Spawner로 이름을 설정한다.

여기에 작성할 로직은 다음과 같다. 플레이어가 이 Trigger Box와 충돌하면(Overlap 방식으로 충돌) 원하는 위치에 적 캐릭터Countess 인스턴스가 생성된다. 이 블루프린트에는 빌보드Billboard가 있는 씬 컴포넌트도 추가한다(에디터에서만 설정되고 게임에서는 나타나지 않음). 그런 다음, BP_Countess 타입을 생성하기 위한 로직을 추가하고 생성된 객체의 배열을 유지한다. 적군이 죽으면 이 배열을 업데이트하고, 생성된 적군의 수가 concurrent count 변수에 설정된 수보다 적을 때만 생성되게 로직을 구성한다.

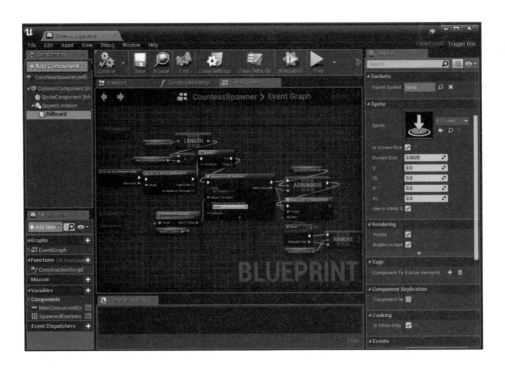

맵에서 볼 수 있듯이 크기가 조정된 버전이 일부 상자 사이에 배치됐고, 생성 위치는 맵 구석으로 옮겨져 플레이어가 상자를 지나가면 적군이 맵의 구석에서 나타난다. 하지만 적군을 최대 3명까지 생성하고 1명이 죽으면 그다음 적군의 생성이 허용되는 것을 볼 수 있다. 이를 위해 컨트롤러에서 변경해야 하는 몇 가지 중요한 사항이 있다. 먼저, BeginPlay 함수를 제거하고 이를 Possess[4] (APawn* InPawn)으로 변경한다(내용은 동일하게 유지한다).

이렇게 변경한 이유는 컨트롤러가 생성된 폰을 소유하기 전에 BeginPlay가 호출될 가능성이 있기 때문이다. 같은 이유로 OnSightOverlap에도 null 체크가 추가됐다(owner 폰이 설정되기 전에 컴포넌트 충돌 확인을 진행할 수 있기 때문에). 다음으로, BP_Countess에서 AutoPossess 속성을 설정해 월드 공간에 배치되거나 생성됐을 때 AI 컨트롤러가 실제로 실행되게 한다. 그리고 액터 생성Spawn Actor과 비슷한 Spawn AI From Class 블루프린트

---

4 4.22 버전부터 Possess 함수는 상속을 할 수 없게 됐다. 대신 OnPossess 함수를 사용하면 된다.

노드가 있지만, 동작이 약간 다르며, 대부분의 작업을 이미 컨트롤러에서 처리하기 때문에 여기에서는 자동처리가 가장 좋은 옵션이다.

이것으로 생성 위치를 위한 작업을 모두 완료했다. 웨이브 형태의 생성이나 랜덤 생성 위치, 타이머나 게임을 더 재미있게 만드는 로직은 무엇이든 추가할 수 있기 때문에 더 복잡해질 수 있다. 하지만 여기에서 중요한 점은 어디에서나 재사용이 가능하기 때문에 이론적으로는 다양한 AI와 함께 활용해 흥미로운 게임을 구성할 수 있다는 점이다.

피격 반응 및 죽음

지금까지 원하는 만큼 적군countess을 향해 무기를 발사할 수 있었지만 아무런 반응도 일어나지 않았다. 이를 위해 무기(발사체, Projectile)에서 코드를 조금 변경해 이 문제를 해결하고, 근접 공격Melee 컨트롤러에 중요한 로직을 추가할 예정이다. 이 과정을 빠르게 진행해보자. 다음과 같이 Health 파라미터를 근접 공격 컨트롤러에 추가한다.

```
UPROPERTY(EditAnywhere, BlueprintReadWrite, SaveGame, Category = "Health")
float Health = 100.0f;
```

그런 다음, 발사체(무기)의 OnHit 함수를 다음과 같이 수정한다.

```
void AMasteringProjectile::OnHit(UPrimitiveComponent* HitComp, AActor* OtherActor,
UPrimitiveComponent* OtherComp, FVector NormalImpulse, const FHitResult& Hit)
{
    // 물리적으로 충돌해 hit 이벤트가 발생한 경우에만 힘을 가하고 무기를 삭제한다
    if ((OtherActor != NULL) && (OtherActor != this) && (OtherComp != NULL))
    {
        AController* controller = GetInstigatorController();
        AActor* damager = GetInstigator();
        FDamageEvent DamEvt;

        OtherActor->TakeDamage(DamageAmount, DamEvt, controller, damager != nullptr
? damager : this);
```

```
        if (OtherComp->IsSimulatingPhysics())
        {
            OtherComp->AddImpulseAtLocation(GetVelocity() * 100.0f,
GetActorLocation());
        }
        else if (Cast<APawn>(OtherActor) != nullptr)
        {
            Destroy();
        }
    }
}
```

무기에서 발사체를 생성할 때, 다음 코드를 추가한다.

```
ActorSpawnParams.Instigator = Cast<APawn>(GetOwner());
```

적군이 반응해 대미지를 처리하고 죽을 수 있게 하려면 컨트롤러 블루프린트와 애니메이션 블루프린트에서 몇 가지 작업을 진행해야 한다. 먼저, 컨트롤러부터 시작해보자.

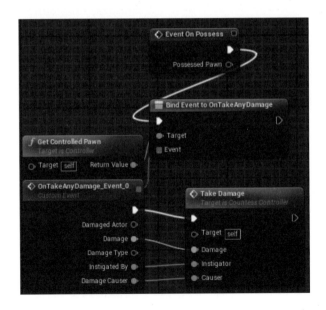

이런 방식으로 폰이 공격을 당하고 대미지를 받으면 이를 컨트롤러에 알려 TakeDamage 함수를 호출한다(대미지 처리에 필요한 모든 로직을 구성하고, 배치된 모든 노드를 선택한 다음, 마우스 오른쪽 버튼을 클릭하고 함수로 접기^{Collapse to Function}로 함수 생성). TakeDamage 함수는 다음과 같다.

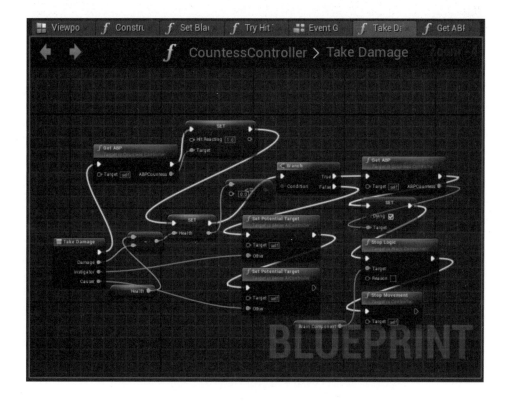

Get ABP 함수는 컨트롤러가 제어하는 폰을 가져와 BP_Countess로 형변환하고, 여기에서 애니메이션 인스턴스를 가져온 다음, ABP_Countess로 형변환해 출력 노드로 반환한다. Hit Reacting(float) 및 Dying(bool) 변수는 간단히 ABP_Countess에 직접 추가된 변수들이며, 다음과 같이 두 가지 방법으로 사용된다.

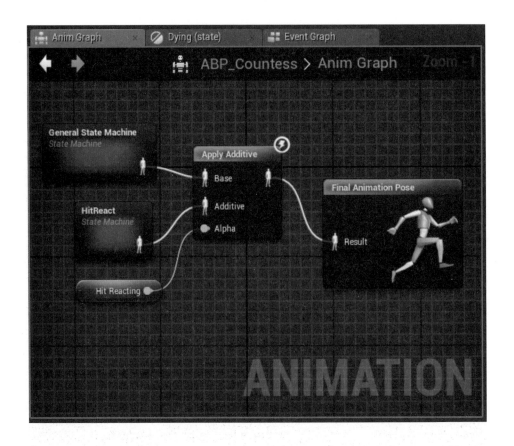

HitReact State Machine 노드에는 하나의 상태만 있으며, Countess 캐릭터의 Hit
React(fwd) 애니메이션을 재생하는 기능만 담당한다. 루트 그래프에서 Apply Additive
blend 노드를 추가하고 블렌딩에 사용할 가중치^{weight}에 변수^{HitReacting}를 설정(연결)한다.
이 애니메이션은 Additive 애니메이션으로 제작됐기 때문에 적 캐릭터가 대미지를 받으
면 머리 부분은 약간 뒤로 밀리지만, 다른 애니메이션은 평소와 같이 문제 없이 재생되는
것을 볼 수 있다. 애니메이션의 거의 끝부분에 새 노티파이를 추가하고, 이벤트 그래프에
서 이 노티파이에 대한 이벤트를 추가한 다음, 블렌드 값을 0.0으로 설정하는 노드를 구
성한다.

다음으로 죽음Dying에 대한 처리를 진행해보자.

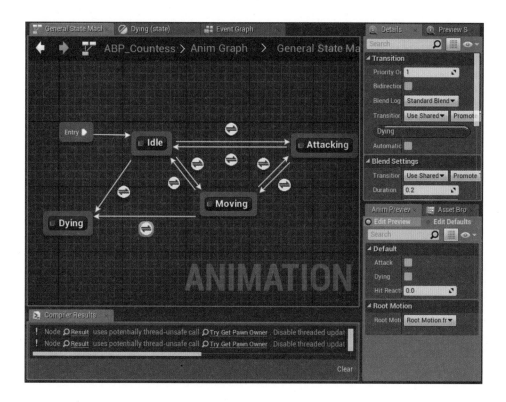

Dying으로 향하는 트랜지션이 단방향인 것에 주의하자(Dying에서 빠져나오는 트랜지션이 없다). 메인 그래프에서 이 노드는 Countess 캐릭터의 Death 애니메이션만 재생하고, 애니메이션의 거의 끝부분에 또 다른 노티파이가 추가됐다. 이벤트 그래프에서 이 노티파이에 대한 이벤트가 발생하면 Try Get Pawn Owner는 제거된다. 이제 적 캐릭터는 대미지를 받을 수 있고, 이에 반응하며, 죽을 수 있게 됐다. AI에 바라는 거의 모든 기능이 완성됐다.

로드/저장 시 주의사항

AI를 로드하고 저장하는 것은 쉬운 일이 아니다. 대부분의 로직 생성을 담당하는 스포너 ^Spawner^로 옮겼기 때문에 레벨에 AI를 직접 배치한 경우에는 대미지를 받은 AI(예를 들어)를 저장하면 동작하지 않는다. BP_Countess에서 액터 저장 인터페이스를 설정해 이 작업을 처리할 수는 있지만, 이렇게 할 경우 스포너와 스포너가 생성한 AI에 대한 연결 부분을 적절하게 수정할 방법이 없다.

> 일반적으로 AI가 월드 공간이 생성된 곳에서 자신의 상태를 재생성하도록 만들 때는 저장 시간과 정확히 일치하는 모든 내용의 저장을 시도하는 것이 훨씬 더 낫다. 물론, 이런 방식은 남용으로 이어질 수 있다(예를 들어, AI가 강력한 공격으로 대미지를 받으려고 할 때 저장하고 이를 로드하면, Idle 상태로 로드되고 일반 공격이 시작된다). AI의 복잡도가 증가할수록 로드/저장의 복잡도는 악몽이 될 수 있다. 가능하다면, AI를 월드 공간에 생성하고 AI가 그 위치에서 수행해야 할 작업을 살펴보는 것이 좋다. 여기에서는 Spawner 클래스로 이 작업을 처리한다.

CountessSpawner에 두 개의 변수, 위치를 저장하는 배열과 체력값을 저장하는 배열을 추가한다. 이 배열은 저장 시점에 저장되며, 이전의 움직이는 플랫폼^Moving Platform^ 상태를 저장할 때 했듯이 Spawner의 블루프린트에서 SaveGame 변수에 설정되고, 로드 시점에 재생성돼 값이 복원된다. 이를 위해서는 Spawner에 액터 저장 인터페이스를 추가해야 한다(움직이는 플랫폼에서 했듯이). 그리고 저장 액터 인터페이스에 앞서 추가한 두 변수뿐만 아니라 새로운 네이티브 이벤트도 추가해야 한다.

```
UFUNCTION(BlueprintNativeEvent, BlueprintCallable, Category = "Load-Save")
void ActorSaved();
```

그런 다음, 로드 버전에서 했던 것처럼, 현재 MainMenuWidget.cpp의 SaveGame 함수의 82번째 줄 근처에서 저장할 때 이 네이티브 이벤트를 호출한다.

```
ISavedActorInterface::Execute_ActorSaved(Actor);
```

이제 CountessSpawner에서 (전에 했던 것처럼, 클래스 세팅에서 인터페이스를 추가한 후) 이런 이벤트에서 호출되는 두 개의 새 함수를 추가할 수 있다. 하나는 적 캐릭터를 로드할 때 호출되고, 다른 하나는 저장할 때 호출된다. 저장을 위한 함수부터 살펴보자.

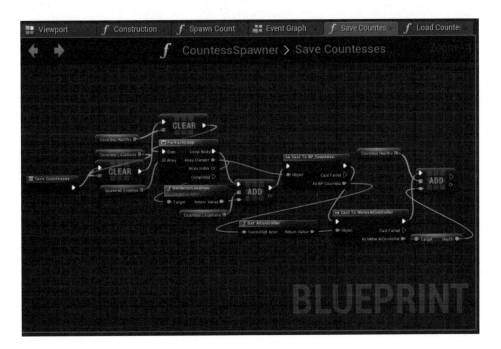

다음은 로드 이벤트의 로직 구성이다.

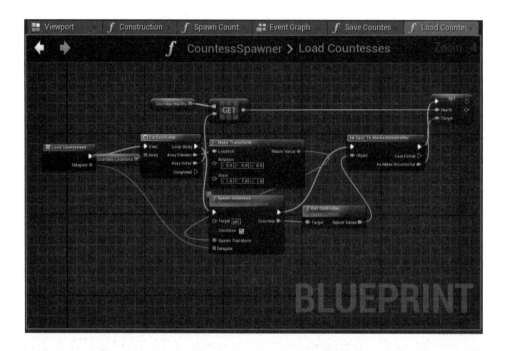

이것으로 적 캐릭터에 대한 작업을 완료했다. 적 캐릭터는 원하는 위치에 생성되고, 정확한 체력을 가진다. 아직 AI에 필요한 모든 기능이 정확하게 구현되지는 않았지만 빠르게 조정 가능하다. 이미 알고 있는 한 가지 문제는 AI가 죽는 과정에서 저장하면, 다시 죽기 위해서는 대미지를 또 받아야 한다. 하지만 몇 가지 작업으로 이 문제를 해결할 수 있다. 문제는 있지만, 5장을 통해 전반적으로 모든 기능을 수행하는 AI를 갖추게 됐다. AI는 플레이어를 쫓아가고, 플레이어에 대미지를 입히며, 플레이어에게 대미지를 받고 공격에 반응할 수 있으며, 죽을 수 있다. 또한 상당히 전문적인 방식으로 저장하고 로드할 수 있다.

▌ 요약

5장에서는 새로운 콘텐츠도 많이 추가하고, 많은 변경사항을 추가했다. 이전 장과 비교했을 때 이제는 실제 게임에서 기대하는 수준으로 동작하는, 완전한 기능을 갖춘 적^{Enemy}이 있으며, 게임의 진행상황을 저장할 수 있게 됐다. 이는 게임을 만드는 과정에서 중요한 도약이라고 할 수 있다. 5장을 모두 진행한 이 시점에서 "AI를 위해 에픽에 내장된 감지 시스템은 없나요?"라고 질문할 수 있다. 그리고 이 질문에 대한 답은 "예"이다. 에픽은 AI를 위한 감지 시스템을 지원하며, 이를 살펴보는 것을 적극 권장한다. 하지만 대부분의 경우에는 직접 만들거나 디버깅 가능한 버전의 감지 시스템이 필요하며, 5장을 통해 매우 자세히 살펴봤다. 프로젝트에 에픽에서 기본 지원하는 감지 시스템이 완벽하게 맞는다면 이를 고려하는 것이 좋다. 하지만 AI를 만드는 전반적인 작업 과정에서 자신만의 감지 시스템을 직접 만드는 것은 덜 어려운 부분 중 하나일 것이다(그리고 더 재미있을 거라 생각한다). 이로써 견고한 게임의 핵심 기능을 갖추게 됐다. 이제 한 레벨에서 다른 레벨로 또는 테스트 레벨보다 훨씬 더 많은 콘텐츠가 있는 레벨로 이동할 때는 어떤 전략을 세워 작업해야 할까? 이 전략을 6장에서 살펴보자.

▌ 연습문제

1. UE4에서 적절한 AI를 만드는 데 필요한 세 가지 주요 클래스는?

2. AI 로직에서 블랙보드^{Blackboard}는 어떤 목적으로 제공되는가?

3. C++에서 비헤이비어 트리로 타깃 선택을 전달한 방법은?

4. 비헤이비어 트리에서 시퀀서^{sequencer}와 셀렉터^{selector}의 차이점은?

5. 비헤이비어 트리에서 AI가 공격을 해야 한다는 명령과 플레이어로 향하는 동작을 멈추라는 명령이 전달되는 방법은?

6. 블루프린트 로직의 복잡도가 증가할 때, 로직 섹션을 구분하기 좋은 방법(트릭)에는 어떤 것이 있는가?

7. AI Spawner가 게임 디자인에 가져다 주는 이점은?

8. 단순히 상태를 로드/저장하고 이를 복원하는 방법과 비교했을 때 완벽한 AI 상태를 로드/저장하는 경우가 갖는 단점은?

▌ 추가 자료

내비 메시 정보:

영문 · https://docs.unrealengine.com/en-us/Resources/ContentExamples/NavMesh

한글 · http://api.unrealengine.com/KOR/Resources/ContentExamples/NavMesh/index.html

3D 위젯:

영문 · https://docs.unrealengine.com/en-us/Engine/UMG/HowTo/InWorldWidgetInteraction

한글 · http://api.unrealengine.com/KOR/Engine/UMG/HowTo/InWorldWidgetInteraction/index.html

06

레벨 변경, 스트리밍,
데이터 보존

▌ 개요

UE4에서는 두 가지 방법으로 레벨을 전환할 수 있다. 그중 한 가지 방법은 아주 간단하다. 기존 레벨을 언로드하고, 새 레벨을 로드하면 된다. 두 번째 방법은 레벨을 연속적으로 스트리밍하는 것이다. 이 방법은 좀 더 어렵지만, 더 좋은 사용자 경험을 제공할 수 있다. 두 방법 모두에서 레벨이 로드되면 어떤 게임 요소와 플레이어 데이터가 남아 있게 되는지 의문이 생길 수 있다. 이런 데이터를 유지하는 것은 매우 어려운 도전 과제가 될 수 있다. 6장에서 여러 해결 방법을 살펴볼 것이다. 결국 어느 방법을 선택하든 플레이어는 사용자 경험을 이어갈 수 있다. 6장에서 다루는 내용은 다음과 같다.

- UE4의 기본적인 맵 전환 방법
- 전환할 새 레벨 추가하기
- 맵 전환 시 데이터를 유지할 수 있게 로드/저장 시스템 개선하기
- 기본 레벨^{Persistent Level}에서 레벨 스트리밍에 대한 실용적인 예제 만들기

기술적 요구사항

5장, '적 추가하기'의 내용에 이어서 시작할 것을 권장한다. 하지만 꼭 이렇게 해야 하는 것은 아니다. 6장의 모든 내용은 UE4 프로젝트의 모든 개발 단계에 적용 가능하다.

6장의 GitHub 브랜치는 다음 링크에서 확인할 수 있다.

https://github.com/PacktPublishing/Mastering-Game-Development-with-Unreal-Engine-4-Second-Edition/tree/Chapter-6

사용한 엔진 버전: 4.19.2

전통적인 레벨 로딩 방법

레벨(맵) 변경은 언리얼 엔진이 처음 시작된 이래로 고유 시스템이었다. 따라서 당연히 레벨 변경 방법과 함께 발전해온 여러 도구와 옵션이 있다. 즉, 기본적인 레벨 변경에 필요한 모든 도구는 이미 준비돼 있다. 이런 도구를 활용하는 것은 유용하지만, 여기에서는 레벨이 전환되는 과정에서 게임의 상태를 유지할 수 있게 로딩 및 저장 시스템을 업데이트할 것이다. 먼저 UE4에서 레벨을 변경하는 기본적인 방법부터 살펴보자.

기본적인 방법

블루프린트와 C++ 모두 레벨 변경을 위한 기본 기능이 내장돼 있다. 블루프린트 예제에서는 Open Level 노드를 사용하는데, 이 노드는 블루프린트의 거의 모든 장소에서 접근할 수 있다. C++에서는 로드/저장 시스템에서 이미 이 기능을 사용했다(서버 기반 게임의 경우에는 첫 번째 파라미터로 변경을 원하는 레벨을 전달하지만, 여기에서는 단순히 "?Restart"라는 특별한 문자열을 사용해 기본 레벨을 재시작시킨다).

```
if (mapName == currentMapName)
{
    World->ServerTravel("?Restart", true);
}
else
{
    UGameplayStatics::OpenLevel(World, *mapName, true);
}
```

게임에서 이런 기능을 사용하는 것은 매우 간단하다. 기본 FirstPersonExampleMap에서 움직이는 플랫폼 위에 포털과 비슷한 블록을 몇 개 추가했다.

> GitHub에서 움직이는 플랫폼에 고정된 오브젝트를 확인할 수 있다. 움직이는 플랫폼이 다시 내려갈 때 폰(플레이어나 NPC)을 레벨 밖으로 내보낼 수 있기 때문에 이렇게 작업했다. 완벽한 해결방법은 아니지만, 간단히 플랫폼이 내려갈 때 콜리전을 비활성화하고, 완전히 바닥 면에 도달하면 콜리전을 다시 활성화한다(그리고 이 플랫폼에 대한 사소한 로직이 일부 수정됐다). 이 내용은 6장의 목표가 아니기 때문에 GitHub 프로젝트에서 직접 체크인하는 대신 이런 방식으로 보관했다.

블록 중간에 왼쪽에 설정된 볼륨Volumes에서 간단한 트리거 볼륨을 하나 추가했다(새 블루프린트 클래스나 블루프린트 인스턴스는 필요 없음).

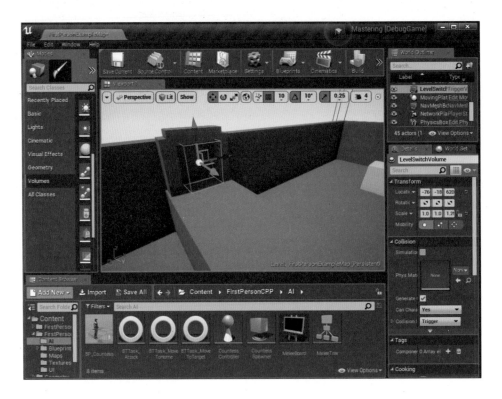

트리거 볼륨을 선택한 상태에서 상단 메뉴바에 있는 **블루프린트** 버튼을 클릭한 다음, **레벨 블루프린트 열기**를 선택해 레벨 블루프린트를 연다. 레벨 블루프린트 에디터에서 트리거 볼륨을 선택한 상태로 마우스 오른쪽 버튼을 클릭한다. **컨텍스트** 메뉴의 제일 위에서 현재 선택된 객체에 대한 옵션에 접근이 가능하다. 여기에서 오버랩Overlap 이벤트를 사용한다. 이벤트를 사용해 플레이어와의 충돌 여부를 확인하고 플레이어와 충돌한 경우, 다음과 같이 MasteringTestLevel을 연다.

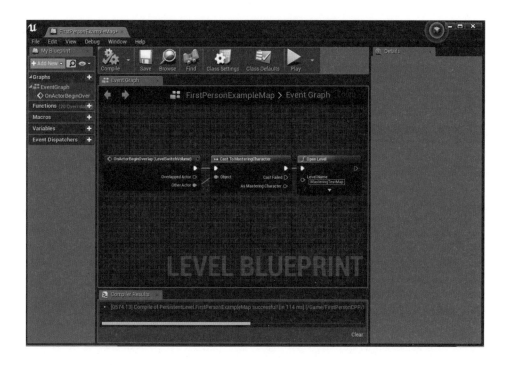

작업이 끝났다. 이제 트리거로 걸어가면 다른 레벨로 이동할 수 있다. 여기까지가 원하는 기능의 전부라면 레벨을 전환하는 기능은 이 내용까지만 참조해도 좋다.

레벨 전환을 위해 로드/저장 사용하기

대부분의 게임, 특히 스토리 기반의 싱글 플레이어 모드를 사용하는 게임의 경우, 플레이어가 게임을 종료할 때는 물론이고 레벨이 전환될 때도 플레이어의 상태를 보존해야 한다. 앞에서 만들었던 것처럼 간단한 포털을 FirstPersonExampleMap에 다시 만든 다음, 레벨을 전환해보면 플레이어, 아이템, NPC 등이 이전 플레이어의 상태를 유지하는 것이 아니라 새로운 플레이어의 상태를 로드한 것처럼 보인다는 것을 확인할 수 있다. 플레이어의 인벤토리도 새로 로드한 것처럼 보인다. 이 단계에서는 이를 위해 다음과 같은 두 가지 작업이 필요하다.

- 레벨 전환 간의 플레이어 데이터 유지
- 레벨 전환 시 기존 레벨 및 동적 오브젝트의 상태 로드 및 저장

어떤 시점에서든 동적으로 로딩하고 저장하는 기능을 이미 구현했기 때문에 이를 활용해 레벨의 상태를 보존할 수 있도록 적절하게 변경하려고 한다. 하지만 맵을 변경하는 과정에서 데이터를 보존하려면 새로운 기능이 필요하다. 이 경우에 사용할 수 있는 몇 가지 옵션이 있다(일부 옵션은 다른 옵션보다 확실히 안전하고 더 깔끔하다). 하지만 예제 게임에서는 새로운 UGameInstance C++ 클래스를 만들고 게임을 실행하는 동안 전체 데이터와 정보를 저장하기 위해 이를 싱글톤^{Singleton}처럼 사용할 것이다.

 스태틱 데이터나 전역 데이터를 도입할 때는 언제나 게임 플레이를 중지하더라도 Play in Editor(PIE)와 같이 예상하지 못한 영향을 미칠 수 있기 때문에 매우 주의해야 한다. 에디터를 닫고 다시 열지 않는 한 이런 스태틱 데이터는 보존된다. 따라서 스탠드얼론 버전(장치 및 다른 플랫폼에서 실행)의 게임을 실행하는 것과 비교해 PIE로 게임을 재시작할 때는 동일한 동작을 기대할 수 없다. 예제에서는 이를 위해 몇 가지 보호장치를 추가하겠지만 항상 주의가 필요하고 위험한 데이터 저장공간의 사용을 최소화하는 것이 좋다.

추가한 새 게임 인스턴스의 이름을 MasteringGameInstance로 지정하고 싱글톤 기능을 추가한다.

```
UCLASS()
class MASTERING_API UMasteringGameInstance : public UGameInstance
{
    GENERATED_BODY()
public:
    UFUNCTION(BlueprintCallable, Category = "Mastering Game Instance")
    static UMasteringGameInstance* GetInstance();

    virtual void Init() override;
    virtual void BeginDestroy() override;
    virtual void FinishDestroy() override;
```

```cpp
    bool ShouldPersistInventory() const
    {
        return bPersistPlayerInventory;
    }

    void SetPersistInventory(const bool bPersist = true)
    {
        bPersistPlayerInventory = bPersist;
    }

    void SetPlayerInventory(class UMasteringInventory* Inv);

    FORCEINLINE class UMasteringInventory* GetInventory() const
    {
        return PlayerInv;
    }

    void SetPlayerSafeLocation(const FVector& InLoc)
    {
        PlayerSafeLocation = InLoc;
    }

    FORCEINLINE FVector GetPlayerSafeLocation() const
    {
        return PlayerSafeLocation;
    }

    void ClearData();

protected:
    UPROPERTY()
    class UMasteringInventory* PlayerInv;

    bool bPersistPlayerInventory;
    FVector PlayerSafeLocation;
};
```

데이터를 저장하고 로드하는 과정에서 보존하려는 몇 가지 데이터를 코드에 추가한 것을
볼 수 있다.

다음으로 이 모든 기능이 동작하게 하고, 플레이어의 인벤토리를 설정하고, 게임 인스턴스의 상태를 간단히 정리하는 도움 함수를 추가한다.

```cpp
static UMasteringGameInstance* Instance = nullptr;

UMasteringGameInstance* UMasteringGameInstance::GetInstance()
{
    checkf(Instance != nullptr, TEXT("누군가가 초기화하기 전에 게임 인스턴스를 사용하려고 한
다!"));
    return Instance;
}

void UMasteringGameInstance::Init()
{
    Super::Init();
    Instance = this;
    AddToRoot();
}

void UMasteringGameInstance::BeginDestroy()
{
    ClearData();
    Super::BeginDestroy();
}

void UMasteringGameInstance::FinishDestroy()
{
    Super::FinishDestroy();
}
void UMasteringGameInstance::SetPlayerInventory(class UMasteringInventory* Inv)
{
    if (PlayerInv == nullptr)
    {

PlayerInv = NewObject<UMasteringInventory>(this, TEXT("PlayerInventory"));
    }
    PlayerInv->CopyFromOther(Inv);
}
```

```
void UMasteringGameInstance::ClearData()
{
    bPersistPlayerInventory = false;
    PlayerInv = nullptr;
    PlayerSafeLocation = FVector::ZeroVector;
}
```

이 시점에서 BeginDestroy와 FinishDestroy가 모두 필요하지는 않다. 하지만 일반적으로 스태틱 데이터를 저장하는 주체에서 BeginDestroy와 FinishDestroy를 모두 갖게 하는 것이 좋다. FinishDestroy에서 처리할 특별한 작업이 없는 경우에는 Init을 호출하고 남아 있는 데이터를 모두 정리하기 전에 동일한 세션에 있는 GameInstance의 인스턴스를 사용하지 않게 보호기능을 추가할 수 있다(안전한 설정을 위해 인스턴스를 nullptr로 설정할 수도 있다). 참조를 위한 BeginDestroy는 다른 클래스에서 볼 수 있고 사용할 수 있는 모든 데이터를 즉시 지울 수 있는 장소이다. 로드/저장 작업을 본격적으로 시작하면 이런 작업을 추가할 것이다(예를 들어, 로드/저장 과정 중간에 중단되는 것을 원치 않을 것이다. 게임을 종료하고 다시 시작하면 로드/저장 과정에서 설정한 대로 변수를 설정하는 데 필요한 작업을 진행할 예정이다). 이를 위해 세팅^{Settings}, 프로젝트 세팅^{Project Settings}의 맵 & 모드에서 GameInstance Class 항목을 MasteringGameInstance로 설정한다. 다음으로 게임 로딩 코드를 통합하고 이를 추상화하기 위해 새 블루프린트 함수 라이브러리^{Blueprint Function Library} C++ 클래스를 생성한다(이 클래스는 스태틱 함수의 모음이며, 블루프린트에서 반드시 호출돼야 하는 것은 아니지만, 예제에서는 필요하다).

```
class MASTERING_API LoadSaveLibrary
{
public:
    LoadSaveLibrary();
    ~LoadSaveLibrary();

    UFUNCTION(BlueprintCallable)
    static void LoadGameFile(FString SaveFile, UWorld* World);
```

```
    UFUNCTION(BlueprintCallable)
    static void SaveGameFile(FString SaveFile, UWorld* World);

    static void OnGameLoadedFixup(UWorld* World);

    static void FixupPlayer(UWorld* World, class AMasteringCharacter* Char);

protected:
    static TArray<uint8> BinaryData;
};
```

MainMenuWidget 클래스에서 앞으로 더 커질 수 있는 코드를 예제를 진행하는 데 더 적절한 위치인 이곳으로 옮겨 UI 클래스를 더 구체적인 코드로 리팩토링한다. 또한 플레이어의 위치를 조정하고, 이전에 방문했던 레벨로 돌아갈 때 했던 작업과 마찬가지로, 로드를 사용해 현재 인벤토리를 지속할 수 있게 코드를 수정했다.

```
TArray<uint8> LoadSaveLibrary::BinaryData;

LoadSaveLibrary::LoadSaveLibrary()
{
}

LoadSaveLibrary::~LoadSaveLibrary()
{
}

void LoadSaveLibrary::LoadGameFile(FString SaveFile, UWorld* World)
{
    FString outPath = FPaths::ProjectSavedDir() + SaveFile;
    if (!FFileHelper::LoadFileToArray(BinaryData, *outPath))
    {
        UE_LOG(LogTemp, Warning, TEXT("%s"), *(FString("게임 로드 실패: ") +
outPath));
        return;
    }
```

```cpp
checkSlow(World != nullptr);
FMemoryReader FromBinary = FMemoryReader(BinaryData, true);
FromBinary.Seek(0);

FGameSavedData SaveGameData;
FromBinary << SaveGameData;

FromBinary.FlushCache();
FromBinary.Close();

UMasteringGameInstance* gameInst = UMasteringGameInstance::GetInstance();
FVector playerSafeLoc = SaveGameData.PlayerSafeLocation;
gameInst->SetPlayerSafeLocation(playerSafeLoc);

FString mapName = SaveGameData.MapName.ToString();

FString currentMapName = World->GetMapName();

currentMapName.Split("UEDPIE_0_", nullptr, &currentMapName);

if (mapName == currentMapName)
{
    World->ServerTravel("?Restart", true);
}
else
{
    UGameplayStatics::OpenLevel(World, *mapName);
}
}
```

로딩 메서드에서 볼 수 있듯이 현재와 동일한 월드로 이동하는 경우, 월드를 완전히 다시 시작하고, 동일한 월드가 아니면 새 레벨을 연다. 또한 플레이어의 현재 위치를 안전하게 저장한다. 이로써 플레이어가 사용할 수 있는 유효한 위치라는 것을 확신할 수 있고, 레벨로 다시 전환되는 경우에 이 위치 값이 필요할 수 있다.

```
void LoadSaveLibrary::SaveGameFile(FString SaveFile, UWorld* World)
{
    checkSlow(World != nullptr);
    FGameSavedData SaveGameData;
    FString outPath = FPaths::ProjectSavedDir() + SaveFile;

    SaveGameData.Timestamp = FDateTime::Now();

    FString mapName = World->GetMapName();

    mapName.Split("UEDPIE_0_", nullptr, &mapName);

    SaveGameData.MapName = *mapName;

    UMasteringGameInstance* gameInst = UMasteringGameInstance::GetInstance();
    SaveGameData.PlayerSafeLocation = gameInst->GetPlayerSafeLocation();
    gameInst->SetPlayerSafeLocation(FVector::ZeroVector); // 나중에 다시 설정하지 않는
한, 이후의 저장에는 유효하지 않다.

    TArray<AActor*> Actors;
    UGameplayStatics::GetAllActorsWithInterface(World, USavedActorInterface::Static
Class(), Actors);

    TArray<FActorSavedData> SavedActors;
    for (auto Actor : Actors)
    {
        FActorSavedData ActorRecord;
        ActorRecord.MyName = FName(*Actor->GetName());
        ActorRecord.MyClass = Actor->GetClass()->GetPathName();
        ActorRecord.MyTransform = Actor->GetTransform();
        ActorRecord.MyVelocity = Actor->GetVelocity();
        FMemoryWriter MemoryWriter(ActorRecord.MyData, true);
        FSaveGameArchive Ar(MemoryWriter);
        AMasteringCharacter* Mast = Cast<AMasteringCharacter>(Actor);

        ISavedActorInterface::Execute_ActorSaved(Actor);

        Actor->Serialize(Ar);

        if (Mast != nullptr)
```

202

```
        {
            UMasteringInventory* Inv = Mast->GetInventory();
            SaveGameData.InventoryData.CurrentWeapon = Inv->GetCurrentWeapon()-
>GetPathName();
            SaveGameData.InventoryData.CurrentWeaponPower = Inv-
>GetCurrentWeaponPower();
            for (FWeaponProperties weapon : Inv->GetWeaponsArray())
            {
                FInventoryItemData data;
                data.WeaponClass = weapon.WeaponClass->GetPathName();
                data.WeaponPower = weapon.WeaponPower;
                data.Ammo = weapon.Ammo;
                data.TextureClass = weapon.InventoryIcon->GetPathName();

                SaveGameData.InventoryData.WeaponsArray.Add(data);
            }
        }

        SavedActors.Add(ActorRecord);
    }
    FBufferArchive SaveData;

    SaveGameData.SavedActors = SavedActors;

    SaveData << SaveGameData;

    FFileHelper::SaveArrayToFile(SaveData, *outPath);

    SaveData.FlushCache();
    SaveData.Empty();
}
```

저장은 작업 과정이 약간 까다로울 수 있다. 하지만 위 액터 루프의 구현을 접으면[1] 나머지
부분은 상당히 간단하다. 안전한 위치 값을 얻고 이 위치를 정리한다(명확하게 하기 위해). 그
런 다음 액터를 루프로 순회하면서 출력에 직렬화하고 파일로 저장한다.

---

1   Visual Studio에서 코드 접기를 통해 접는다.

```cpp
    void LoadSaveLibrary::FixupPlayer(UWorld* World, class AMasteringCharacter* Char)
    {
        UMasteringGameInstance* gameInst = UMasteringGameInstance::GetInstance();

        // 플레이어 캐릭터를 찾고 일부 인벤토리를 저장했다고 가정하면, 이곳은 커스텀 직렬화 및 수정 작업을
처리하는 곳이다.
        if (Char != nullptr)
        {
            if (!gameInst->GetPlayerSafeLocation().IsZero())
            {
                Char->SetActorLocation(gameInst->GetPlayerSafeLocation());
            }

            if (gameInst->ShouldPersistInventory())
            {
                UMasteringInventory* NewInv = NewObject<UMasteringInventory>(Char,
TEXT("PlayerInventory"), RF_Transient);

                checkf(gameInst->GetInventory() != nullptr, TEXT("게임 인스턴스가 인벤토리
설정이 되지 않은 인벤토리를 저장하려고 한다!"));
                NewInv->CopyFromOther(gameInst->GetInventory(), Char);

                Char->SetInventory(NewInv);
                NewInv->SetupToCurrent();
            }
            else if (BinaryData.Num() > 0)
            {
                FMemoryReader FromBinary = FMemoryReader(BinaryData, true);
                FromBinary.Seek(0);

                FGameSavedData SaveGameData;
                FromBinary << SaveGameData;

                UMasteringInventory* NewInv = NewObject<UMasteringInventory>(Char,
TEXT("PlayerInventory"), RF_Transient);
                Char->SetInventory(NewInv);

                FWeaponProperties propsEquipped;
                for (FInventoryItemData ItemData : SaveGameData.InventoryData.
WeaponsArray)
```

```
            {
                FWeaponProperties props;
                props.WeaponClass = FindObject<UClass>(ANY_PACKAGE, *ItemData.
WeaponClass);
                props.InventoryIcon = FindObject<UTexture2D>(ANY_PACKAGE,
*ItemData.TextureClass);
                props.WeaponPower = ItemData.WeaponPower;
                props.Ammo = ItemData.Ammo;

                if (ItemData.WeaponClass == SaveGameData.InventoryData.
CurrentWeapon)

                    propsEquipped = props;

                NewInv->AddWeapon(props);
            }

            Char->GetInventory()->SelectWeapon(propsEquipped);
        }
    }
}
```

여기부터 플레이어를 고치는 일은 세심하게 작업해야 할 부분이 많은 특별한 경우이기 때문에 전체를 포함한다. 저장한 시점으로 플레이어의 모든 속성을 되돌리는 일은 상당히 까다로운 작업이다. 이제 위의 코드를 여러 번 살펴보며(또한 IDE에서 중단점을 사용해 한 단계씩 살펴보며) 플레이어의 속성을 되돌리는 작업을 진행해야 할 때이다. 필요한 작업을 적절하게 처리하기 위해 로드/저장 시스템의 시작에서부터 좋은 코드로 작업하는 것이 매우 중요하다. 필요한 작업이 이해될 때까지 시간을 갖고 기능을 구현한 다음, 제대로 동작하는지 계속 테스트하자. 메뉴 위젯 클래스에 필요한 변경사항은 명확하지만, 필요하다면 GitHub 프로젝트의 체크포인트에서 확인할 수 있다. 이렇게 하면 본질적으로 C++(그리고 블루프린트에서도) 어느 곳에서나 로딩 및 저장 코드를 사용할 수 있는 이점이 생긴다.

이제 빠진 부분은 특별한 C++ 코드가 있는 새로운 트리거 박스 타입이다. C++ 코드에는 저장 시점에 저장된 인벤토리를 로딩하는 작업을 무시하고 레벨 전환 시점에 인벤토리를 복원하게 로드/저장 과정을 변경한다. 이를 위해 다음의 두 과정을 수행하자. 새로운 트리거 박스 하위 클래스를 만들고, 플레이어 인벤토리와 트리거 볼륨의 안전한 위치를 게임 인스턴스에 추가한다. 새로 추가한 볼륨의 이름을 LevelTransitionVolume으로 지정하고, 게임 인스턴스에 추가한 변수 및 함수를 사용하는 기능을 일부 추가한다. 이제 이동한 위치의 세이브 게임^{Save Game}으로 플레이어의 인벤토리 및 나머지 속성을 로드해 전환할 수 있다. 그리고 레벨을 전환할 때 플레이어의 현재 인벤토리 상태를 보존할 수 있다(필요한 경우, 다른 정보도 보존할 수 있다). 물론 전체 내용을 로드할 때는 저장된 내용을 복원해야 한다.

이전에 테스트를 위해 두 레벨에 사용했던 두 볼륨을 대체할 이 볼륨에 대한 로직은 다음과 같다.

```cpp
void ALevelTransitionVolume::NotifyActorBeginOverlap(AActor* OtherActor)
{
    AMasteringCharacter* Mast = Cast<AMasteringCharacter>(OtherActor);
    UWorld* World = GetWorld();

    if (Mast != nullptr)
    {
        UMasteringGameInstance* gameInst = UMasteringGameInstance::GetInstance();
        gameInst->SetPersistInventory();

        AMasteringCharacter* Char = Cast<AMasteringCharacter>(World-
>GetFirstPlayerController()->GetPawn());
        check(Char != nullptr);

        gameInst->SetPlayerInventory(Char->GetInventory());

        FString currentMapName = World->GetMapName();
        currentMapName.Split("UEDPIE_0_", nullptr, &currentMapName); // PIE인 경우
PIE 접두어를 잘라낸다.
        FString toMapName = TransitionLevel;

        FString fromFile = currentMapName + TEXT("_to_") + toMapName + TEXT(".
sav");

        FString toFile = toMapName + TEXT("_to_") + currentMapName + TEXT(".sav");

        gameInst->SetPlayerSafeLocation(GetPlayerSafeLocation());
```

```
        // 상태를 나중에 복원할 수 있게 항상 저장한다.
        LoadSaveLibrary::SaveGameFile(fromFile, World);
        if (FPaths::FileExists(FPaths::ProjectSavedDir() + toFile))
        {
            LoadSaveLibrary::LoadGameFile(toFile, World);
        }
        else
        {
            UGameplayStatics::OpenLevel(World, *toMapName);
        }
    }
}
```

새 레벨로 전환할 때 현재 레벨을 벗어나는 시점의 위치를 저장한다.

```
void LoadSaveLibrary::OnGameLoadedFixup(UWorld* World)
{
    if (BinaryData.Num() == 0)
    {
        checkSlow(World->GetFirstPlayerController() != nullptr);
        AMasteringCharacter* charPawn =
        Cast<AMasteringCharacter>(World->GetFirstPlayerController()->GetPawn());

        FixupPlayer(World, charPawn);
        return;
    }
    FMemoryReader FromBinary = FMemoryReader(BinaryData, true);
    FromBinary.Seek(0);

    FGameSavedData SaveGameData;
    FromBinary << SaveGameData;

    FromBinary.FlushCache();
    BinaryData.Empty();
    FromBinary.Close();

    TArray<AActor*> Actors;
    UGameplayStatics::GetAllActorsWithInterface(World,
```

```
    USavedActorInterface::StaticClass(), Actors);

    TArray<FActorSavedData> ActorDatas = SaveGameData.SavedActors;

    // 둘 이상인 경우, 해당 인벤토리에 대한 배열과 맵(map)이 필요하다.
    AMasteringCharacter* Char = nullptr;

    // 배열을 거꾸로 순회하면서 오브젝트를 제거한다.
    // iterator를 사용할 수도 있지만, 여기에서는 RemoveAt을 사용하는 것이 간단하다.
    for (int i = Actors.Num() - 1; i >= 0; --i)
    {
        AActor* Actor = Actors[i];

        for (int j = ActorDatas.Num() - 1; j >= 0; --j)
        {
            FActorSavedData ActorRecord = ActorDatas[j];

            // 이 액터는 월드 공간에 생성돼 있으며 저장 데이터에서도 발견할 수 있다.
            // (할 일: TArray 교차 사용 검토)
            if (ActorRecord.MyName == *Actor->GetName())
            {
                FMemoryReader MemoryReader(ActorRecord.MyData, true);
                FSaveGameArchive Ar(MemoryReader);

                AMasteringCharacter* Mast = Cast<AMasteringCharacter>(Actor);
                if (Mast != nullptr)
                {
                    Char = Mast;
                }

                Actor->Serialize(Ar);
                Actor->SetActorTransform(ActorRecord.MyTransform);
                ISavedActorInterface::Execute_ActorLoaded(Actor);

                APawn* pawn = Cast<APawn>(Actor);
                if (pawn != nullptr)
                {
                    // 게임이 플레이되면 폰의 회전을 설정할 수 있기 때문에
                    // 컨트롤러의 회전도 설정이 필요하다.
                    AController* controller = pawn->GetController();
```

```
                controller->ClientSetRotation(ActorRecord.MyTransform.
Rotator());
            }

            ActorDatas.RemoveAt(j);
            Actors.RemoveAt(i);
            break;
        }
    }
}
```

플레이어에 대한 작업을 진행한 다음, 저장된 에디터에서 찾은 액터 중에서 아직 재성성되지 않은 액터(예를 들어, 주로 우리가 만든 발사체)가 있는지 찾는 것으로 작업을 마무리한다.

```
FixupPlayer(World, Char);

// 이 액터는 저장된 데이터에는 있지만,
// 월드 공간에는 생성되지 않았으므로 이 액터를 생성한다.

for (FActorSavedData ActorRecord : ActorDatas)
{
    FVector SpawnPos = ActorRecord.MyTransform.GetLocation();
    FRotator SpawnRot = ActorRecord.MyTransform.Rotator();
    FActorSpawnParameters SpawnParams;
    // 저장할 때 어떤 공간에 있는 경우,
    // 로딩했을 때 저장된 그 위치에 생성할 수 있어야 한다.
    // 하지만 로드된 다른 오브젝트와 충돌할 수도 있다.
    // 이 경우에는 레벨 시작 시에는 있지만
    // 저장 시점에는 해당 위치에 없었기 때문에
    // 아래 코드에서 볼 수 있듯이 이런 액터는 삭제한다.
    SpawnParams.SpawnCollisionHandlingOverride =
    ESpawnActorCollisionHandlingMethod::AlwaysSpawn;
    SpawnParams.Name = ActorRecord.MyName;
    UClass* SpawnClass = FindObject<UClass>(ANY_PACKAGE, *ActorRecord.MyClass);
    if (SpawnClass)
    {
        AActor* NewActor = GWorld->SpawnActor(SpawnClass,
        &SpawnPos, &SpawnRot, SpawnParams);
```

```
        FMemoryReader MemoryReader(ActorRecord.MyData, true);

        FSaveGameArchive Ar(MemoryReader);
        NewActor->Serialize(Ar);
        NewActor->SetActorTransform(ActorRecord.MyTransform);
        ISavedActorInterface::Execute_ActorLoaded(NewActor);
    }
}

// 이 액터는 월드 공간에는 있지만 저장 데이터에는 없는 액터이므로
// 삭제한다 (예를 들어, 이미 수집한 무기 픽업)
for (auto Actor : Actors)
{
    Actor->Destroy();
}
}
```

기존의 트리거 볼륨을 교체하고 레벨에 배치한 새 트리거 박스에 전환 레벨 이름을 정확하게 설정한 다음에는 레벨 블루프린트에서 기존 로직을 제거할 수 있다. 따라서 이전에 살펴봤듯이, 지금 전환하려는 레벨이나 현재 레벨로 전환되기 이전 레벨과 일치하는 저장 파일이 있으면 해당 저장 파일을 로드한다. 어떤 경우라도 함수의 맨 위에 있는 게임 인스턴스에서 이 내용을 설정하고 레벨을 나가기(전환하기) 전에 from/to 형태로 상태를 저장하기 때문에 플레이어의 인벤토리를 보존할 수 있다.

인벤토리를 쉽게 전송할 수 있게 유틸리티 함수 몇 개를 추가할 수 있다.

참고: 레벨 로딩 간에 UObject 인스턴스를 유지시킬 수도 있지만, 이렇게 하면 레벨 로드 중에 제거될 수 있는 다른 오브젝트를 참조하는 등의 예상치 못한 결과가 종종 발생한다. 따라서 이럴 때는 인벤토리 오브젝트를 간단히 복사한다.

```
void UMasteringInventory::CopyFromOther(UMasteringInventory *Other,
class AMasteringCharacter* ownerOverride /* = nullptr */)
{
    Reset();
    TArray<FWeaponProperties>& otherProps = Other->GetWeaponsArray();
```

```
    for (auto prop : otherProps)
    {
        WeaponsArray.Add(prop);
    }

    DefaultWeaponPickup = Other->DefaultWeaponPickup;
    CurrentWeapon = Other->GetCurrentWeapon();
    CurrentWeaponPower = Other->GetCurrentWeaponPower();
    MyOwner = ownerOverride == nullptr ? Other->GetOwningCharacter() :
    ownerOverride;
}

void UMasteringInventory::Reset()
{
    WeaponsArray.Empty();
    CurrentWeapon = nullptr;
    CurrentWeaponPower = -1;
    MyOwner = nullptr;
}

void UMasteringInventory::SetupToCurrent()
{
    for (auto WeaponIt = WeaponsArray.CreateConstIterator();
    WeaponIt; ++WeaponIt)
    {
        const FWeaponProperties &currentProps = *WeaponIt;
        OnWeaponAdded.Broadcast(currentProps);
        if (currentProps.WeaponClass == CurrentWeapon)
        {
            SelectWeapon(currentProps);
        }
    }
}
```

마지막으로 해야 할 일은 새 트리거 박스의 실제 블루프린트를 만들고 플레이어를 배치할
수 있는 안전한 위치를 설정하는 것이다. 이 작업을 하지 않으면 플레이어는 저장한 위치
와 동일한 위치에 계속 배치되기 때문에(트리거 박스와 충돌하면), 플레이어는 두 레벨 사이
에서 앞뒤로 계속해서 밀리게 된다. 자세히 살펴보면, Construction 스크립트에서 콜리

전이 처음에 비활성화됐다가 여기의 타이머로 다시 활성화되는 것을 볼 수 있다. 이렇게 한 이유는 플레이어를 갱신된 위치로 이동시키기 위해서 게임 월드의 한 틱^{tick}이 필요하기 때문이다. 그리고 초기에 오버랩 이벤트를 비활성화하지 않으면 이동하려고 할 때 앞에서 설명한 것처럼 앞뒤로 밀리는 문제가 발생한다.

이제 플레이어는 플레이 가능한 두 레벨 사이를 왔다 갔다 하며 전환할 수 있고, 현재 레벨에서 인벤토리가 유지되며, 다른 레벨로 다시 돌아가지 않는 안전한 위치에 배치되며, 일반적으로 저장된 데이터를 로드하는 것과 같이 각 레벨에서 플레이어의 나머지 상태를 저장하고 복원할 수 있다. 일반적인 기능에서 유일하게 빠진 기능은 회전하는 아이콘 또는 자체적으로 로딩하는 동안 블랙으로 페이드되는 프로그레스바^{progress bar}뿐이다. UE4는 메인 게임 스레드 틱의 외부에서 업데이트하는 기능을 지원한다. 하지만 탐구해야 할 또 다른 중요한 주제인 스트리밍 레벨이 있기 때문에 여기에서는 구체적으로 구현하지 않을 것이다.

▌ 스트리밍이 가능할까?

지금까지는 특정 레벨을 로드하기 위해 트리거 요소를 사용했다. 일반적으로 알려진 대로 스트리밍은 필요할 때 레벨을 로드하는 또 다른 방법이다. 또한 스트리밍 레벨을 사용하면 대량의 액터를 한 번에 로드하지 않아도 되기 때문에 훨씬 더 넓은 플레이 영역을 제공할 수 있다. 언리얼은 스트리밍 볼륨과 월드 컴포지션, 두 가지 다른 방식으로 스트리밍 레벨을 제공하지만 이 둘은 서로 상호 보완 가능하다. 간단히 살펴보겠지만, 스트리밍 레벨은 거대한 플레이 공간을 제공하고 한 번에 로드된 메모리를 적절한 수준으로 유지하는 매우 훌륭한 솔루션이다. 여기에도 몇 가지 단점은 존재한다.

스트리밍의 장점과 단점

스트리밍의 장점은 분명하다. 앞서 설명했듯이 규모가 큰 공간과 관리 가능한 수준의 메모리 로드를 제공한다. 단점은 다소 불명확하지만, GitHub 프로젝트의 첫 번째 체크포인트에 다음과 같이 명확하게 설명돼 있다. MasteringTestMap(skybox와 조명을 제외하고)을 다른 두 레벨로 복제한 다음, 서로 겹치지 않게 위치를 조정하고 이 둘을 스트리밍 볼륨을 사용해 스트리밍한다. 이를 위해 메인 에디터의 창^{Window} 메뉴에서 레벨^{Levels} 메뉴를 선택한다. 두 레벨을 서로 겹치지 않게 위치를 잘 설정한 상태로 추가하고 각 레벨에 적절한 메시가 생성될 수 있게 내비메시 볼륨^{NavMesh Volume}을 배치한다. 레벨을 로드하면 두 내비메시는 합쳐진다.

하지만 스트리밍됐던 레벨이 메모리에서 해제되면 레벨에 있던 모든 액터는 삭제됐다가 레벨이 다시 스트리밍되면 새로 로드된 것처럼 생성된다. 이 예제에는 두 레벨 MasteringTestMapW1과 W2가 있다. MasteringTestMap은 퍼시스턴트 레벨로 사용한다. 이 레벨은 항상 로드돼 있는 최상위 레벨로 스트리밍 볼륨 역시 이 레벨에 배치해야 한다. MasteringTestMap에서 시작해 왼쪽으로 90도 돌아 앞으로 달리면 W1으로 스트리밍되는 트리거 볼륨을 확인할 수 있고, 마찬가지로 W1에서 W2로 스트리밍되는 작은 트리거 박스를 볼 수 있다. 플레이어가 해당 영역을 볼 수 있는 시점에는 언제든지 이런 볼륨을 포함하는 것이 일반적이지만, 이 에제에서 스트리밍 아웃(메모리에서 레벨을 해제)을 보여주고자 한다. 따라서 왼쪽으로 달리면 MasteringTestMap의 끝부분에 도달하기 전에 W1이 스트리밍된다. 비슷한 방식으로 플레이하면 W2가 스트리밍될 것이다. W2 레벨에서 더 이동해 W1의 스트리밍 볼륨을 벗어나면 W1이 스트리밍 아웃되는 것을 볼 수 있다. 마찬가지로 W1 스트리밍 볼륨으로 다시 이동하면 W2가 빠르게 스트리밍 아웃되는 것을 볼 수 있다. 여기에서 문제가 발생한다. W2에는 더 많은 적을 생성하는 볼륨이 있다. 천천히 조심해서 이동하면 적이 W1으로 쫓아올 수 있다. 하지만 빨리 이동하면 W2가 스트리밍 아웃되기 때문에 적이 월드에서 떨어진다. 또한 스트리밍으로 W1에 다시 들어가면 이미 수집했던 무기 픽업이 그대로 있는 것을 볼 수 있다.

이같이 동적 오브젝트와 스트리밍을 조합해 사용해야 할 때 큰 문제가 발생한다. 새로 로드된 레벨에 지면에 배치된 무기 픽업을 다시 생성하지 않게 어떻게 알릴 수 있을까? 적군은 홈^{Home} 레벨이 스트리밍 아웃되면 이를 어떻게 처리해야 할까? 이 경우 적군은 원래 위치로 돌아올 수 없기 때문에 홈으로 돌아오는 동작을 할 경우 실패한다(길 찾기 실패 때문에). 물론, 다양한 레벨에서 스트리밍된 레벨이 스트리밍 아웃될 때 오브젝트가 생성되거나 삭제된 상태를 저장하거나 퍼시스턴트 레벨에서 작은 수준(간단히 액터의 위치 및 상태를 저장하는 것과 같이)에서 저장하거나 이전 절에서 했던 대로 레벨 로드 간에 플레이어의 인벤토리를 저장했던 게임 인스턴스에 저장할 수는 있다. 하지만 이 방법은 많은 유지보수 작업을 필요로 한다. 따라서 스트리밍을 사용할 경우에는 플레이어에게 매끄러운 월드 환경을 제공하기 위해 초기에 이런 점을 잘 고려해 결정하고 다른 팀원에게 문제가 발생할 수 있는 요소를 올바르게 설정하는 방법을 공유해야 한다. 먼저 두 가지의 다른 스트리밍 방식의 차이점과 앞서 언급한 어려움을 간략히 살펴보자.

스트리밍 예제 및 모범 사례

레벨 스트리밍을 위해 레벨^{Levels} 창에서 먼저 **레벨**^{Levels} 드롭다운 메뉴를 클릭하고 **기존 추가**^{Add Existing}를 클릭한다.

W1과 W2 맵을 추가하고 이를 선택하면 아래 그림에서 볼 수 있듯이 로딩 상태를 설정할 수 있는 메뉴가 나타난다.

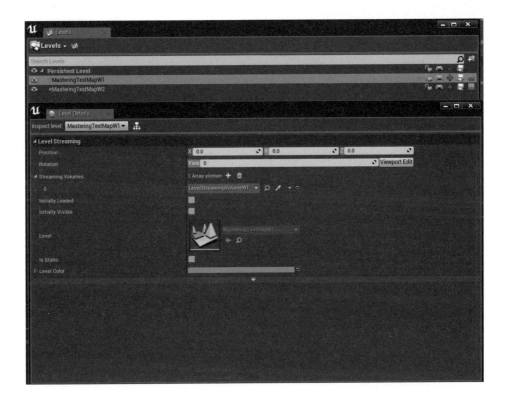

레벨을 추가하고 MasteringTestMap에 추가한 것과 같이 볼륨을 추가한다. 다음 그림에서 이 모습을 참고할 수 있다.

레벨Levels 창으로 돌아와 volumes 배열에서 **더하기** 버튼을 클릭하면 스포이드 모양의 아이콘을 사용해 월드에서 적절한 볼륨을 선택하거나 간단히 드롭다운 메뉴를 사용해 레벨과 연동하려는 볼륨을 선택할 수 있다. 다시 한 번 강조하지만, 작은 겹침 영역에 주의하자. 플레이어가 스트리밍되고 있다는 사실을 눈치채지 못하게 하기 위해 일반적으로 겹치는 영역을 훨씬 더 크게 만들고 먼 부분에 안개 효과를 더해 스트리밍을 통한 레벨 로딩이 명확히 보이지 않게 하는 것이 좋다. 다시 한 번 언급하자면, 예제에서는 학습을 위해 스트리밍이 로딩되는 것을 명확히 보여준다. 이제 모든 작업을 완료한 후에 왼쪽으로 달려가면 떠나온 볼륨의 레벨은 사라지고 들어간 볼륨의 레벨이 나타나는 것을 볼 수 있다. 다시 여러 번 테스트로 달려보면 앞서 언급한 단점을 명확하게 확인할 수 있다. 적은 원래 있던 레벨에서 절대로 벗어나지 못하게 해야 할까? 원래 있던 레벨이 스트리밍으로 메모리에서 해제되면 적도 같이 사라져야 할까? 세이브 게임을 로딩할 때처럼 무기 픽업은 어떻게든 이전에 자신이 수집됐는지 여부를 알고 있어 레벨이 로드될 때 생성되지 않거나 자기 자신을 삭제해야 할까? 이 질문은 모두 각 프로젝트에서 반드시 결정해야만 하는 것이다. 시스템을 유지하는 데 드는 복잡도와 플레이어의 사용자 경험 및 몰입을 깨뜨리지 않는 것 사이에서 적절하게 균형을 맞추는 것이 중요하다.

스트리밍 볼륨을 사용하는 방법은 LOD$^{Level\ of\ Detail}$를 직접 정확하게 관리하는 데 매우 좋은 방법일 수 있다. 예를 들어, 기본적인 물리 요소와 아주 큰 볼륨을 가진 스태틱 메시 지오메트를 스트리밍으로 로드하면 이전에 적군이 월드에서 떨어졌던 것과 같은 걱정에서 벗어날 수 있다. 그런 다음, 플레이어가 가까이 갔을 때만 상대적으로 작은 크기의 볼륨을 가진 레벨을 추가로 로드할 수 있다. 이 레벨에는 게임 플레이에 영향을 주지 않는 장식용 지오메트리를 포함시킬 수 있다. 볼륨 기반 스트리밍의 한계는 퍼시스턴트 레벨의 원점에서 월드의 최대 크기인 WORLD_MAX까지만 확장 가능하다는 점이다(WORLD_MAX 대략 2km, 또는 시작 지점에서부터 동서로 1km, 남북으로 1km). 대부분의 게임에서 이 정도 크기로 충분하다. 크기 제한이 있는 오픈 월드(여전히 실내 공간과 같은 다른 퍼시스턴스 레벨로 완전히 전환[2])에서는 겹치는 레벨이 로딩될 수 있도록 벽돌과 같이 타일링해 배치하는 것이 가장 적합하다는 점을 발견했다. 따라서 레벨의 중심에 있으면 다음 그림과 같은 패턴으로 레벨이 로드된다.

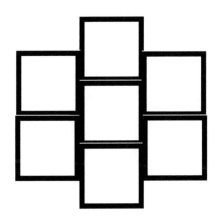

---

2 스트리밍을 사용하지 않고 전환할 수 있다는 점을 잊지 말자.

레벨 디자이너와 함께 이 방법을 사용하면 7개 레벨의 합계 메모리 양이 특정 양보다 항상 작게 유지될 수 있다. 예를 들어, 중심부에는 매우 자세한 메시를 배치하고 그 외에는 덜 세부적인 메시를 배치할 수 있다. 물론, 플레이어가 주변을 돌아다니면서 이 패턴이 반복되는 과정에서 로드되는 7개 레벨의 합계 메모리 양은 특정 메모리 양보다 작게 유지해야 한다. 이 방법의 좋은 점은 서버 기반 멀티 플레이어 게임에서 이미 이런 종류의 스트리밍 방법을 사용하며 클라이언트에서 이런 경계 사이의 플레이어를 추적하는 데 문제가 없다는 점이다. 구상하는 월드가 훨씬 더 크거나 거의 경계가 없는 플레이 공간이 필요하다면 월드 컴포지션을 살펴볼 것을 권장한다.

월드 컴포지션은 UE4에 내장된 그리드 기반의 타일을 자동으로 생성하는 매우 훌륭한 방법이다. 월드 컴포지션은 플레이어가 거의 끝없는 공간을 탐험할 수 있는 매우 큰 월드를 구성할 때 특히 유용하다. 하지만 아티스트 또는 레벨 디자이너가 일반적으로 이런 섹션을 만들고 해당 섹션을 정확하게 일치시키기 위한 많은 노력이 필요하다. 월드 컴포지션의 완벽한 적용 사례는 탐험과 매우 광대한 플레이 공간을 목표로 하는 싱글 플레이어 오픈 월드 게임이다. 이 기능을 탐구할 기회를 남겨두겠다. 에픽 게임즈의 훌륭한 문서화 덕분에 이 기능에 대한 문서를 참고할 수 있다. 이 문서에 대한 링크는 추가자료 절에서 확인할 수 있다.

▮ 요약

6장 처음부터 끝까지 레벨이 전환되는 것과 독립적으로 레벨의 상태와 플레이어의 상태를 보존하는 것에 대한 데모를 진행했을 뿐만 아니라 플레이어의 이동에 따라 레벨을 스트리밍하는 기본적인 방법도 살펴봤다. 이 내용은 UE4에서 상상할 수 있는 거의 모든 게임의 기본이 되며 앞으로 팀과 프로젝트에 가장 적합한 전략을 세우는 기반이 될 것이다. 이런 전략[3]을 초기에 결정해야 한다는 점을 항상 명심하자. 예를 들어, 레벨을 완전히 새로 로

---

3 레벨 및 데이터 관리

드하는 것에서 스트리밍으로 레벨을 로드하는 것으로 바꾸는 것은 불가능에 가깝다. 하지만 스트리밍 모델을 도입하여 스트리밍 모델의 제한사항을 해결하려는 고민을 초반부터 시작하면, 프로젝트 사이클 후반에 이런 제한사항은 더 이상 고민거리가 되지 않을 것이며, 스트리밍의 도움을 받을 수 있을 것이다.

▌ 연습문제

1. UE4에서 아무런 변경 없이 레벨 로딩을 구현하는 데 사용할 수 있는 기본 클래스나 오브젝트는?

2. 이런 방법만 사용했을 때의 한계는?

3. 게임 인스턴스 오브젝트의 수명lifetime의 범위는?

4. 새 레벨을 열거나 기존 레벨의 상태를 로딩할 때 게임 인스턴스를 활용해 데이터를 보존하는 방법은?

5. 레벨 로드/저장 코드를 블루프린트 함수 라이브러리로 추상화하는 목적은?

6. UObject를 게임 인스턴스에 복사하는 대신 플레이어의 인벤토리를 복사하는 이유는?

7. 볼륨 기반 스트리밍의 주요 단점은?

8. 월드 컴포지션을 사용하기에 가장 적합한 게임 유형은?

▌ 추가자료

UE4의 월드 컴포지션:

영문 · https://docs.unrealengine.com/en-US/Engine/LevelStreaming/
WorldBrowser

한글 · http://api.unrealengine.com/KOR/Engine/LevelStreaming/WorldBrowser/
index.html

07

게임에 오디오 추가하기

█ 개요

오디오는 작업이 잘 되지 않았을 때만 눈에 띌 정도로 종종 간과되는 게임의 구성요소이다. 그래픽과 게임플레이만큼 눈에 띄지는 않지만, 오디오 때문에 사용자 경험을 망치거나 오디오 덕분에 사용자 경험을 향상시킬 수 있다. 물론 언제나 경험을 향상시키는 것을 목표로 해야 한다. 볼륨을 제거한 액션이나 공포영화를 상상해보면, 오디오가 얼마나 중요한 영향을 미칠 수 있는지를 알 수 있다.

7장에서 다루는 내용은 다음과 같다.

- UE4 오디오의 기본 컴포넌트
- 애니메이션에서 오디오 재생하기

- 머티리얼 기반 오디오(발사체를 위한 고유 충격 음향 효과 및 플레이어의 발자국에 대한 다양한 소리 효과 포함)
- 환경 음향 효과(볼륨에 따른 리버브 효과)

기술적 요구사항

7장에서는 5장, '적 추가하기'에서 추가한 Countess 캐릭터 애셋에 있는 오디오 리소스를 다양하게 사용한다. 하지만 이와 유사한 오디오 애셋을 사용해도 책을 따라오는 데 큰 문제는 없을 것이다.

다음은 7장의 GitHub 링크이다.

https://github.com/PacktPublishing/Mastering-Game-Development-with-Unreal-Engine-4-Second-Edition/tree/Chapter-7

사용한 엔진 버전: 4.19.2

애니메이션에서 기본적인 사운드 재생하기

이미 FPS 템플릿을 사용해 1장, '1인칭 슈팅 게임을 위한 C++ 프로젝트 만들기'에서부터 이 기능을 사용해왔기 때문에 책 내용을 잘 따라왔다면 이미 내용을 알고 있을 것이다(2장, '플레이어를 위한 인벤토리 및 무기'의 AMasteringCharacter에서 AMasteringWeapon으로 옮김).

```
// 지정된 경우 사운드를 재생한다.
if (FireSound != nullptr)
{
    UGameplayStatics::PlaySoundAtLocation(this, FireSound, GetActorLocation());
}
```

이 코드는 C++에서 사운드를 재생하는 가장 기본적인 방법에 대한 좋은 예제다. 하지만 7장에서는 사운드와 관련된 부분을 여러 갈래로 나눠 새로운 기능을 살펴볼 예정이며, 머티리얼 기반 사운드도 살펴볼 예정이다. 또한 게임의 콘셉트를 좀 더 훌륭하게 보여줄 수 있게 에픽에서 제공하는 전문가 수준의 레벨을 추가할 예정이다. 마켓플레이스에서 다음을 검색해 다운로드할 수 있다(Infinity Blade: Ice Lands, 이 패키지에서 얼음 골짜기 애셋을 사용할 예정이다).

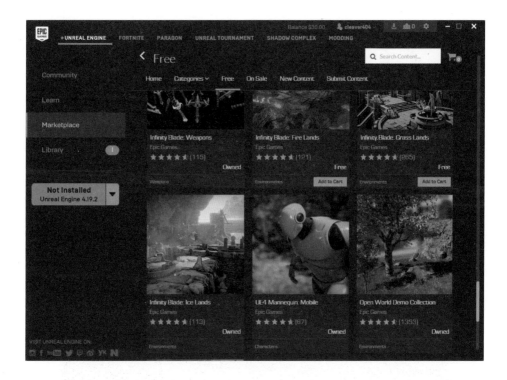

이 애셋은 Countess 콘텐츠 애셋과 크기가 비슷(약 2GB)하기 때문에 GitHub 프로젝트를 따라오는 경우에는 지금 다운로드하는 것이 좋다.

GitHub 사용자를 위해 중요한 내용을 언급한다. 이 시점에서 맵이 업로드된 프로젝트는 맵에서 GitHub LFS(Large File System)를 사용하게 설정한다. GitHub LFS에 익숙하지 않다면 GitHub에서 Pull하지 말고 LFS 콘텐츠를 Pull해야 한다. 맵을 시작할 때 맵 파일의 형식이 잘못됐다는 내용의 메시지를 언리얼에서 발생시킬 수 있다. Git LFS에 대한 더 자세한 내용은 추가 자료를 참조하기 바란다.

사운드, 큐, 채널, 다이얼로그, FX 볼륨 등

UE4는 오디오 기반의 다양한 클래스를 제공한다. USoundBase와 같은 단순한 클래스뿐 아니라 여러 갈래의 다이얼로그와 FX가 적용된 특별하고 복잡한 조합까지 다양한 클래스가 포함된다. 먼저 주요 클래스를 보면서 어떤 기능이 이미 제공되는지 알아보자. 애셋 추가를 위해 마우스 오른쪽 버튼을 누르고 사운드 카테고리에 마우스를 가져가면 다음과 같은 메뉴를 확인할 수 있다.

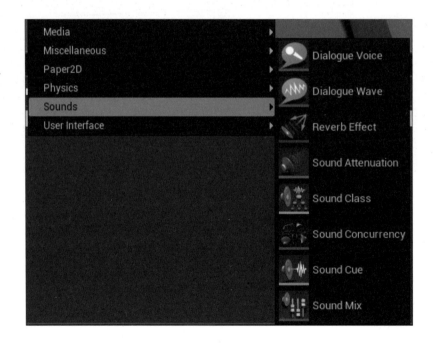

메뉴가 다양해 그 자체로 위압감을 느낄 수도 있다. 따라서 좀 더 실용적인 예제를 시작하기 전에 각 기능과 목적을 살펴보자.

사운드 웨이브 Sound Wave: 게임에서 가장 기본적인 사항이다. **사운드**Sounds 카테고리 메뉴에는 없지만 **임포트** 버튼으로 게임에 사운드를 제공하는 데 사용한다. 원시 사운드 파일(.wav 파일 등)을 프로젝트에 임포트하면 사운드 웨이브가 생성된다. 사운드 웨이브는 속성이 다양하며 더 많은 속성을 사용하는 사운드 큐를 만드는 데 이용 가능하다. 앞으로 이어질 모든 항목을 간단히 요약하면 다음과 같다. 사운드 웨이브 외의 모든 사운드 디자인 또는 오디오 엔지니어링은 게임의 복잡도와 필요에 따라 달라진다. 하지만 사운드 웨이브는 가장 기본적인 시작점이며 UE4에서 어떤 오디오를 재생하는 경우라도 필요하다.

다이얼로그 보이스 Dialog Voice: 단순히 스피커[1]의 유형 및 성별을 지정한다. 보이스를 다음과 같이 이름으로 생각해볼 수 있다. 누가 말하고 있고, 어떤 유형의 목소리를 사용하는가?

다이얼로그 웨이브 Dialog Wave: 기본적으로 한 스피커가 다른 스피커와 어떻게 상호작용해야 하는지에 대한 지시자이다. DialogContext 오브젝트를 사용해 한 스피커에서 다른 스피커를 추가함으로써 스피커 간의 상호작용 방법을 정의한다. 또한 화면 상의 음성 텍스트와 자막을 재정의할 수 있다(또한 콘텐츠를 머추어mature(머추어로 설정하면 17세 이상 등급의 콘텐츠가 포함된 것으로 간주된다)로 설정할 수 있는 플래그도 제공한다). 다음 절에서 적군의 도발을 활용해 다이얼로그 웨이브의 데모를 살펴볼 예정이다. 다이얼로그 시스템은 상호작용이 가능한 여러 캐릭터(하나 또는 여러 플레이어) 간의 단순한 대화에 적합하다. 하지만 기본적인 상호작용에서만 잘 동작한다. 게임 기획에서 필요로 하는 대화가 이정도 수준이라면 다이얼로그 시스템은 완벽하게 동작할 것이며, 이 시스템을 활용하는 것이 좋다. 다이얼로그 시스템에 대한 좀 더 일반적인 정보는 추가 자료 절에 있는 링크를 참고하기 바란다.

리버브 효과 Reverb Effect: 실제로 사운드 디자이너가 활용해야 하지만, 리버브 효과의 기능은 환경적 요소를 기반으로 재생되고 들리는 사운드에 효과를 더하는 것이다. 예를 들어, 동

---

1 말하는 대상.

굴 환경에서 약간의 에코(울림)를 만들거나 차량 내부에 추가해 전문적이고 사실적인 효과를 더할 수 있다. 리버브 효과는 오디오 볼륨에 부착돼 사운드가 어떻게 들려야 하는지를 환경에 알려주는 역할을 한다.

사운드 어테뉴에이션 Sound Attenuation: 리버브 효과와 비슷하게 다양한 감쇠attenuation 설정을 정의할 수 있다. 환경적 사운드(나중에 더 자세히 설명)는 이런 오브젝트 중 하나를 참조할 수 있으며, 일반적으로는 개별적으로 지정한다. 감쇠는 실제로 소리가 줄어드는 속성이다. 듣는 사람의 위치를 기반으로 공간적으로 소리가 어떻게 줄어드는지를 결정한다. 예를 들어, 구불구불한 복도가 있는 지역에서는 더 멀리 떨어져 있을수록 소리가 더 빨리 줄어들어야 한다. 이는 듣는 사람에게 소리가 전달될 때 진폭의 손실을 반영한 것이다. 오디오 엔지니어 및 사운드 디자이너는 일반적으로 이런 개념을 잘 알고 있기 때문에 이를 활용해 재생하는 사운드에 주변의 소리 효과를 잘 만들 수 있다(먼 거리의 요란한 소음은 멀리서는 매우 작게 재생될 수 있지만 플레이어가 가까이 다가가면 훨씬 더 커진다).

사운드 클래스 Sound Class: 들려야 하는 방식을 기반으로 사운드 유형을 구성하고, 다른 모든 속성보다 상위에 적용하는 좋은 방법이다. 예를 들어, 사운드는 리버브 효과 또는 감쇠(UISound로 설정하는 경우) 무시 설정을 할 수 있다. 그렇지 않으면 스테레오(왼쪽/오른쪽 채널) 출력과 같은 속성을 변경하거나 다른 사운드 클래스를 사용해 계층 구조로 적용할 수 있다.

사운드 컨커런시 Sound Concurrency: 이 오브젝트가 추가되기 전에는 사운드에 Max Count와 다른 속성으로 사운드를 제한할 수 있었다. 예를 들어, NPC에서 동시에 20개의 발자국 소리를 재생하더라도 이를 6개로 제한할 수 있다. 사운드 컨커런시(동시 재생) 오브젝트는 플레이어를 기반으로 보다 정교한 제어 기능을 사운드에 제공한다. 앞의 예제에서 특정 유형의 적군만 사운드를 재생하게 지정하고 싶은데, 특정 시점에는 또 다른 적군의 유형으로 제한된 사운드 세트만 재생하게 하려는 경우 사운드 컨커런시를 활용할 수 있다. 이전의 다른 여러 설명과 마찬가지로, 사운드 컨커런시 또한 오디오 디자이너가 사용할 수 있는 훌륭한 도구이다. 하지만 사운드 컨커런시는 실제로 사운드가 플레이어에게 매우 중요하고 다른 요소보다 확실한 우선순위를 갖는 게임이나 게임 영역에서만 필요하다. 사운드 컨커런시는 사운드 웨이브^{Sound Wave} 오브젝트에 다른 속성과 같이 지정할 수 있다.

사운드 큐^{Sound Cue}: 사운드를 재생하기 위한 블루프린트와 비슷하다. 여러 효과와 로컬 모디파이어^{Modifier}를 출력에 결합할 수 있다. 사운드 큐는 실제 사운드 입력(총소리, 약간의 대화 소리 등)을 사용해 최종 출력을 위해 결합하는 방법을 세밀하게 지정하는 것으로 생각할 수 있다. 이런 옵션 중 상당수가 겹치는 부분이 많은 것처럼 보일 수 있다. 하지만 다른 옵션 중 다수가 모든 사운드를 변경하는 방법이라고 간주한다면, 사운드 큐는 특정 사운드를 변경하는 방법으로 간주할 수 있다. 사운드 큐는 종종 입력을 출력에 연결하는 것과 같이 매우 단순하게 구성하는 경우도 있다. 물론 출력 자체도 전역 환경 FX 설정에 의해 변경될 수 있다(또는 이 사운드에만 설정할 수도 있다).

사운드 믹스^{Sound Mix}: 사운드 믹스를 Push(활성화)하거나 Pop(비활성화)할 수 있고, 동시에 활성화시켜 다른 오디오에 적용할 수도 있다. 하지만 Pitch, EQ(하이엔드^{high end}에서 로엔드^{low end}로의 필터링), 볼륨이 적용되는 방법, 예를 들어 5.1 채널의 중심 채널이나 고급 믹싱을 위한 다른 서라운드 사운드 옵션과 같이 더 많은 전역 설정을 제어한다.

애니메이션에서 사운드 재생하기

지금까지 게임에서 가장 흔한 사운드의 사용 사례는 애니메이션을 재생할 때 소리를 재생시키는 경우이다. 적 NPC에 이와 같은 이벤트를 설정해 사용할 예정이며, 다음 절에서는 플레이어의 머티리얼을 기반으로 발자국 소리를 재생하는 이벤트를 설정할 것이다(우리가 사용하는 플레이어 캐릭터 모델에는 발이 없다). 시작을 위해 ABP_Countess 애니메이션 블루프린트를 열고 공격 상태를 살펴보자.

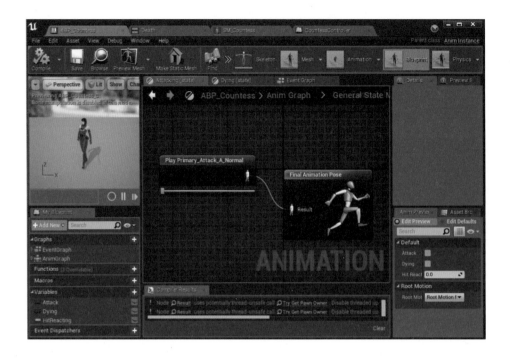

Primary_Attack_A_Normal에 이벤트를 설정하고 몇 가지 작업으로 적의 공격이 너무 조용하지 않게 할 것이다. Primary_Attack_A_Normal 노드를 더블 클릭하고, 이전에 try-to-hit 이벤트를 추가했던 것처럼 애니메이션에 또 다른 이벤트를 초기에 추가한다.

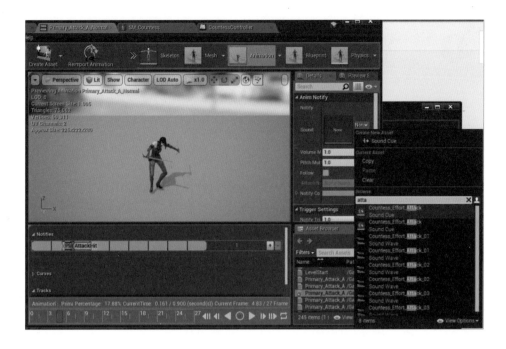

타임라인 하단에서 작은 빨간색 막대기를 이용해 원하는 위치로 이동시킨 다음, 노티파이 Notify 타임라인에서 마우스 오른쪽 버튼을 클릭하고 Play Sound 노티파이를 추가한다. 그리고 오른쪽 디테일 창에서 드롭다운 메뉴에서 Countess_Effort_Attack 사운드를 선택한다. 이 시점에서 미리 숙지해야 할 두 가지 사항이 있다. 첫째로, 게임에 필요한 적 캐릭터의 전체 세트가 프로젝트에 없으며 이 캐릭터는 앞서 설명한 다이얼로그 플레이어에 의존하기 때문에 사운드 큐 설정은 유효하지 않다. 따라서 어떤 사운드도 재생하지 않는다. 둘째로, 사운드 웨이브 오브젝트는 모두 개별적으로 동작한다. 하지만 여러 사운드 웨이브 오브젝트를 믹스Mix하고 싶은 경우에는 앞서 attack-hit 노티파이를 추가했던 것처럼 일반 애니메이션 노티파이를 추가하고 랜덤으로 사운드 웨이브를 선택 재생하는 블루프린트 로직을 일부 설정할 수 있다. 여기에서는 attack_01을 선택했다. 따라서 이제 적 캐릭터가 게임에서 소리를 낼 수 있으며, 레벨에서 테스트할 수 있다.

애셋의 현재 상태를 더 잘 반영할 수 있게 이름을 변경하는 작업과 다른 클래스를 최신 상태로 유지하기 위해 프로젝트를 정리하는 작업이 진행 중이다. 이 시점에서 GitHub에서 프로젝트를 동기화시키면 Infinity Blade Weapons(현재 무기로 사용하는 애셋)가 실제 무기처럼 보이게 해주는 발사체를 갖고 있고, 좀 더 던지는 무기의 느낌을 주어 앞으로의 작업을 위해 개별적으로 차별화하는 데 도움을 준다는 점을 확인할 수 있다.

 발사체를 위한 스태틱 메시를 어떻게 만들었는지 궁금한 경우 이 무기 중 하나의 메시를 사용하는 스켈레탈 메시 액터를 열면 된다. 그러면 상단의 메인 툴 바에서 스태틱 메시 만들기(Make Static Mesh) 버튼을 확인할 수 있을 것이다. 이 버튼은 스태틱 메시를 위한 별도의 모델을 임포트하기 싫거나 지금처럼 원본 애셋에 접근할 수 없는데 스태틱 메시가 필요한 경우에 매우 유용하다.

이 시점에서 게임을 플레이해보면 적 캐릭터의 공격 사운드가 너무 반복적이고, 기본적인 느낌을 준다는 것을 알 수 있을 것이다. 캐릭터에 사용할 수 있는 다양하고 멋진 애셋이 있다. 이제 애셋을 활용해 무작위로 적의 공격을 선택하고, 각 공격에서 서로 다른 공격 사운드를 재생하게 설정해보자(물론, 같은 공격을 재생할 때 사운드만 랜덤으로 재생할 수도 있다). 그리고 적이 종종 플레이어를 향해 조롱하는 듯한 대화도 할 수 있게 설정해보자. ABP_Countess 애니메이션 블루프린트를 열어 작업을 시작하자. 애니메이션 블루프린트의 Attacking 상태에서 단일 애니메이션을 재생하는 현재 노드를 Random Sequence Player 노드로 변경한다. Random Sequence Player 노드를 선택하면 오른쪽 디테일 창에서 원하는 만큼의 애니메이션 시퀀스를 추가할 수 있고, 각 애니메이션이 선택될 가중치(확률), 셔플 모드 활성화, 루프 모드 활성화 등 다양한 속성을 확인할 수 있다.

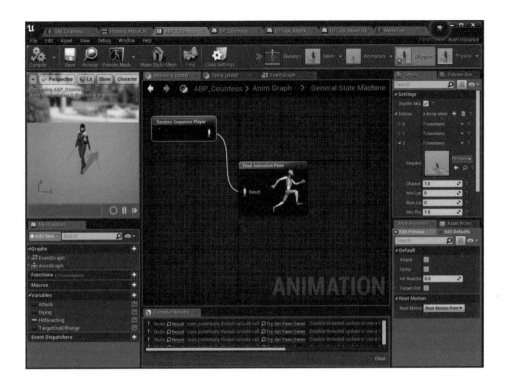

하지만 이렇게 한번 작업하면, 애니메이션의 재생시간 전환을 위한 종료 시점으로 사용할
수 없기 때문에 이 상태에서 빠져나가기 위한 새로운 전환 방법이 필요하다. 이 문제를 해
결하기 위해 왼쪽 아래에서 새 변수 TargetOutOfRange를 추가해야 한다. 변수는 공격
애니메이션이 계속해서 재생되지 않고 빠져나갈 수 있게 하고 플레이어를 쫓아가게 하는
데 사용된다(또는 너무 오래 걸리는 경우 원래 위치(Home)로 돌아간다).

변수를 설정하려면 공격 비헤이비어 트리 태스크를 변경해야 한다. 공격 비헤이비어 트리 태스크 마지막 부분에서 MoveTo를 성공했을 때 다음의 함수를 추가한다.

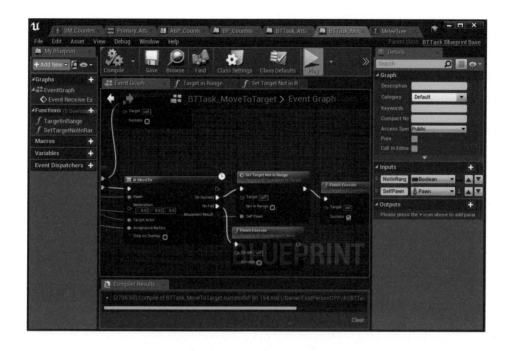

여기에서 호출한 함수는 상당히 단순하기 때문에 생략한다. 이 함수가 하는 일은 폰Pawn을 형변환해 애니메이션 블루프린트를 얻은 다음, 함수에 입력된 값을 OutOfRange 변수에 설정하는 것이 전부이다. GitHub 프로젝트에서 볼 수 있듯이, 비헤이비어 태스크로 진입할 때마다 변수는 true로 설정된다. 따라서 변수는 함수를 통해 AI MoveTo가 성공했을 때 false로 설정된다 (플레이어가 허용 반지름을 벗어나지 않는 경우 매번 false로 설정). 추가로 마지막 부분에 사용된 세 개의 애니메이션 시퀀스에서 여기에서 선택한 사운드 큐에서 세 개의 다이얼로그 엔트리 중에 무작위로 하나를 선택하는 것을 볼 수 있다. 이제 랜덤으로 선택되는 세 가지 공격 기능이 갖춰졌고, 여기에서 설정한 세 번째 공격을 사용할 때마다 세 개의 사운드 중 랜덤으로 하나를 선택한다. 우리 프로젝트에 완벽한 예제라고 할 수 있다.

마지막으로, 일정한 비율로 재생되는 도발 기능을 작업해보자. 현재 한 번에 여러 번 재생되는 문제가 있지만 이 문제를 해결할 수 있는 방법은 다양하다. 10%의 비율로 도발 기능을 재생시키기 위해, 공격 비헤이비어 태스크 끝부분에 다이얼로그 설정을 추가한다(또한 Stealth 캐릭터에 기본 설정이 적용된 DialogVoice가 추가된 것을 확인하자).

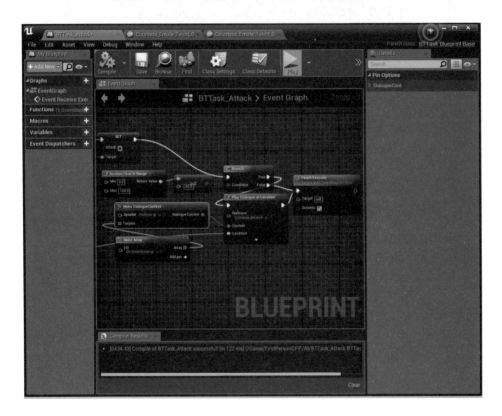

어떤 다이얼로그가 선택되더라도(예제 프로젝트의 경우 Countess_Emote_Taunt_010_Dialogue), 해당 다이얼로그를 열어야 한다. 그리고 스피커(말하는 사람)가 적절한 유형으로 설정됐는지 확인하고, Stealth 캐릭터(왼쪽 아래 배열에 지정)를 리스너(듣는 사람)로 추가한다. 이로써 필요한 작업인 랜덤 공격, 새로운 사운드, 랜덤 다이얼로그(대화) 그리고 랜덤 도발 기능까지 모두 완료했다.

▌ 배경과 사운드

이 시점에서 사용한 사운드는 장소나 재생되는 이유와 관계없이 소리를 재생한다. 이제 발사체가 충돌할 수 있는 두 가지 유형의 사운드뿐만 아니라 피직스 머티리얼 접근방식이 잘 동작한다는 것을 증명하기 위해 플레이어의 발자국 소리를 추가할 것이다. 언리얼 마켓플레이스에서 무료로 제공되는 놀랍고 멋진 비주얼 애셋과 달리 무료로 공유되는 유사한 공용 사운드 라이브러리를 찾는 것은 조금 더 힘들다. 하지만 주어진 리소스를 최대한 활용해야 한다. 그리고 출시된 게임에 내장된 많은 사운드는 헌신적인 사운드 디자이너가 만들었으며, 가능하면 기존에 사용한 사운드 라이브러리 구입 예산을 마련해야 한다는 점을 깨달아야 한다.

다른 표면과 충돌하기

발사체와 다른 오브젝트가 부딪히면 설정하기 가장 쉬운 사운드를 재생한다. 하지만 부딪힌 각 표면 유형에 따라 어떤 사운드를 재생할지를 결정하기 위해서는 발사체 클래스에 새로운 기능을 추가해야 한다. 이 작업은 충돌 표면과 고유한 사운드의 발사체 유형 수가 늘어나면 유지하는 데 상당한 노력이 필요할 수 있다. 하지만 이 작업은 상업적으로 성공한 게임과 덜 전문적인 또는 이런 작업에 시간을 투자하지 않은 인디 타이틀을 구분해주는 디테일이다.

프로젝트에서 처리해야 할 가장 기본적인 요소인 머티리얼 유형 설정부터 시작하자. 여기에서는 두 가지 유형을 설정할 것이다. 하지만 예제의 작업 방식에 따라 원하는 모든 유형을 얼마든지 추가할 수 있다. 먼저, 프로젝트 세팅을 열고 엔진/피직스Engine/Physics 카테고리로 가서 다음과 같이 Snow와 Stone 타입을 추가한다.

FirstPerson/Audio 섹션에서 몇 가지 사운드 큐를 추가했지만, 여기에 추가한 사운드 큐는 앞서 언급했듯이 언리얼 마켓플레이스에서 무료로 다운로드할 사운드가 없었기 때문에 프로젝트에 이미 포함된 사운드 효과를 수정한 버전에 불과하다.

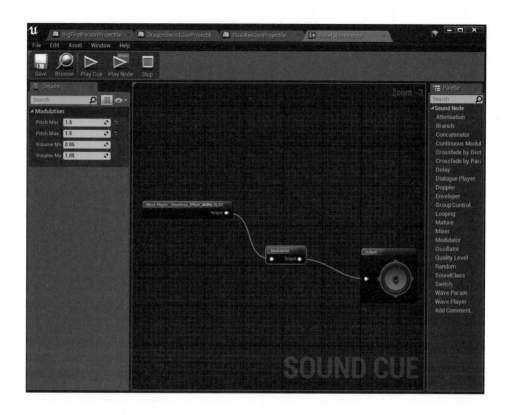

이 단계에서(또는 이 시점 이후로) 소리가 거슬린다면 GitHub로 이동한 다음 7ff24f7 커밋을 cherry-pick[2]으로 진행하면 (그러면 이후의 모든 버전에서 이 커밋을 계속 사용한다) 7장에서 사용하는 모든 충격 관련 사운드는 비교적 양호한 충격 사운드를 사용할 것이다. 신디사이저를 사용해 일부 .wav 샘플을 가져오면 큰 이점이 생긴다. 하지만 100% 확실하지 않은 경우에는 해당 애셋에 대한 라이선스를 확인해야 한다. 사운드를 직접 생성하는 하드웨어라 하더라도 상용 제품에 대한 라이선스가 존재할 수 있다.

---

2 커밋의 일부만 반영하려는 경우에 사용하는 Git 기능.

다음으로, 발사체의 경우 머티리얼 유형과 부딪힌 표면 유형을 대응시키는 방법이 필요하다. 지금은 발사체 헤더에 구조체를 만들 것이다. 여기에 두 프로퍼티를 추가한다.

```cpp
USTRUCT(BlueprintType)
struct FPhysSound
{
    GENERATED_USTRUCT_BODY()

    UPROPERTY(EditAnywhere, BlueprintReadWrite)
    TEnumAsByte<EPhysicalSurface> SurfaceType;

    UPROPERTY(EditAnywhere, BlueprintReadWrite)
    class USoundCue* SoundCue;
};
```

발사체에는 다음과 같은 배열이 필요하다.

```cpp
UPROPERTY(EditAnywhere, BlueprintReadWrite)
TArray<FPhysSound> ImpactSounds;
```

앞서 언급했듯이, 물리 표면physics surface 유형과 발사체의 복잡도가 점점 더 증가하면 이같은 시스템을 유지하는 것이 매우 어려울 수 있다. 예제와 같은 작은 세트로 초기에 의사 결정을 진행하면, 프로젝트를 진행하면서 수많은 개별 애셋에 대한 변경에 일일이 대응하는 대신 변경사항이 발생했을 때 더 쉽게 대처할 수 있다. 따라서 가능한 빨리 이런 사항에 대한 의사 결정을 진행하는 것이 좋다. 현재 복잡도가 관리할 수 있는 수준이지만, 물리 표면 유형과 발사체 유형의 조합 수가 많이 증가하면 처리해야 할 작업이 비참한 수준으로 많아질 수 있고, 실수할 가능성도 훨씬 증가한다. 이런 경우, 언리얼에서 DataTable을 만들고 .csv 스프레드시트 등에서 그런 많은 변화를 추적할 것을 권장한다. 더 자세한 내용은 추가 자료 절을 참고하기 바란다. 지금은 각 발사체에서 다음과 같이 기본 표면과 이때의 기본 충격 사운드를 설정해보자.

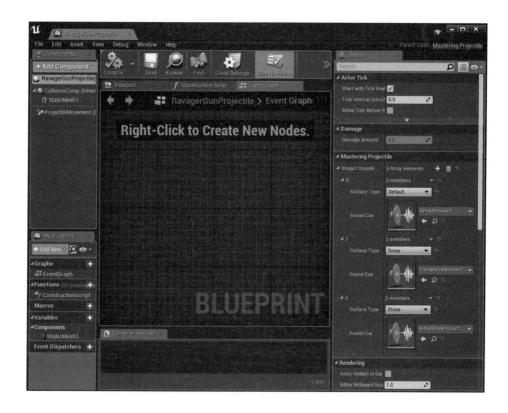

모든 설정을 완료했으면 발사체의 OnHit 함수에서 코드 작업을 일부 진행할 차례이다.

```cpp
#include "Sound/SoundCue.h"
EPhysicalSurface surfType = SurfaceType_Default;
if (OtherComp->GetBodyInstance() != nullptr &&
OtherComp->GetBodyInstance()->GetSimplePhysicalMaterial() != nullptr)
{
    surfType = OtherComp->GetBodyInstance()->GetSimplePhysicalMaterial()->SurfaceType;
}

USoundCue* cueToPlay = nullptr;
for (auto physSound : ImpactSounds)
{
    if (physSound.SurfaceType == surfType)
    {
```

```
        cueToPlay = physSound.SoundCue;
        break;
    }
}

const float minVelocity = 400.0f;
if (cueToPlay != nullptr && GetVelocity().Size() > minVelocity)
{
    UGameplayStatics::PlaySoundAtLocation(this, cueToPlay, Hit.Location);
}
```

아쉽게도 이 경우 FHitResult는 발사체이다. 또한 하드코딩된 최소 속도minimum velocity에 주목하자. 이 값은 아주 작은 반동을 많이 사용해 발사체의 속도/수명을 끝까지 향하게 만들어 게임 망치는 것을 방지하기 위해 필요하다. 이 문제를 여러 다른 방법이나 좀 더 유연한 방법으로 해결할 수 있다. 나중에 그런 관점에서 사운드를 재생하려는 경우에는 표면 유형을 일반적인 것으로 만드는 훌륭한 접근자가 존재한다.

```
UGameplayStatics::GetSurfaceType(Hit);
```

기본 맵에서 가장 분명하게 마주하는 표면은 테스트를 위해 Stone 유형으로 설정했다. 이제 다른 유형의 표면과 다른 유형의 발사체에 대해 충격 사운드를 변경해보자. 다음 절에서는 발자국과 사운드 볼륨을 기반으로 하는 리버브(울림) 설정에 대한 새로운 맵을 간략하게 작업할 예정이다.

플레이어 발자국 및 배경 FX

플레이어는 마침내 자신만의 발자국 소리를 갖게 됐다. 다시 설명하지만, 우리는 가진 것을 최대한 활용했다. 하지만 적어도 시스템을 증명할 수 있는 몇 가지 유형을 찾아낼 수 있다면, 향후에 팀원이 작업하는 데 쉽게 도움을 받을 수 있을 것이다. 발자국 소리 작업은 발사체의 충돌 작업과 거의 동일하게 진행할 수 있다. 한 가지 다른 점은 플레이어의 이동 애니메이션에서 특정 시점(매우 제한적이라 하더라도)에 사운드를 재생한다는 점이다. 해당 애니메이션 시점에 단순히 레이 캐스트ray-cast를 사용해 물리 머티리얼을 확인하고, 이를 바탕으로 플레이어가 이동하는 모든 곳에서 발자국 소리를 재생시킨다.

먼저, MasteringCharacter에 발사체에 추가했던 것과 동일한 구조체를 추가한다. 일반적으로 더 많은 개체가 이 공유 기능을 사용한다고 가정하면, 이 구조체와 관련 동작을 액터 컴포넌트로 옮길 것이다. 하지만 액터 컴포넌트로 옮기는 작업 자체는 유익한 정보가 아니니 넘어가자. 먼저 .h 파일 맨 위에 약간의 코드를 복사/붙여넣기한다.

```
USTRUCT(BlueprintType)
struct FFootstepSounds
{
    GENERATED_USTRUCT_BODY()

    UPROPERTY(EditAnywhere, BlueprintReadWrite)
    TEnumAsByte<EPhysicalSurface> SurfaceType;

    UPROPERTY(EditAnywhere, BlueprintReadWrite)
    class USoundCue* SoundCue;
};

UPROPERTY(EditAnywhere, BlueprintReadWrite)
TArray<FFootstepSounds> FootstepSounds;

UFUNCTION(BlueprintCallable)
void PlayFootstepSound();
```

다음은 .cpp 파일에 복사/붙여넣기할 내용이다.

```
#include "Sound/SoundCue.h"
#include "PhysicalMaterials/PhysicalMaterial.h"
```

다음 코드는 아래와 같다.

```
void AMasteringCharacter::PlayFootstepSound()
{
    FVector startPos = GetActorLocation();
    FVector endPos = startPos - FVector(0.0f, 0.0f, 200.0f); // 2m 아래로

    FCollisionQueryParams queryParams;
    queryParams.AddIgnoredActor(this);
    queryParams.bTraceComplex = true;
    queryParams.bReturnPhysicalMaterial = true;
    FHitResult hitOut;

    bool bHit =
    GetWorld()->LineTraceSingleByProfile(hitOut, startPos, endPos,
TEXT("IgnoreOnlyPawn"));

    if (bHit)
    {
        EPhysicalSurface surfHit = SurfaceType_Default;

        if (hitOut.Component->GetBodyInstance() != nullptr &&
        hitOut.Component->GetBodyInstance()->GetSimplePhysicalMaterial() != nullptr)
        {
            surfHit =
            hitOut.Component->GetBodyInstance()->GetSimplePhysicalMaterial()-
>SurfaceType;
        }

        if (hitOut.PhysMaterial != nullptr)
        {
            surfHit = hitOut.PhysMaterial->SurfaceType;
        }
        USoundCue* cueToPlay = nullptr;
        for (auto physSound : FootstepSounds)
        {
            if (physSound.SurfaceType == surfHit)
            {
                cueToPlay = physSound.SoundCue;
```

```
            break;
        }
    }

    if (cueToPlay != nullptr)
    {
        UGameplayStatics::PlaySoundAtLocation(this,
        cueToPlay, hitOut.Location);
    }
    }
}
```

자체 RayTrace를 사용해 발 아래에 무엇이 있는지 확인하고, 이를 바탕으로 어디에서 어떤 사운드를 재생할지 결정한다. 또한 물리 머티리얼을 반환하도록 쿼리를 지정했더라도 HitResult는 언제나 nullptr를 반환할 수 있다. 따라서 물리 머티리얼이 있는 스태틱 메시와 충돌했다 하더라도 항상 이 결과를 직접 확인해야 한다.

RayTrace를 발생시키기 위해 일인칭 달리기 애니메이션에 새로운 이벤트를 추가해야 한다.

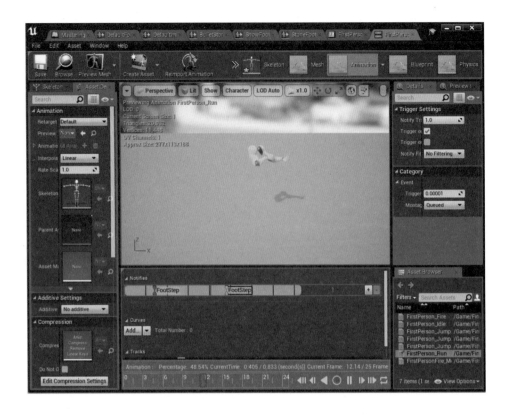

FirstPerson_AnimBP에서 플레이어 폰의 새로운 함수를 호출하는 로직을 추가한다.

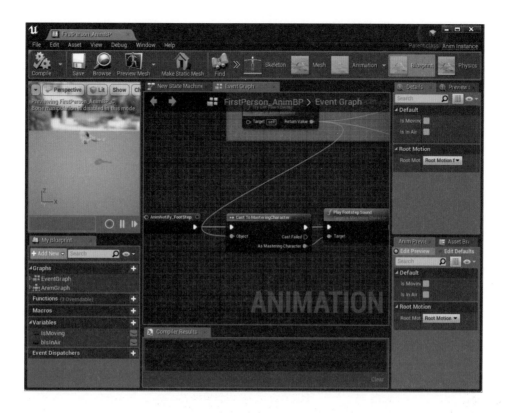

마찬가지로 새로운 발자국 사운드 큐를 에디터에 추가하고 무기와 비슷하게 Stealth 캐릭
터에 있는 배열에 추가한다. 약간 이상하게 들리는 발자국 소리를 확인할 수 있을 것이다.

마지막으로 FrozenCove 레벨을 열고, 돌이나 얼음 같은 여러 표면을 선택하면 해당 머티
리얼로 쉽게 이동할 수 있다. 또한 InfinityBladeIceLands/Environments/SurfaceTypes
에 다운로드된 레벨에서 기존 Stone 유형의 물리 머티리얼이 있는 것을 확인할 수 있다.

스태틱 메시의 머티리얼을 클릭해 에디터에서 열고, 다음과 같이 물리 머티리얼을 설정한다.

전체 작업을 위해 Stone 머티리얼을 복제해 새로운 물리 머티리얼을 만들고(Stone에 표면 유형 2라고 설정하는 것이 효과적일 수 있지만, 이제는 프로젝트에 이름을 붙여서 명시적으로 Stone 이라고 설정해야 한다) 이름을 PhysicalMaterial_Snow로 지정하고, 새 머티리얼의 속성에서 눈 표면 유형을 설정한다. 변경된 전체 머티리얼에 대한 목록은 GitHub에서 확인할 수 있다(모두 InfinityBladeIceLands/Environments/Ice에 있다). 일부 예제는 Ice_Fortress/Materials/M_Ice_FortFloor_1_SnowPaint와 Ice_Castle/Materials/M_IceT3 _Fort_Floor_05에서 확인할 수 있다.

마지막으로 에디터에서 마우스 오른쪽 버튼을 클릭하고 새 사운드/리버브^{Sounds/Reverb} 오브젝트를 InfinityBladeIceLands/Effects에 추가한 뒤 이름을 WallReverb로 지정한다. 리버브 오브젝트는 존재를 분명하게 하기 위한 아주 극단적인 속성을 제공한다. 속성의 사용법은 간단하다. 왼쪽의 모드 창에서 오디오 볼륨^{Audio Volume}을 레벨에 추가하면 된다. 여기에서는 플레이어가 시작하는 지점의 왼쪽에 있는 전체 복도에 추가한다.

방금 생성한 리버브 오브젝트를 설정하면, 이 지점으로 이동했을 때 소리의 변화를 느낄 수 있을 것이다. 바로 확인해볼 만한 것으로, 전체 클래스의 리버브 사운드 효과 무시 설정을 할 수도 있다(UI 유형으로 설정된 오브젝트는 기본적으로 리버브 효과를 무시함).

▌ 요약

오디오는 게임에서 고려사항으로 남는 경우가 많지만, 7장에서 UE4에서 어느 수준까지 오디오를 작업할 수 있으며, 오디오 작업이 왜 중요한지 확인할 수 있었기를 기대한다. 사운드를 적절하게 작업하고, 사운드 디자이너와 다른 팀 구성원에게 사운드 작업 방법을 알려줄 수 있다면(심지어 이들은 더 쉽게 할 수도 있다), 비슷한 게임을 만드는 경험이 적은 다른 많은 팀과 비교했을 때 큰 장점이 될 수 있다. 그러니 오디오를 너무 냉담하게 대하지 말자. 그러면 유저들이 분명 고마워할 것이다.

▌ 연습문제

1. 게임플레이 중에 사운드를 빠르게 재생하는 가장 간단한 방법은?
2. 다이얼로그 시스템의 주요 컴포넌트는?
3. 다이얼로그 시스템이 충분한 상황과 추가적인 관리 시스템이 필요한 곳은?
4. 애니메이션에서 간단히 사운드를 재생하는 방법은?
5. 콜리전에서 부딪힌 머티리얼을 찾는 방법은 무엇이며, 이 물리 머티리얼이 명확하지 않은 이유는?
6. 표면 유형이 정의되는 곳은 어디이며, 게임에서 표면 유형이 적용되는 곳은?
7. 레벨에서 오디오 속성을 구분하기 위해 레벨 디자이너나 사운드 디자이너가 영역을 설정할 때 사용할 수 있는 볼륨은?

추가 자료

Git LFS^{Large File Storage}

https://help.github.com/articles/installing-git-large-file-storage/

언리얼 다이얼로그 시스템

영문・ https://docs.unrealengine.com/en-us/Engine/Audio/Dialogue

한글・ http://api.unrealengine.com/KOR/Engine/Audio/Dialogue/index.html

앰비언트 사운드^{Ambient Sound}

영문・ https://docs.unrealengine.com/en-us/Engine/Audio/SoundActors

한글・ http://api.unrealengine.com/KOR/Engine/Audio/SoundActors/index.html

.csv를 통해 동작하고 관리하는 데이터 테이블

영문・ https://docs.unrealengine.com/en-us/Gameplay/DataDriven

한글・ http://api.unrealengine.com/KOR/Gameplay/DataDriven/index.html

셰이더 편집 및 최적화 팁

▌ 개요

셰이더(그리고 UE4에서 제작되는 머티리얼)는 게임에서 볼 수 있는 모든 것을 책임진다. 일부 셰이더는 아주 단순하고 사용자 입력이 필요 없다(예: 대부분의 UI 작업). 하지만 최근의 3D 게임을 만드는 대부분의 팀은 기본 게임 및 템플릿과 함께 제공되는 것 이상의 맞춤형 솔루션이 필요하다. 셰이더의 생성 방법과 수정 방법, 런타임에서 효율적으로 사용하는 방법(그리고 재사용 방법), 언리얼에서 제공하는 강력한 일부 기능의 사용 방법을 아는 것이 매우 중요하다. UE4를 이용하면 머티리얼 에디터에서 다른 플랫폼보다 훨씬 더 쉽게 이 작업을 처리할 수 있다. 덕분에 게임을 제작하는 팀은 시간과 자원을 절약할 수 있다. 하지만 머티리얼 에디터를 잘못 사용할 수 있는 위험이 있고, 이는 성능 저하로 이어질 수 있다. 8장에서는 시스템과 도구를 최대한 활용하는 동시에 성능 저하를 방지하는 팁을 제공한다. 목표는 모든 주제에 대한 전문가가 되는 것이 아니라 UE4의 주요 시스템 전반을 숙달하고, 팀 또는 프로젝트를 가장 효율적으로 이끌 수 있다는 자신감을 얻는 것이라는 점을 명심해야 한다. 머티리얼과 셰이더를 마스터하기 위한 내용으로 책 전체를 채울 수도 있다. 하지만 8장 이후에는 UE4의 머티리얼로 할 수 있는 가능성과 한계를 이해하고 이해한 내용에 자신감을 가질 수 있을 것이다. 8장에서 다루는 주요 내용은 다음과 같다.

- 머티리얼 생성 및 편집 기초
- 머티리얼 네트워크 편집 및 에디터 타임의 성능 팁
- 셰이더 최적화를 위한 런타임 팁
- 다양한 플랫폼에 셰이더를 적용하는 방법

▌ 기술적 요구사항

8장에서는 다음 GitHub 링크의 프로젝트를 사용한다. 8장에서 진행하는 모든 내용은 어떤 프로젝트에도 적용할 수 있다. 하지만 게임 프로젝트의 애셋을 직접 사용하는 예제를 제공하기 때문에 동기화할 것을 권장한다.

https://github.com/PacktPublishing/Mastering-Game-Development-with-Unreal-Engine-4-Second-Edition/tree/Chapter-8

사용한 엔진 버전: 4.19.2

▍ 머티리얼의 이해와 제작

셰이더는 주어진 아이템을 화면에 그리는 방법을 하드웨어에 알려주기 위해 런타임에 전송되는 특정 렌더링 코드다. 8장에서는 대부분의 독자들이 셰이더 개념에 익숙하다고 가정한다. 셰이더 초보자가 배울 수 있는 곳은 많다. 하지만 여기에서는 독자가 적어도 기본적인 셰이더 동작 방식은 있다고 가정한다. 즉, 컴파일, GPU 또는 소프트웨어 렌더러로 업로드하고 업로드한 곳에서 실행되는 기본적인 동작 방식을 이해하고 있다고 가정한다. 이 책은 그래픽 입문서가 아니기 때문에 UE4에서 여러 플랫폼 간의 셰이더를 생성하고 이를 포팅하는 일반적인 방법인 머티리얼로 건너뛴다.

머티리얼 개요, 머티리얼 인스턴스 생성 및 사용법

머티리얼을 시작하기에 가장 완벽한 주제는 없다. 하지만 모든 사람들이 엔진 머티리얼이 있다는 것을 모른다는 점은 분명하다. 에디터를 열고 콘텐츠 브라우저로 이동하면 오른쪽 하단에서 **뷰 옵션**View Options 드롭다운 메뉴를 확인할 수 있다. 엔진 **콘텐츠 표시**Show Engine Content를 선택하면 콘텐츠 브라우저 왼쪽에 새 폴더가 나타나고 이 폴더를 선택한 다음, 필터 드롭다운 메뉴에서 **머티리얼**Material 및 **머티리얼 인스턴스**Material Instance 필터를 추가하면 엔진에 내장된 머티리얼을 보여주는 많은 목록을 확인할 수 있다.

빠르게 살펴보기 위해 Daylight Ambient Cubemap을 선택하면 머티리얼 에디터가 열리고
다음과 같은 모습을 볼 수 있다.

머티리얼 편집에 익숙하지 않은 사용자에게도 블루프린트 에디터와 UE4의 다른 노드 기반 편집 방법과 매우 비슷하기 때문에 친숙함을 느낄 수 있다. 그림에 보이는 내용을 간략히 요약하면, 왼쪽 상단에는 머티리얼 출력 미리보기(화면 가운데 구체에 매핑된 결과[1])가 나타난다. 왼쪽 하단에는 선택된 노드의 디테일이 나타난다. 가운데 있는 것은 메인 편집 창이다. 하단에는 셰이더의 복잡도(이는 나중에 더 자세히 살펴본다)를 요약한 정보를 보여준다. 그리고 오른쪽에는 메인 편집창에 드래그해 추가할 수 있는 노드의 목록을 보여준다(메인 편집 창에서 마우스 오른쪽 버튼을 눌러 나오는 메뉴와 동일하다). 엔진 머티리얼을 살펴보면, 에디터에서 바로 사용할 수 있는 머티리얼이 있는 것을 볼 수 있다. 또한 일부 머티리얼 인스턴스도 확인할 수 있다(필터를 적용해 확인 가능). 이 둘의 차이점은 무엇일까? 그리고 다

---

1   구체는 메뉴에서 다른 모양으로 바꿀 수 있음

이나믹 머티리얼 인스턴스는 어떻게 다를까? 각 특징을 나열하고, 세부적으로 살펴보자.

- 머티리얼은 가장 기본적인 유형이다. 일반적으로 머티리얼 인스턴스를 사용할 때 머티리얼 인스턴스의 부모 클래스이며 머티리얼(또는 컴파일된 셰이더)이 수행할 일의 기본적인 흐름으로 구성된다.
- 파라미터를 추가한 머티리얼을 머티리얼 인스턴스에서 상속해 개별 속성을 설정할 수 있다. 따라서 이를 활용하면 입력 텍스처 등을 변경하기 위해 전체 머티리얼을 다시 제작할 필요가 없다.
- 다이나믹 머티리얼 인스턴스는 런타임의 머티리얼 인스턴스에서 만들어지며, 실시간 파라미터를 가져와 액터의 블루프린트와 같은 곳에서 이 값을 변경할 수 있다.

머티리얼, 머티리얼 인스턴스, 다이나믹 머티리얼 인스턴스 각각의 예제를 직접 만들어보면서 살펴볼 것이며, 프로젝트에 이미 포함된 다른 콘텐츠도 살펴볼 것이다. 하지만 만들기 전에 머티리얼의 용도를 고려하는 것이 중요하다. 이 머티리얼이 하위 머티리얼에 상속될 필요 없이 사용할 머티리얼인가? 그럼 머티리얼 자체로 두고 그대로 참조해 사용할 수 있다. 이 머티리얼은 하나의 핵심 셰이더 로직을 기반으로 변형된 여러 버전을 포함할 의도가 있는 머티리얼인가? 그렇다면 머티리얼 하나와 이를 기반으로 하는 여러 머티리얼 인스턴스를 사용해야 할 것이다. 런타임에 전달되는 값을 기반으로 다른 결과를 내는 파라미터(C에서 함수에 인자가 전달되는 것처럼)를 추가하고 싶은가? 이 경우에는 머티리얼과 머티리얼 인스턴스(적어도 한 개 이상)를 만들고 런타임에 다이나믹 머티리얼 인스턴스를 생성한 다음(일반적으로 가장 쉬운 방법은 오브젝트의 블루프린트 생성자Constructor에서 생성하는 것이다), 생성할 때나 해당 오브젝트의 주기 안에 파라미터를 전달해야 한다. 이 내용을 숙지한 뒤 다음 절에서 하나씩 살펴보자. 머티리얼의 용도에 맞게 제작하는 습관을 들이고, 각각에 어떤 내용이 포함돼 있는지 살펴보자.

머티리얼 작업 및 에디터에서 작업할 때의 성능 팁

머티리얼을 완전히 처음부터 쉽게 시작할 수 있지만(그리고 익숙하지 않은 경우에는 기존의 머티리얼로 어떤 작업을 할 수 있는지 확인해 보는 것을 권장한다), 기존의 머티리얼에 어떤 내용이 포함돼 있는지 확인하는 것에서부터 시작해보자. 그런 다음, 예제 맵에 더 유용한 방향으로 변경해보자.

머티리얼 인스턴스를 변경해 이를 월드에 적용하는 간단한 예제를 살펴보기 위해 Content/InfinityBladeIceLands/Environments/Misc/Exo_Deco01/Materials에서 시작해보자. M_Exo_Crate_Open 머티리얼을 시작점으로 사용할 것이다. 머티리얼을 선택해 에디터에서 열어보자.

데모를 진행하려면 기본 머티리얼에 몇 가지 작업을 해야 한다. 이미시브 색상Emissive Color 핀에서 드래그해 time이나 이와 유사한 단어를 필터링해 TimeWithSpeedVariable 노드를 배치한다. TimeWithSpeedVariable 노드의 speed에서 왼쪽으로 드래그해 Constant 노드를 추가한다. 머티리얼을 생성해 사용하는 모든 곳(Frozen Cove 레벨 등)에서 기본 동작이 바뀌지 않게 방금 추가한 Constant 노드의 기본값을 0.0으로 설정한다. 마지막으로 Constant 노드에서 마우스 오른쪽 버튼을 클릭하고 **파라미터로 전환**Convert to Parameter을 클릭한 다음, 이름을 EmissiveSpeed로 지정한다.

하단에 현재 Mobile texture samplers가 2/8임을 알 수 있다. 머티리얼을 저장하면, 머티리얼에 추가한 노드가 적용되고(머티리얼 애셋뿐만 아니라 레벨에 배치된 모든 머티리얼 인스턴스에도), 2에서 6/8으로 바뀌는 것을 볼 수 있다. 런타임에 텍스처 샘플링을 3배로 늘리는 것은 그리 좋지 않지만, 모바일 플랫폼에서는 매직 넘버 8이 매우 중요한 한계가 될 수 있다(이 내용은 나중에 더 자세히 살펴보자). 변경사항을 완전히 적용하려면 저장해야 한다는 점을 기억하자.

모든 작업이 완료되면, 콘텐츠 브라우저로 돌아와 작업한 머티리얼에서 마우스 오른쪽 버튼을 클릭하고 메뉴 상단에서 **머티리얼 인스턴스 생성** 옵션을 선택한다. 머티리얼 인스턴스에서 이미시브 색상을 활성화해 사용할 것이다.

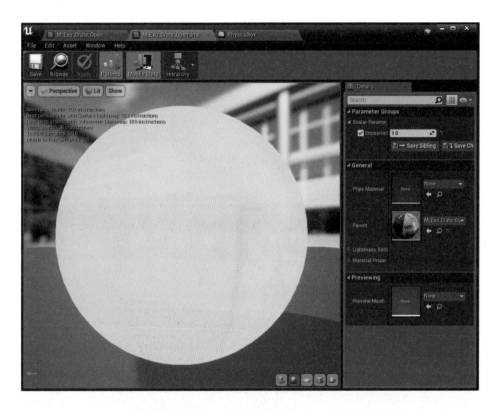

 기본 머티리얼과 마찬가지로 머티리얼의 복잡도에 대한 간략한 내용(기본 명령 및 vertex 명령, 텍스처 샘플러 등)을 에디터 상단에서 확인할 수 있다. 변경사항을 약간만 추가해도 수치에 큰 차이가 발생할 수 있다. 따라서 프로젝트 초반에 아티스트와 작업하는 플랫폼에 적절한 수치를 잘 아는 사람과 머티리얼을 함께 제작하는 것이 매우 중요하다.

머티리얼 인스턴스를 편집하는 동안 셰이더 로직이 사라진 것을 볼 수 있다. 머티리얼 인스턴스에서 셰이더 로직은 변경할 수 없지만, 파라미터는 변경할 수 있다(이 점이 머티리얼 인스턴스를 사용하는 이유이다). 오른쪽 상단에서 EmissiveSpeed 파라미터를 편집할 수 있게 체크 박스를 선택하고 값을 1.0으로 설정한다. 이제 텍스처와 노멀맵은 이 큐브가 아닌 특정 모델을 위해 제작된 것임을 명심하자. 또한 책에서는 판매할 제품이 아닌 개념 이해를 위한 데모를 제작하고 있다는 것도 명심하자. 이제 머티리얼 인스턴스를 레벨에 배치된 큐브 중 하나에 드래그하고 (콘텐츠 브라우저에서 인스턴스의 아이콘으로) 플레이해보자. 다음 스크린샷에서는 디렉셔널 라이트의 강도^{Intensity}를 0.6으로 낮추고 스카이 라이트^{sky light}의 색상을 어두운 회색으로 설정했지만, 이 작업을 수행할 필요는 없다. 이는 조명과 독립적인 환경을 이용해 이미시브(발광) 효과를 더욱 분명히 하기 위한 것이다.

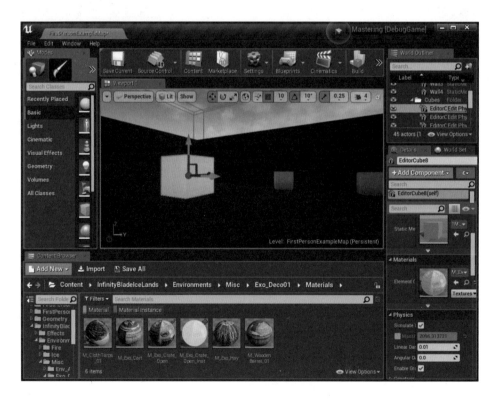

완벽하지는 않지만(앞으로 더욱 향상시키자), 많은 게임에서 플레이어에게 픽업 아이템을 알려주려는 목적으로 사용하는 기법을 확인할 수 있다. 종종 어떤 게임에서는 깜빡이는 이미시브 색상 효과로 정적인 배경에서 플레이어의 눈에 띄게도 한다. 에디터의 드롭다운 메뉴에서 **시뮬레이트**Simulate를 선택해 깜빡이는 것을 테스트할 수 있다. 이 시점에서 GitHub 프로젝트를 확인해보면, 플레이어 컨트롤러가 적절한 유형으로 설정된 체크 포인트를 확인할 수 있다. 따라서 이 같은 심각한 버그가 발견되면, GitHub 프로젝트에서 빠르게 확인할 수 있다. 이제 다음 상자를 확인해보자(정상적으로 레벨을 플레이하거나 커밋 ce0da7c를 동기화하거나 로컬에서 다음과 같이 문제를 해결한 후).

```cpp
void AMasteringCharacter::InitializeInventoryHUD()
{
    APlayerController* player = Cast<APlayerController>(GetController());
    // 에디터에서 시뮬레이션 모드로 플레이할 경우, 플레이어 컨트롤러를 갖지 않는 경우에만 함수 호출
    if (player != nullptr)
    {
        AMasteringHUD* HUD = Cast<AMasteringHUD>(player->GetHUD());
        if (HUD != nullptr)
        {
            HUD->InitializeInventory(Inventory);
        }
    }
}
```

이제 머티리얼에서 변경한 사항을 확인할 수 있다. 계속 진행해 기능을 더 개선해보자. 먼저 깜빡이는 효과가 선형 출력이 아닌 사인sine 출력을 따르게 하고, 크기의 상한값을 설정하고, 기본값을 0.5로 지정한다.

머티리얼 인스턴스 에디터로 가보자. MaxEmissive 파라미터를 확인할 수 있고 이 값을 다른 값으로 설정해(효과를 약화시키기 위해 0.25 등으로 설정해보자) 결과를 확인해보자.

다이나믹 머티리얼 인스턴스를 만들기 위해 Physics Box 오브젝트의 블루프린트를 편집하기 위해 레벨에서 Physics Box 오브젝트 중 하나를 선택한다. 그런 다음, 디테일 패널에서 **블루프린트 편집**Edit Blueprint 메뉴를 선택해 에디터를 연다. 여기에서 다음과 같은 로직을 추가할 수 있다. 하지만 여기에 로직을 추가하면 레벨에 배치된 모든 Physics Box 오브젝트의 로직이 변경된다. 또한 이전에 작업했던 Physics Box에 수정하지 않은 머티리얼 인스턴스를 덮어 쓰게 되니(0번 슬롯에 설정했기 때문) 이런 점을 명심하고 작업하자. 다음 로직을 추가하고 결과를 확인한다.

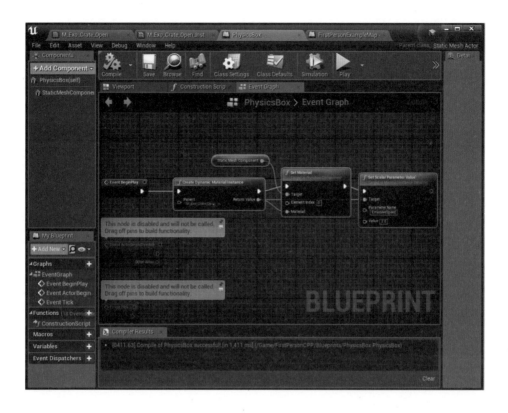

아주 빠르게 깜빡이는 머티리얼이 모든 상자에 적용됐다. 일부 상자에만 깜빡이는 효과를 적용하고 싶은 경우에는 레벨 블루프린트에서 해당 상자에 대한 참조를 활용하거나, 지금처럼 전체 인스턴스가 하나의 블루프린트를 참조하는 방법 대신, 개별 상자 유형을 만들어 머티리얼을 설정할 수 있다. 하지만 지금은 블루프린트에서 런타임에 설정할 수 있는 파라미터를 활용해 다이나믹 머티리얼 인스턴스를 만드는 것에 집중하자. 상자가 충돌할 때 기본 큐브 머티리얼로 되돌리는 것도 가능하다. 여기에서 활용할 수 있는 유연성은 매우 강력하다. 런타임에 동적으로 머티리얼을 변경하는 경우, 사전 계산된 특정값이 손실될 가능성이 있다는 점만 명심하자. 하지만 대부분의 게임 및 프로젝트에서 실시간 라이팅과 이펙트는 다이나믹 머티리얼 인스턴스를 제공하는 모든 요소에서 두드러진 특징이다.

> TIP
>
> 스태틱 메시(및 다른 메시)에 여러 머티리얼을 설정할 수 있다는 점을 잊지 말자. Frozen Cove 맵을 둘러보고 확인해보자. 모든 머티리얼은 액터를 렌더링할 때 적용된다. 첫 번째 머티리얼은 주로 Physical Material과 오브젝트의 가장 기본적인 렌더링을 설정하는 데 사용하는 머티리얼이다. 하지만 스태틱 메시 오브젝트 하나(테스트 레벨의 1M_Cube 포함)를 선택해보면 머티리얼 메뉴가 제한이 없는 배열이라는 것을 확인할 수 있다(성능 및 관리의 용이성을 위한 실용적 배열).

▌ 런타임 및 다양한 플랫폼상의 머티리얼

이제 머티리얼을 편집하는 일이 익숙해졌을 것이다. 약간의 변경으로 머티리얼 스탯이 크게 증가한 이유도 확인했다. 더 깊이 들어가 런타임 분석에 사용할 수 있는 도구를 살펴보자. UE4에는 신의 그래픽 성능을 분석할 수 있는 다양한 도구가 내장돼 있으며, 언리얼 외에도 무료로 활용할 수 있는 도구도 많다. 한 예로, NVIDIA는 안드로이드 개발자를 위한 훌륭한 도구를 제공한다. 추가 자료 절에서 이 내용을 확인할 수 있다. 지금은 언리얼과 에디터 안에서 활용할 수 있는 도구를 주요 도구로 삼고, 초기 테스트에 활용해보자.

셰이더 반복 작업을 빠르게 해주는 런타임 도구 및 기법

셰이더 성능을 위한 가장 유용한 도구 중 하나는 **셰이더 복잡도**Shader Complexity 뷰 모드이다. 에디터 내 모든 뷰포트 창에서 **라이팅** 드롭다운 메뉴를 클릭해 셰이더 복잡도 뷰 모드를 찾을 수 있다(뷰포트 왼쪽 상단의 원근perspective 드롭다운 메뉴 옆에서 메뉴를 찾을 수 있다. 스크린샷에서는 일반적으로 두 메뉴가 각각 **라이팅 포함**Lit 및 원근Perspective으로 설정돼 있다). **라이팅** 드롭다운 메뉴에서 **최적화 뷰모드**Optimization Viewmode가 **셰이더 복잡도** 메뉴다(PC에서는 Alt+8이 단축키이고, Alt+4가 라이팅 포함 단축키이다). 하지만 테스트 레벨에서는 살펴볼 내용이 많지 않다. 훨씬 더 흥미로운 내용이 많은 Frozen Cove 맵으로 가서 확인해보자. 런타임 시 콘솔이 활성화된 모든 플랫폼에서 (PC에서 ~키, 대부분의 모바일 장치에서 손가락 4개 탭) show ShaderComplexity 명령으로 **셰이더 복잡도** 메뉴에 접근할 수 있다. 이 메뉴를 사용해 가장 흥미로운 부분인, Frozen Cove 맵의 시작 부분을 살펴보자.

화면 하단의 색상표에서 분명하게 확인할 수 있듯이 중간에 무언가 심각한 증상이 있는 것을 볼 수 있다. 문제는 맵의 중앙을 지나가는 눈/구름이 부는 효과 때문에 발생한다. 성능면에서 볼 때, 대부분의 플랫폼에서 흔히 볼 수 있는 이 문제는 바로 오버드로^Overdraw이다. 대부분의 개발자는 적어도 오버드로라는 이 용어에 익숙할 것이다. 오버드로는 GPU가 화면의 동일한 픽셀을 여러 번 그려야 하는 경우를 말한다. 반투명한 물체는 오버드로의 가장 큰 원인이며, 이 맵의 문제도 여기에 해당한다. 이 맵은 거대한 파티클 이펙트를 사용하며, 렌더링 관점(카메라의 시점)에서 이런 파티클 이펙트는 모두 알파 반투명값을 사용한다. 따라서 이 파티클 모두를 블렌딩하기 위해 겹치는 부분의 픽셀이 엄청나게 다시 그려지기 때문에 셰이더 작업에서 아주 복잡한 작업을 의미하는 밝은 흰색 점이 나타난다. 성능이 좋은 PC의 경우에는 최적화하지 않은 빌드에서도 레벨의 프레임 속도가 여전히 50fps 정도이기 때문에 상당히 훌륭하다. 하지만 다른 플랫폼(특히 모바일 장치)에서 이런 문제는 악몽과 같은 시나리오가 될 것이다. 이 내용은 다음 절에서 자세히 살펴보자.

이 책에는 최적화를 전문으로 다루는 장Chapter은 없지만, 최적화에 도움이 되는 도구의 개요와 추가 자료에서 소개하는 링크로 충분할 것이라고 생각한다. 먼저 살펴볼 도구는 stat 명령이다. Stat 명령은 게임 안에서 대량의 실시간 데이터를 제공한다. 따라서 이런 데이터 중 많은 부분에 익숙해질 것을 권장한다. 이 명령에서 개인적으로 추천하는 것은 stat CPU, stat GPU(반투명에 대한 비용을 쉽게 확인할 수 있는 명령), stat Game, stat FPS이며, stat FPS는 거의 모든 비출시 빌드에서 켜놓는 것이 좋다. 또한 stat Memory도 큰 도움이 된다. 이 정보는 성능에 직접적인 영향을 주지 않고 메모리 소비에 대한 정보를 제공한다. 게임이 어디에 묶여 있는지[2] 아는 것이 프레임 속도를 향상시키는 데 핵심이 된다. 이런 문제를 발생시키는 곳을 최적화해야 한다. 이 내용은 아마 대부분의 개발자 사이에서 상당히 일반적인 정보일 것이지만, 간단히 설명하면 매 프레임에서 메인 스레드, 렌더링 스레드, GPU 비용 중 어느 부분이 가장 높은지를 나타낸다. 프레임 속도는 이 중 가장 느린 속도만큼 빠르다. 따라서 세션 프론트엔드 창의 프로파일러는 프로젝트 초기부터 확인하는 것이 좋다. 프로파일러는 CPU와 GPU에 대한 매우 자세한 정보를 얻을 수 있는 훌륭한 도구이다. 프로파일러로 CPU를 너무 많이 사용하고 있지는 않은지 확인할 수 있다. stat GPU 명령은 GPU에서 병목현상이 발생하는지 확인할 수 있는 가장 빠른 방법이다. 하지만 프로파일러와 같은 자세한 정보를 보려면 stat startfile과 stat stopfile을 사용하면 되고, 프론트엔드 창에서 이 정보를 열어볼 수도 있다. 다른 플랫폼이나 다른 관점에서 NVIDIA의 도구(앞서 언급했던)를 확인해보거나 각 플랫폼에서 개발자에게 일반적으로 제공하는 다양한 옵션을 살펴보기 바란다. UE4의 옵션에 대한 더 자세한 정보는 추가 자료 절에 나오는 링크에서 얻을 수 있다. 참고로, 이 시점에서 레벨을 시뮬레이션하거나 플레이해보고, 머

---

2   병목현상을 유발하거나 프레임 속도를 느리게 하는 원인.

티리얼 편집을 시작해(변경사항을 적용하기 위해서는 반드시 저장해야 한다) 결과를 바로 확인할
수 있다. 이제 블렌딩 파티클을 예제로 몇 가지 옵션을 살펴보자.

플랫폼의 이해 및 셰이더 적응하기

개발 중인 플랫폼을 이해하는 것, 특히 그래픽 및 셰이더 측면에서 이를 이해하는 것이 성
능 최적화의 핵심이다. 예를 들어, 중간 성능의 안드로이드폰 및 태블릿을 개발 플랫폼에
포함시키는 것을 목표로 한다고 가정해보자. 이런 장치에서 어떻게 보일지를 테스트하는
가장 빠른 방법은 기본 에디터 메뉴의 **세팅**Settings 드롭다운 메뉴에서 **프리뷰 렌더링 레벨 >
모바일/HTML5 > 안드로이드 프리뷰**를 선택하는 것이다. 이 메뉴를 선택하면 다음 그림과 같
은 결과를 볼 수 있다.

새로운 플랫폼을 위해 8,000개 이상의 셰이더를 다시 빌드해야 한다. 하지만 앞서 설명했듯이, PC에서 이 레벨을 처음 열 때만 셰이더 빌드를 진행한다. 이 작업은 한 번만 수행하면 된다. 그다음 머티리얼에서 작은 변경사항이 발생하면 해당 부분만 다시 컴파일한다. 하지만 처음에는 모든 셰이더를 빌드하기 때문에 CPU 사용률이 올라가는 상황이 수 분간 지속될 수 있다. 프리뷰 모드로 저장된 후에는 레벨에서 셰이더 빌드 작업이 계속 발생하지 않는다는 점을 알아두자.

작업이 완료되면, 다시 플레이하고 셰이더 복잡도를 확인해보자. 이제는 플레이하는 동안 뷰포트에서 OpenGL ES2 에뮬레이션을 사용한다.

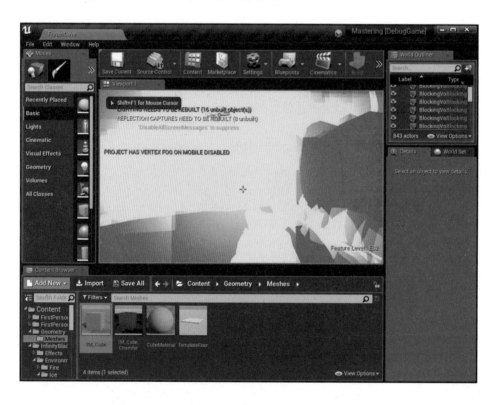

오버드로가 더 심각해졌다. 그럼 여기에서 무엇을 할 수 있을까?

가장 분명해 보이는 접근 방법은 문제의 원인이 게임플레이에 영향을 미치지 않는 외관상의 효과이기(그리고 약간의 가시성visibility 외에는 게임플레이에 영향을 미치지 않는다) 때문에 특정품질 수준 이상으로 실행되지 않게 설정한다. 이 절은 파티클 효과(FX)에 대해 다루지 않는다(하지만 나중에 살펴볼 예정이다). 그러니 ES2에서 오버드로를 줄이는 효과가 구체적으로 나타나는지를 증명하기 위해 이 이론을 간단히 테스트할 것이다. 레벨에서 파티클 이미터를 검색하면, 실제로 오버드로 문제를 발생시키는 P_Snow_BlowingLarge_particulates를 찾을 수 있다. 파티클을 열면 거대한 소용돌이 구름 파티클이 있는 이미터를 클릭할 수있다. 다음 그림과 같이 Detail Mode를 Medium으로 설정한다.

하지만 사용 가능한 성능 수준을 변경하기 전까지는 프리뷰에서 변경되지 않는다. 이를 위해 에디터에서 다음 그림과 같이 엔진 퀄리티 설정^{scalability settings}을 변경하자.

현재의 **이펙트**^{Effect} 수준을 **낮음**^{Low}으로 설정하면 더 이상 파티클이 큰 성능 문제를 일으키지 않는다.

ⓘ ES2 에뮬레이션 모드에서는 에디터에서 사전 계산된 라이팅을 빌드할 수 없기 때문에 (뷰포트 오른쪽 하단에서 ES2 모드라는 것을 쉽게 확인할 수 있다) 게임 안에서 발생하는 라이팅 리빌드 경고를 너무 걱정하지 말자. 그리고 이 레벨에서 사용하는 버텍스 포그도 동작하지 않는다는 내용을 확인할 수 있다. 좋은 정보인 것은 맞지만, 가능하다면 항상 실제 장치에서 테스트하는 것이 좋다. 에뮬레이션 모드는 몇 가지 내용을 빠르게 반복해볼 수 있는 좋은 방법이다. 하지만 라이브러리와 OS가 필요한 수준으로 업데이트된 실제 장치에서 이런 변경사항을 테스트하기 전까지는 여기에서 기대할 수 있는 최상의 에뮬레이션 결과와 일치하는 결과를 낼 수 있다고 확신할 수 없다.

더 높은 범위의 안드로이드 장치(ES3 이상 또는 다른 렌더링을 사용하는)에서 이 레벨을 사용하는 경우에는 걱정할 것이 더 많지만 가장 큰 문제는 제거했다. 여기에서 다음과 같이 물을 수 있다. "8장에서는 적합하게 머티리얼을 수정하는 내용을 다루는 것 아닌가?" 이렇게 물어본다면 대답은 "그렇다."이다. 이를 위해 이 파티클에서 사용하는 머티리얼을 찾아보자. 이미터 속성에서 머티리얼을 찾아보면, 연기와 비슷한 효과를 내는 머티리얼 인스턴스라는 것을 확인할 수 있고, 이 머티리얼 인스턴스의 부모 머티리얼은 반투명 머티리얼인 것을 확인할 수 있다. 하이 엔드High-End 렌더링에서 ES2 OpenGL이나 로 엔드Low-End 렌더링으로 조정하는 일반적인 방법은 반투명 머티리얼을 마스크 처리하는 것이다. 단계가 설정된 알파를 반투명translucency 채널에 전달하는 대신, 맵에서 거의 시작 지점에 있는 Grass 머티리얼과 같이, 1-비트 마스크를 전달한다.

272

셰이더의 마스크 입력으로 연결되는 입력 텍스처의 알파 채널에 주목하자(런타임에 잔디를 움직이는 데 사용하는 Wind 노드 또한 더불어 살펴볼 흥미로운 노드이니 자유롭게 실험해보기 바란다). 이 방법에는 몇 가지 장단점이 존재한다. 장점은 마스크를 사용하면 픽셀을 다시 그리지 말라고 렌더러에 알려주기 때문에 텍스처를 뚫고 볼 수 있는 오버드로가 발생하지 않는다는 것이다. 단점은 마스크가 끝나는 가장자리는 부드럽지 않고 딱딱하게 나타난다는 것이다. 모든 사항을 미리보기 창에서 살펴보자.

이 작업은 실물이나 표면에 말 그대로 구멍과 같은 것이 있는 물체에는 정상적으로 동작한다. 하지만 여기에서 사용하는 눈 덮인 구름과 같은 효과의 경우에는 아마추어처럼 보일 것이다. 그렇다면 문제를 해결하기 위해 머티리얼에 어떤 작업을 할 수 있을까? 문제를 해결하는 데 가장 유용한 노드인 Quality Switch 노드를 살펴보자. 다음은 레벨과 함께 제공되는 반투명 머티리얼이다.

그리고 여기에 Quality Switch 노드를 추가해 낮은 수준의 FX를 설정하는 방법은 다음과 같다.

파티클 시스템을 Low 디테일 모드 이상()= Low)으로 설정하지만(그래서 항상 파티클 방출을 시도), 에디터의 엔진 퀄리티 세팅의 **이펙트**^{Effects} 항목을 **낮음**^{Low}으로 설정하면 파티클은 그리는 것을 멈출 것이기 때문에 GPU 성능에 더 이상 영향을 미치지 않을 것이다. 이 모습은 변경사항을 저장하기 전에(또는 단순히 DIFF 알파를 Multiply 노드의 A 채널에 직접 연결) 레벨을 플레이해서 실시간으로 확인할 수 있다. Quality Switch를 연결한 상태에서 머티리얼을 저장하고 눈 덮인 구름 효과가 사라진 것을 확인하자.

마지막으로 살펴볼 중요한 사항이 남았다. 에디터에서는 이 모든 작업 내용이 훌륭하게 적용된다. 하지만 플랫폼이나 실제 장치별로 어떻게 설정해야 할까? 그 답은 바로 Config (.ini) 파일에 있다. 프로젝트의 Config 폴더에 각 플랫폼에 대한 하위 폴더(Config/Android, Config/Windows, Config/iOS 등)를 만들 수 있고, 기본 폴더에 각 Default⋯ .ini 파일을 저장할 수 있다. 각 플랫폼 관련 폴더에서 해당 플랫폼에 특화된 파일을 생성할 수 있다(예를 들어, DefaultEngine.ini는 안드로이드 장치에서 Config/Android/AndroidEngine.ini로 재정의된다). Config 파일은 가장 구체적인 것에서부터 가장 구체적이지 않은 것에 이르기까지 항상 적용된다. 따라서 어떤 속성이 AndroidEngine.ini, 게임의 Config/DefaultEngine. ini 그리고 엔진의 Config/BaseEngine.ini에 있으면 AndroidEngine.ini 속성이 마지막으로 적용되고, 이 속성이 런타임에 사용되는 속성이 된다. 다시 말해, 상당히 많은 수의 장치에서 작업하는 경우 게임의 Config/DefaultDeviceProfiles.ini 수준에서 이런 속성을 추가하는 것이 좋다. 다음은 Config 파일에서 설정할 수 있는 내용을 간략히 요약한 것이다.

```
[DeviceProfiles]
+DeviceProfileNameAndTypes=Android_Adreno4xx_High,Android
```

여기에서는 특별히 이름이 지정된 장치와 유형을 정의했다(안드로이드).

```
[/Script/AndroidDeviceProfileSelector.AndroidDeviceProfileMatchingRules]
+MatchProfile=(Profile="Android_Adreno4xx_High",Match=((SourceType=SRC_
GpuFamily,CompareType=CMP_Regex,MatchString="Adreno \\(TM\\) 4[3-9][0-9]")))
```

다음 속성은 엔진이 시작된 장치가 여기에 지정한 장치인지 파악하는 방법을 알려준다 (GPU 유형의 검색으로).

```
[Android DeviceProfile]
+CVars=r.BloomQuality=1
+CVars=r.Shadow.MaxResolution=1024
+CVars=r.MaterialQualityLevel=2
```

다음 속성은 안드로이드 장치에 대한 몇 가지 기본값이다(다른 값으로 재정의하지 않는 한 이 값이 세부적으로 적용된다).

```
[Android_High DeviceProfile]
+CVars=r.MaterialQualityLevel=1
+CVars=r.MobileContentScaleFactor=2.0
+CVars=r.ShadowQuality=5
+CVars=r.DetailMode=2
```

다음 속성은 고성능 안드로이드 속성을 사용하기 위한 프로파일이다.

```
[Android_Adreno4xx_High DeviceProfile]
DeviceType=Android
BaseProfileName=Android_High
```

끝으로 특정 Adreno4xx_High 유형을 Android_High 유형으로 설정하면 된다. 원하는 다른 수준의 속성을 설정할 수도 있다. 예제에 있는 머티리얼의 경우 프로파일에서 눈 덮인 구름 효과가 나타나지 않기를 원했으므로 다음과 같이 설정한다.

```
+r.DetailMode=0
```

좀 더 일반적인 방법으로, (플랫폼) Scalability.ini의 sg.EffectsQuality 속성을 0으로 설정할 수 있다. 이 방법은 추가자료 절에서 에픽의 엔진 퀄리티 설정 참조 링크에서 자세한 정보를 확인할 수 있다.

한 가지 주의사항을 언급하자면, 8장의 GitHub 프로젝트 마지막에서 Git의 LFS 시스템에 .uasset 파일 유형이 추가됐다. 이는 이 애셋 파일의 크기가 매우 컸기 때문이다. 이전 프로젝트로 돌아가면 나중에 변경된 .uasset 포인터를 .uasset 데이터 오브젝트로 되돌려놓기 때문에 LFS 시스템에 혼동을 줄 수 있다. 이 경우 로컬 브랜치를 고치기 위해 LFS 시스템이 변경되기 전(커밋 c24d2db)으로 직접 재설정(리셋)을 수행한 다음, 변경항목을 일일이 직접 재설정해야 할 수도 있다. 이 작업을 하지 않으면, 포인터 값을 해석하지 못해 .uasset 의 변경을 취소할 수 없다는 경고가 발생할 수도 있다(Git에서는 바이너리 .uasset이 아니라 LFS 포인터여야 한다고 생각한다). 앞으로 진행할 관리되는 모든 브랜치는 (Chapter-9, master, 그리고 앞으로 진행할 프로젝트) .uasset의 추적이 올바르게 설정될 것이다. 프로젝트를 이전 시점으로 되돌릴 때만 문제가 되겠지만, 이 내용이 언급한 문제를 겪는 모든 사람에게 도움이 되길 바란다.

요약

UE4 머티리얼 시스템에 이미 친숙한 사람에게는 8장이 리뷰할 좋은 기회를 제공하고 새로운 정보나 요점을 제공했기를 바란다. 이전에 UE4 머티리얼 시스템에 대한 경험이 없었다면 8 장을 통해 언리얼이 제공하는 가장 일반적으로 사용되는 강력한 도구인 머티리얼을 사용해 팀을 이끌고 프로젝트를 추진해가며 올바른 의사 결정을 내릴 수 있는 탄탄한 토대를 마련할 수 있었을 것이다. 언제나 배울 내용이 생긴다. 하지만 게임 개발 역량을 갖추려면 프로젝트를 한 단계 위로 이끌어갈 수 있는 능력과 UE4의 머티리얼이 모든 프로젝트에 제공하는 복잡하고 강력한 세상을 관리하는 데 필요한 기술과 지식을 팀에 보여줄 수 있는 능력이 필요하다. 끝으로 HLSL이나 GLSL 코드를 직접 작성하는 것에 익숙하고 이런 코드가 UE4에서 어떻게 보일지 궁금하다면 엔진의 Shaders/Private 폴더에서 VolumetricFog.usf와 같은 파일을 살펴보기 바란다. 셰이더 코드를 처음 보거나 언리얼인 셰이더를 컴파일하는 방법에 익숙하지 않은 경우 유용한 링크가 추가자료 절에 있으니 확인해보기 바란다.

▌연습문제

1. 머티리얼과 머티리얼 인스턴스의 차이점은?

2. 머티리얼 인스턴스는 머티리얼에 특정 타입의 노드를 추가했을 때만 의미가 있다. 이 노드는 무엇인가?

3. **플레이** 드롭다운 메뉴의 시뮬레이션은 유용하게 활용할 수 있다. 이에 대해 8장에서 설명한 내용은 무엇인가?

4. 다이나믹 머티리얼 인스턴스의 목적은 무엇이며, 어디에서 그리고 언제 만들 수 있는가?

5. GPU에 문제를 발생시키는 셰이더를 찾는 핵심 도구는 무엇인가?

6. 모든 성능 문제를 프로파일링하는 데 가장 도움이 되는 커맨드 라인 옵션(명령어)은?

7. 다양한 플랫폼에서 머티리얼을 조정할 때 가장 유용한 머티리얼 노드는?

8. 중요한 모든 성능 요소에서 플랫폼별로 속성을 설정하는 방법은?

▌추가자료

NVIDIA PerfKit (안드로이드와 PC):

https://developer.nvidia.com/nvidia-perfkit

UE4 CPU 프로파일링:

영문· https://docs.unrealengine.com/en-us/Engine/Performance/CPU

한글· http://api.unrealengine.com/KOR/Engine/Performance/CPU/index.html

UE4 GPU 프로파일링:

영문 · https://docs.unrealengine.com/en-US/Engine/Performance/GPU

한글 · http://api.unrealengine.com/KOR/Engine/Performance/GPU/index.html

언리얼 엔진 퀄리티 참고서:

영문 · https://docs.unrealengine.com/en-us/Engine/Performance/Scalability/
  ScalabilityReference

한글 · http://api.unrealengine.com/KOR/Engine/Performance/Scalability/
  ScalabilityReference/index.html

언리얼 셰이더 개발(.usf, HLSL/GLSL 크로스 컴파일링 설명 포함)

영문 · https://docs.unrealengine.com/en-us/Programming/Rendering/
  ShaderDevelopment

09

시퀀서를 활용한
인 게임 컷씬 추가하기

개요

UE4를 사용한 많은 게임은 인 엔진 및 인 게임 컷씬^{Cutscene}이 매우 뛰어나다고 알려져 있다. 기존에는 컷씬을 제작할 때 마티네^{Matinee}라는 도구/시스템을 사용했다. 최근에는 컷씬을 제작하기 위해 향상된 시스템인 시퀀서^{Sequencer}가 새로 추가돼 최신 UE4 타이틀에 널리 채택되고 있다. 9장의 마지막에서는 마티네가 더 이상 사용되지 않는 이유를 다루려고 한다. 수년 전에 제작된 게임에서 마티네는 훌륭히 그 역할을 해냈으며 여전히 활용 가능한 도구이다. 먼저 시퀀서와 시퀀서가 제공하는 기능, 시퀀서로 할 수 있는 일을 살펴보자.

- 시퀀서 기본
- 신 추가하기
- 트랙 편집
- 시퀀서의 대안
- 다이얼로그 시스템, 블루프린트 스크립팅
- 마티네

기술적 요구사항

9장에서는 GitHub 프로젝트에 특정 애셋을 추가해 사용한다. 실제 예제를 따라오려면 9장 GitHub 브랜치에서 시작할 것을 권장한다. https://github.com/PacktPublishing/Mastering-Game-Development-with-Unreal-Engine-4-Second-Edition/tree/Chapter-9

사용한 엔진 버전: 4.19.2

시퀀서 - UE4의 새로운 컷씬 제작 도구

시퀀서는 마티네를 대체하기 위해(또는 계승하기 위해) UE4 4.12에 도입됐다. 마티네에 대한 경험이 없는 콘텐츠 개발자나 팀, 심지어 마티네에 대한 경험이 있는 경우라도 컷씬을 제작하는 가장 좋은 도구가 시퀀서이다. 다른 종류의 키프레임 트랙 기반 도구를 사용해 본 경험이 있는 사용자라면 시퀀서를 사용하는 데 큰 어려움이 없을 것이다. 시퀀서는 사용하기 쉽고 에픽에서 사용하는 도구이며 앞으로 계속 발전이 기대되는 도구이다. 고퀄리티 컷씬을 게임에 추가하고자 하는 모든 게임에서는 레벨에 배치된 (플레이어가 볼 수 있는) 액터를 간단하게 정렬하는 데 사용하는 경우인지, 서사와 스토리를 전달하는 데 도움을 주기 위해 시네마틱 품질의 신을 완벽하게 제어하는 경우인지에 관계없이 반드시 시퀀서 기능에 익숙해져야 한다. 이제 시퀀서로 할 수 있는 일을 살펴보자.

시퀀서를 사용하는 이유

앞서 설명했던 것처럼, 시퀀서는 앞으로 활용할 기술이며 능숙한 사용자에게 매우 다양한 옵션과 기능을 제공한다. 이 책은 콘텐츠 제작 전문 과정보다 엔진 기능에 대한 전반적인 지식 제공에 중점을 뒀기 때문에 시퀀서의 대략적인 내용만 살펴볼 것이다. 하지만 콘텐츠 제작 과정 초기에 중요한 결정을 내리고 잠재 고객에게 가능한 최상의 경험을 제공하기 위해 시퀀서를 활용해 할 수 있는 일과 시퀀서가 작업에 어떤 도움을 줄 수 있는지를 이해하는 것이 매우 중요하다.

GitHub 프로젝트에 가보면 HTML5(PC/Chrome 및 맥/Safari에서 테스트 함-맥/Safari에서는 안정성 문제는 있지만 현재 테스트 가능)로 빌드하고 실행할 수 있는 커밋을 장 초반부 커밋에서 찾을 수 있다. 코드 측면에서 이 커밋의 대부분은 Windows 빌드처럼, 빌드가 선택하지 않는 단순 헤더로서 다양한 플랫폼에서 흔히 사용된다. 예를 들면 다음과 같다.

```
#include "Engine/World.h"
```

MasteringInventory.cpp에서는 이미 다른 곳에서 헤더를 선택했기 때문에 Windows 빌드에는 영향을 주지 않는다. 다시 시퀀서로 돌아가보자. 시퀀서를 추가한 역사와 지속적인 지원만으로도 시퀀서를 사용할 충분한 이유가 되지만, 시퀀서 기능의 개요를 살펴보는 것이 먼저이다. 시퀀서는 어떤 기능을 제공하는가? 시퀀서로 할 수 없는 일은 존재하는가? 일반적인 기능과 용도를 나열해 살펴보자.

- **레벨 시퀀스**^{Level Sequences}: 시퀀서 시네마틱에서 개별 장면, 여러 하위 시퀀스의 계층 구조 등(더 많은 레벨 시퀀스 오브젝트) 대부분의 작업을 수행하는 곳이다.

- **마스터 시퀀스**Master Sequences : 마스터 시퀀스는 일반적으로 그룹 관리 또는 다이나
믹 레벨 시퀀스 및 샷shot 오브젝트를 관리하는 데 사용된다. 몇 가지 옵션을 추가
할 경우 독립형 레벨 시퀀스의 래퍼로 사용할 수도 있다.
- **샷 트랙**Shot Track : 시퀀스에 추가할 수 있지만 독립형 애셋으로도 저장이 가능한 트
랙이다. 가장 기본적인 트랙이며 일반적으로 카메라, 포커스 등을 제어하는 데
사용한다.
- **테이크**Takes : 샷 트랙에서 여러 샷을 정렬하면, 해당 샷 트랙의 시퀀스인 테이크 오
브젝트를 만들 수 있다. 또한 테이크를 서로 바꿔 샷의 느낌을 확인해가면서 신속
하게 반복 작업을 할 수 있다.
- **액터 투 시퀀서 트랙**Actor to Sequencer Track : 액터 투 시퀀서 트랙은 레벨에 있는 액터를
시퀀서에 추가할 때 사용한다. 월드에 배치된 액터를 움직이고 시퀀서에서 액터
를 애니메이션하는 데 사용하는 방법이다.

다른 구성요소도 많지만, 지금 설명한 요소가 시퀀서의 기본에 익숙해지기 위한 주요 구
성요소다. 먼저 시퀀서 작업이 가능하도록 FirstPersonExampleMap 배경에 필요한 요
소를 추가해 준비하자. GitHub 프로젝트를 살펴보면 직접적인 영향이 없는 몇 가지 변경
사항을 확인할 수 있다. 조명이 다시 밝게 설정됐고, 특별한 하나를 제외하고는 상자에 깜
빡이는 머티리얼을 제거했고, 메인 층main floor 바로 아래에 백스테이지 영역이 추가된 것
을 볼 수 있다.

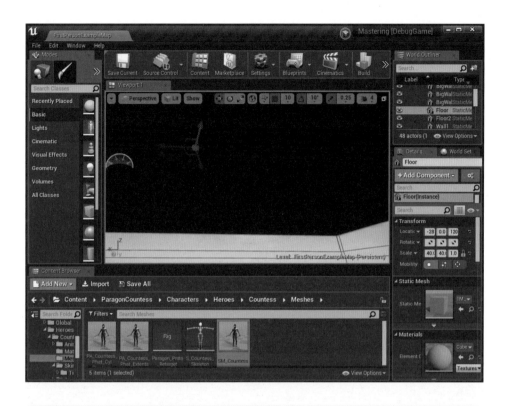

 TIP Alt 키(맥에서는 Command 키)를 누른 상태에서 물체의 트랜스폼을 드래그하면 오브젝트를 간단히 복제할 수 있다. 이렇게 하면 오브젝트가 복제되고 드래그하는 방향으로 복제된 오브젝트가 이동한다. 예제에서는 바닥을 복사해 원래 있던 층 바로 아래에 배치하는 데 사용했다.

장면의 액터를 배치할 평면을 준비했으면, 장면을 좀 더 흥미롭게 만들 수 있는 새로운 아이템을 추가해보자. 먼저, 콘텐츠 브라우저의 **신규 추가**Add New 버튼을 누른 뒤 나오는 메뉴 제일 위에 보이는 **피처 또는 콘텐츠 팩 추가**Add Feature or Content Pack 메뉴를 선택한다. 이 메뉴를 두 번 사용할 것이다. 먼저 콘텐츠 브라우저의 최상위(루트) 경로인 콘텐츠Content 폴더에서 클릭해야 추가될 항목이 적절한 수준으로 정렬된다. 물론 각자에게 맞는 방식으로 애셋을 정리할 수 있다. 하지만 이렇게 하면(최상위 경로에서 클릭) GitHub 프로젝트에 있는 내용과 일치시킬 수 있기 때문에 GitHub 다운로드 시간을 절약할 수 있다(이 콘텐츠는 1장, '1인칭 슈팅 게임을 위한 C++ 프로젝트 만들기'에서 엔진의 전체 소스를 받았기 때문에 이미 컴퓨터에 있다. 피처 또는 콘텐츠 팩을 추가하면 엔진의 콘텐츠 폴더에서 프로젝트 폴더로 해당 콘텐츠를 복사해 추가한다). **블루프린트 피처** 탭에서 **삼인칭 팩**^{Third Person pack}을 추가하고 **콘텐츠 팩** 탭에서 **시작용 콘텐츠**^{Starter Content}를 추가하자.

여기에는 사용하지 않을 만한 애셋도 많다. 이 때문에 전체 GitHub 크기가 늘어나지만, 레벨에서 다른 애셋(또는 레벨 자체)에 의해 직접 참조(사용)되거나 강제 쿠킹 목록에 추가하지 않은 경우에는 대상 플랫폼의 게임 패키지 크기는 늘어나지 않는다. 이 내용은 10장에서 자세히 살펴보자.

이로써 백스테이지 영역에 새로운 애셋을 추가할 수 있게 됐다. 백스테이지 영역을 만들 때 다음 두 가지 사항을 염두에 두고 작업하자.

- 플레이어는 백스테이지를 볼 수 없을 뿐만 아니라 접근할 수도 없다.
- 액터를 배치한 곳과 비슷하게 조명을 설정해 백스테이지가 시퀀스 중에 다른 영역에 추가될 때 눈에 띄게 튀지 않도록 설정한다.

또한 시퀀스에서 특정 큐에 캐릭터를 생성^{Spawn}할 수도 있다. 이 캐릭터는 볼 수 없지만(데모를 진행할 예정), 캐릭터를 생성하는 시점에 동기적 로드(캐릭터가 사전에 이미 로드되지 않은 상태라면)에 대한 비용이 발생할 수 있기 때문에 주의해야 한다. 다음 그림은 백스테이지를 나타낸 것이다.

그림에서 배치한 것은 폰Pawn이 아니라 단순한 스켈레탈 메시라는 것을 알 수 있다. 또한 중요하게 살펴볼 사항은 오른쪽에 있는 이 메시가 사용하는 애니메이션 모드이다. 다른 예제에서 사용했던 Use Animation Blueprint 모드와 달리 Use Animation Asset 모드를 사용한다. 이는 시퀀스에서 설정한 애니메이션 관련 작업을 덮어쓸 수 있게 하기 위한 것이다. 대부분의 독자가 잘 알고 있을 에픽 게임즈의 템플릿에서 제공하는 마네킹 캐릭터 역시 시퀀스의 이점을 위해 AnimBP가 아니라 Animation Asset 사용 모드로 설정됐다. 또한 상단의 메인 메뉴의 **시네마틱**Cinematics 버튼에서 메인 레벨 시퀀스를 추가할 수 있다. 개인적으로는 시퀀스가 맵과 밀접하게 연관돼 있기 때문에 맵이 저장된 콘텐츠 폴더에서의 시퀀스 생성을 선호한다. 하지만 개별 시네마틱 폴더를 만들어 관리하는 것도 좋은 방법이다.

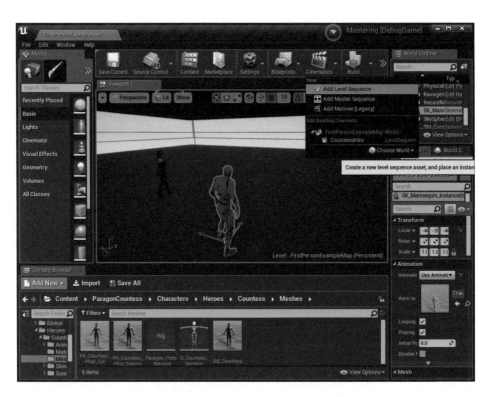

스크린샷을 찍기 전에 이미 장면을 추가했기 때문에 CountessIntro라는 이름의 편집 가능한 시테마틱이 있는 것을 볼 수 있다. 시네마틱은 FirstPersonExampleMap에 보관된다. 여기에서 컷씬을 제작하고, 제작한 컷씬을 재생하는 즐거움을 만끽할 수 있다.

장면 추가 및 재생

지금은 맵에 아주 기본적인 레벨 시퀀스만 추가한 상태이다. 하지만 어떻게 사용해야 할까? 이를 위해 시퀀스 재생 방법을 살펴보자. 그런 다음, 아주 기본적인 장면을 만들어보고 이를 재생해보자. 그 이후에 퀄리티를 올리고 몇 가지 재미있는 옵션을 활용해 디테일을 더할 수 있다. 이와 같은 장면에서 작업할 때 가장 먼저 해야 할 일은 적절한 시점(뷰, View)을 제공하는 것이다. 이를 위해 뷰포트의 드롭다운 메뉴에서 **2 패널 레이아웃**을 선택한다.

현재 캐릭터 클래스에 있는 기능을 무기 클래스에서 동일하게 복제해야 한다는 점을 알고 있기 때문에, 현재 캐릭터에서 사용되는 내용을 주석 처리하고 작업 중인 무기가 완성되면 나중에 주석 처리한 내용을 제거한다.

뷰포트의 왼쪽 창을 선택한 상태에서 **시네마틱 프리뷰**로 설정한다(왼쪽 상단의 동일한 화살표 드롭다운 메뉴에서). 이제 전용 시네마틱 프리뷰 창에서 시퀀스 장면을 빠르게 확인하면서 작업할 수 있다. 하지만 시작하기 전에 해야 할 작업이 한 가지 더 있다. 사용할 수 있는 공간과 트리거 볼륨이 필요하다.

GitHub 프로젝트를 살펴보면 장면에서 위쪽에 배치된 플랫폼이 레벨에 배치된 다른 상자를 납작하게 크기를 조절한 것에 불과하다는 것을 알 수 있으며, Simulate Physics와 Enable Gravity 속성은 모두 해제된 것을 볼 수 있다. 트리거 볼륨은 폰^{Pawn}과 겹쳤는지를 감지하기 위해 배치했으며 레벨 블루프린트에서 볼 수 있듯이 Mastering Character에 의해 트리거되면 자기 자신을 제거한다.

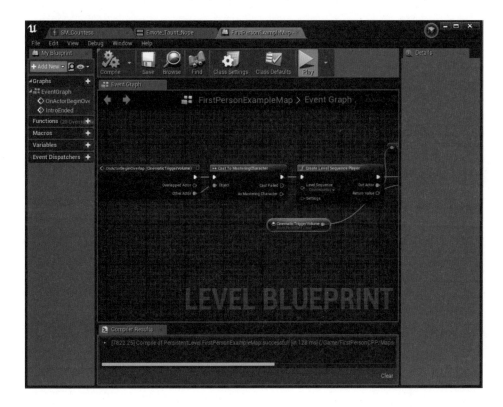

다음 스크린샷에서 트리거 볼륨이 그 이후에 즉시 제거된 것을 볼 수 있다. 그런 다음, 레벨 시퀀스 플레이어Level Sequence Player를 생성하고, 시퀀스 재생이 끝나면 인공지능을 갖춘 적 플레이어 생성을 볼 수 있다.

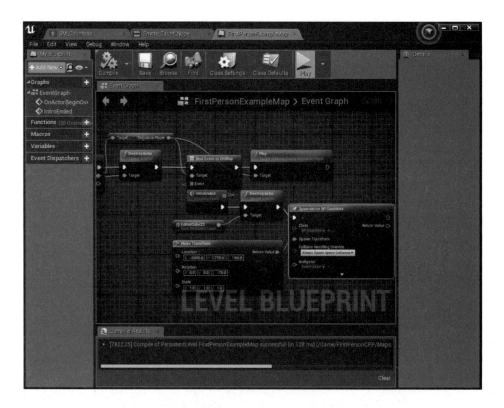

이 상태에서는 시퀀스가 실제 재생은 되지만, 어떤 작업을 추가하기 전까지는 시퀀스가 재생되는 즉시 종료되고 플랫폼을 삭제하고 BP_Countess를 생성한다. 따라서 시퀀스 장면의 "어떻게"를 살펴보기 전에 장면의 "무엇"을 먼저 살펴보자. 플레이어가 이 위치에 도달하면 백작 캐릭터(적 캐릭터)가 플랫폼에 등장하고, 바깥쪽을 향해 애니메이션을 재생하고, 대기Idle 상태에서 잠시 멈춘 다음, 전면으로 도발하는 애니메이션을 재생한다. 이 애니메이션은 모두 백스테이지 스켈레탈 메시의 적 캐릭터에서 재생하는 것이다. 따라서 대미지를 받거나 AI를 수행하지 않는다. 시퀀스의 끝에 이르면(시퀀스에 연결하는 이벤트로 끝나는 시점을 알 수 있다), 적 캐릭터가 등장했던 플랫폼을 제거하고, 스켈레탈 메시는 자동으로 백스테이지로 돌아간다. 그리고 이 스켈레탈 메시와 동일한 트랜스폼을 사용해 (BP_Countess 클래스의 메시에 설정했기 때문에 90도 회전을 추가로 적용) 완전한 AI 기능을 갖춘 버전으로 대체한다.

기본적인 시퀀스를 살펴보자.

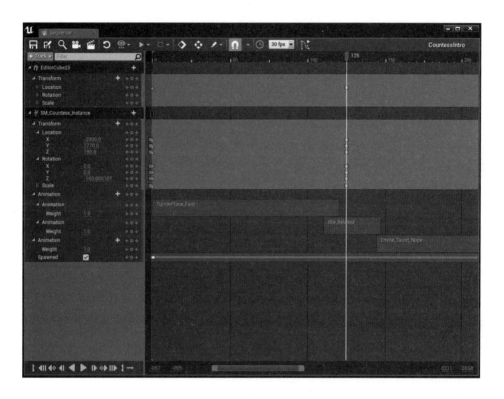

기본 장면을 구성하기 위해서는 시퀀스에 두 액터를 추가해야 한다. 이를 위해 Countess Intro를 더블 클릭해 에디터를 열고 상단에 있는 + 트랙 버튼을 클릭한다. 월드에 배치한 액터(예제의 경우, 플랫폼 액터와 적 스켈레탈 메시 인스턴스를 각각 선택한다)를 선택하면 검색하지 않아도 위쪽에 나타나기 때문에 다음 작업이 쉬워진다. 두 액터를 추가했으면, 두 액터가 현재 있는 위치(이 위치가 두 액터의 시작 위치라고 가정한다)에서 트랜스폼Transform 키프레임을 추가하는 것이 좋다. 트랜스폼 키프레임의 추가는 트랜스폼 전체에 대한 키프레임을 추가

하거나 예제의 플랫폼과 같이, 선택한 위치만 키프레임에 추가할 수도 있다. 트랙을 선택하고 타임 슬라이더(상단의 빨간색 표시와 트랙의 아래쪽에 있는 빨간색 선)를 시작 위치(하단에 있는 |I 아이콘을 찾아 클릭하면 시작 위치로 설정할 수 있다)에 놓은 상태에서 엔터를 누르거나 **트랙 선택** 메뉴의 왼쪽, 오른쪽 화살표 사이에 있는 작은 + 아이콘을 클릭하면 키프레임을 추가할 수 있다. 대부분의 콘텐츠 개발자는 어떤 유형이라도 키프레임 인터페이스를 갖는 도구(주요 패키지의 애니메이션이나 다른 시네마틱 도구 등)를 사용할 것이기 때문에 시퀀서에서 트랜스폼을 변경하고 키프레임을 추가하는 작업에 쉽게 익숙해진다.

간단한 예로, 이 플랫폼을 선택하고, 타임 슬라이더를 앞으로 드래그해 125 위치로 이동시킨 다음, 플랫폼을 바닥 위치 정도까지 내리고, 시퀀스 에디터에서 키프레임을 추가한다. 키프레임을 추가한 다음, 타임 슬라이더를 앞뒤로 드래그하거나, 시퀀스를 처음부터 재생하면 키프레임에 추가한 위치 사이에서 플랫폼이 이동하는 것을 볼 수 있다. 기본적으로 키프레임은 주황색 원형으로 표시된다. 예제의 경우 시작 키프레임에서 마우스 오른쪽 버튼을 클릭하고 보간Interpolation을 선형(초록색 세모)으로 설정했다. 이렇게 하면 시작 키프레임에서 마지막 키프레임까지 이동할 때 모션에 가속이 적용되지 않는다. 이와 비슷하게, 백작 캐릭터(적 캐릭터)에서 −1 단위 표시에 정사각형으로 표시되는 것을 볼 수 있다. 이를 통해 백작 캐릭터를 플랫폼 위에 놓고 이동시킨다. 이와 함께, 백작 캐릭터의 인스턴스 이름/영역에서 마우스 오른쪽 버튼을 클릭하고 **스포너블로 변환**Convert to Spawnable으로 설정한다. 이렇게 하면, 아래에서 플랫폼 위로 움직이는 것을 방지할 수 있다. 이 작업을 할 수 있는 여러 다른 방법이 존재한다. 하지만 백스테이지 백작 캐릭터는 항상 레벨의 시작 시점에 생성되기 때문에 생성 키프레임을 처리하는 데 로드 시간이 발생하지 않는다. 따라서 시간 0에서 스폰Spawned 박스를 해제하고, 스폰Spawned 트랙에 키프레임을 추가한다. 시간 1에서 스폰 박스를 체크하고 키프레임을 추가한다. 또한 시간 0 위치에서 백작 캐릭터의 위치 및 회전이 상수Constant 유형 키프레임(파란색 상자)으로 나타난다. 이제 백작 캐릭터는 장면이 시작할 때 자연스럽게 등장한다(여기에 멋진 효과를 더하거나 기획에 따라 다른 부가 요소를 추가할 수도 있다). 플랫폼의 위치와 정확하게 일치시키기 위해, 두 액터를 모두 선택하고 시간 0에서 바닥 위치로 설정한 다음, 위치 트랙에 키프레임을 추가한다. 그런 다음 타임 셀렉터를 드래그해 125 위치에 둔 다음, 두 액터의 두 번째 키프레임을 추가한다 (둘 모두 선형Linear 모션으로 설정했다). 그다음, 맵 안에서 캐릭터의 반대편을 바라보는 방향에서 다시 캐릭터를 바라보는 방향으로 커브 회전을 설정했다. 하지만 예제에서는 시간 0에서 초기 회전을 설정했기 때문에 백작 캐릭터의 회전 트랙만 선택해 키프레임을 추가했다. 키프레임 기본값인 큐빅(자동) 트랜스폼 유형으로 그대로 두고, 시간 125의 맵에서 캐릭터를 향하게 백작 캐릭터의 회전을 적용해 두 번째 키프레임을 추가했다.

이렇게 작업한 상태에서 시퀀스 장면이 구성된 내용을 자유롭게 살펴보고 재생하자. 시퀀스 재생이 끝나면 AI로 동작하는 정상적인 적 캐릭터와 마주할 수 있다(시각적 캐릭터 감지 기능을 기반으로 동작하는 캐릭터, 주로 재생 바로 다음에 플레이어를 따라옴). 백작 스켈레탈 메시 인스턴스는 아직 애니메이션을 사용하지 않으니, 스크린샷과 GitHub 프로젝트에서 작업했듯이 **트랙 +** 버튼(인스턴스 이름, SM_Countess_Instance의 오른쪽에 있는 버튼)을 클릭해 애니메이션을 추가해보자. 애니메이션 트랙 하나에 여러 애니메이션을 추가할 수도 있고, 여러 애니메이션 트랙을 추가할 수도 있다. 여기에서는 각각 하나씩 사용했으며, 회전하는 애니메이션을 바닥에 닿을 때까지 재생하고, 대기Idle 애니메이션과 약간 겹치게 구성했다. 이렇게 구성해 한 애니메이션이 끝나고 다음 애니메이션을 재생할 때 끊기는 느낌이 들지 않게 했다. 그런 다음 다른 애니메이션 트랙에 도발하는 애니메이션을 추가하고 대기Idle 애니메이션과 약간 겹치게 구성했다. 많은 게임에서 이와 같은 수준의 시네마틱(영화적인) 경험이 필수적이다. 느낌을 더하기 위해 이 부분에 오디오를 추가할 것이다. 예제에서 제작 중인 장면은 플레이어 컨트롤을 중단하고 카메라를 직접 조작하는 전용 시네마틱 컷씬이라기보다는 상당히 전통적인 인 게임 신이라고 할 수 있다. 앞서 언급했던 오디오를 추가해보자.

시퀀서에서 대량의 트랙을 작업할 때, 트랙을 더블 클릭하면 에디터 창의 길이에 맞게 해당 트랙의 길이를 맞춘다. 여기에서 다시 더블 클릭하면 일반 수준의 크기로 되돌아온다. 이 기능은 시퀀스를 전체적으로 볼 때 유용하다.

Content/FirstPersonCPP/Maps 경로에 레벨 시퀀스^{LevelSequence} 오브젝트를 하나 더 생성하고 IntroShot1으로 이름을 지정한다(콘텐츠 브라우저에서 마우스 오른쪽 버튼을 클릭하면, 애니메이션 카테고리 아래에서 **레벨 시퀀스 생성** 메뉴를 찾을 수 있다). 생성한 IntroShot1을 열어보면, 시퀀스에 첨부되지 않기 때문에 아직 유용하지 않다. 하지만 레벨 시퀀스를 활용하면 앞서 했던 것처럼 키프레임을 만들 필요가 없는 액터에 초점을 맞춘 수많은 샷을 빠르게 만들 수 있다. 레벨 시퀀스는 하나의 시퀀스에서 여러 레벨 시퀀스를 샷(장면)으로서 사용할 수 있게 한다. 이런 측면에서 레벨 시퀀스는 매우 유용한 도구가 될 수 있다. 참고로, 이 장면을 실험하기 위해 여러 샷(장면)을 사용했다(예제로 예술적 재능을 증명하는 것이 아니라, 도구의 기능과 어디에 활용할 수 있는지를 학습하고 있다는 점을 잊지 말자). 이 실험으로 최종 장면에 가장 적합한 몇 가지 프레임 유형을 사용했고, 여기서 선택한 최종 결과 장면을 GitHub에 올려뒀다. 여러 샷을 사용해 테이크^{Take}로 결합하고, 이를 하나의 시퀀스에서 앞/뒤로 빠르게 바꿔가면서 장면을 구성하는 내용이 궁금하다면 추가 자료 절에 있는 에픽의 문서 링크를 참고하기 바란다. 시퀀서를 활용해 만들 수 있는 가능성은 무궁무진하다. 하지만 프로젝트에서 기대하는 수준과 팀에서 수행할 수 있는 능력을 제대로 알아야 다른 팀이 실패하는 곳에서도 성공할 수 있다는 점을 명심하자.

이제 작업 중인 장면을 마무리하자. 백작 캐릭터 인트로 시퀀스에서 상단의 + 버튼을 사용해 트랙을 추가하고 **샷 트랙**^{Shot Track}을 선택한다. + 버튼을 사용해 IntroShot1을 추가한다. 학습을 위해 설명하자면, 임포트하기 전에 레벨에서 이 트랙의 대부분을 자체 시퀀스로 배치한 것에 주의하자. 하지만 지금 뷰포트의 레벨에서 CineCameraActor 액터를 직접 조작하는 것이 더 어렵기 때문에 나중에 이 부분을 약간 조정해야 한다. 물론 뷰포트에 특정 카메라 액터를 할당해 키프레임을 설정할 수 있다. 샷을 살펴보면 백작 다음에 이어지는 선형 키프레임을 확인할 수 있을 것이다. 이 상수 키프레임은 점프 컷(다른 샷에서 작업하지 않았지만, 앞서 설명했듯이 다른 샷으로 작업 가능)으로 사용하며, 일부 큐빅 키프레임은 카메라 조절 용도로 사용한다.

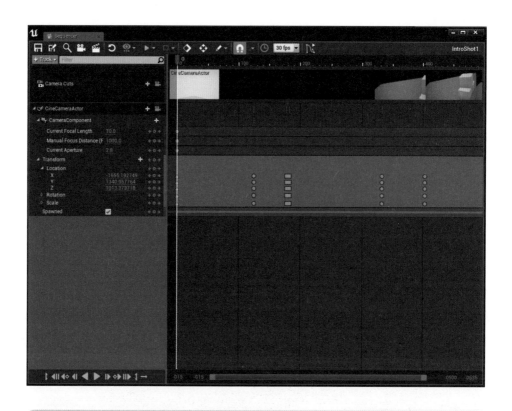

하위 트랙은 부모 시퀀스 안에 설정된 경우에만 존재한다. 대부분의 경우, 시퀀스 에디터에서 부모 시퀀스의 끝부분에 하위 트랙을 드래그해 붙이면 편집이 가능하다. 다른 방법으로 많은 트랙에서 마우스 오른쪽 버튼을 클릭하고 시네마틱 영상 재생이 끝난 후에 최종 결과가 유지되게 설정할 수 있다. 이 방법은 엔티티를 움직이고 시퀀스가 끝난 후에 해당 엔티티가 배치된 위치에서 게임이 바로 이어져야 하는 경우에 매우 유용하다.

인트로 시퀀스 그 자체로는 적절한 시점에 도발하는 오디오 트랙을 추가하는 것이 전부다(물론 더 많은 오디오를 장면에 추가할 수도 있다). 마지막으로 마네킹을 장면에 추가해 플레이어가 자신의 위치를 시각적으로 느낄 수 있게 한다. 하지만 이는 스켈레탈 메시를 컷씬으로 다시 생성하는 것이기 때문에 고정된 위치라는 점에 주의하자. 플레이어가 보는 장면의 첫 번째 버전과 최종 버전을 비교해보면 차이를 분명하게 느낄 수 있다. 그리고 전문 콘텐츠 제작자는 사용 가능한 도구에 익숙해지면 더 인상적인 작업이 가능하다.

시네카메라(CineCamera) 액터는 매우 강력한 도구이다. 이 장면에서는 시네카메라 액터가 하나 있으니, 시네카메라로 할 수 있는 것을 자유롭게 살펴보기 바란다. 또한 추가 자료 절에 있는 에픽 게임즈의 링크를 확인해보면, 시네카메라에 대한 유용한 정보를 얻을 수 있다.

카메라가 신에 있는 동안의 마지막 작업을 마무리하자. 보이는 부분을 감춘다. 블루프린트 이벤트를 사용해 전체 HUD를 숨긴다. HUD가 게임에서 유일하게 보이는 부분이다.

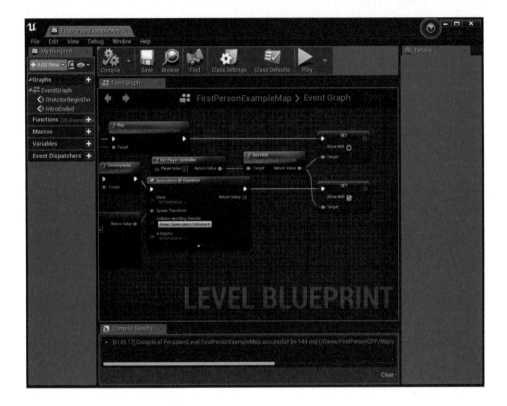

모든 작업을 완료했다. 이 예제에는 컷씬을 제작하는 데 필요한 기본적인 내용이 모두 담겨 있다. 또한 조금 더 많은 실험과 시간을 투자하면 전문가 수준의 결과를 만들 수 있다.

TIP 레벨 시퀀스를 다른 시퀀스에 추가해 장면을 구성할 때는 개별 샷(레벨 시퀀스), 해당 샷이 포함된 시퀀스, 이 시퀀스가 배치된 레벨을 자주 저장해야 한다는 점을 명심하자. 작업 지침을 만들 때 변경사항의 크기와 레벨의 버전 관리를 염두에 둘 것을 권장한다. 동일한 레벨을 복제하는 일은 언제나 발생할 수 있으며, 레벨 디자이너가 실제 레벨에서 작업하는 동안, 시네마틱 아티스트가 작업할 수 있다. 이 경우 버전 관리 시스템에 병합을 불가능하게 만드는 바이너리 애셋의 충돌이 발생할 수 있으니 이를 염두에 두고 작업 지침을 팀 내에서 공유하는 것이 좋다. 물론, 다른 레벨 부분이 동기화돼 있다면 추가 작업으로 병합 가능하다.

▎시퀀서의 대안

시퀀서에 익숙해지고 시퀀서에 대한 자신감을 심어주는 것이 9장의 주된 목표이다. 팀에서 시네마틱 컷씬을 작업할 시간(또는 필요성)이 없다면 무엇이 대안이 될 수 있을까? 대부분의 게임은 스토리로 게임을 배우게 하거나(튜토리얼), 특정 순간에 스토리 설명, 몰입, 감정적인 영향을 줄 수 있게 스크립트로 작성된 레벨이 필요하다. 하지만 UE4가 제공하는 모든 기능 중 몇 가지를 살펴봤다는 것을 감안할 때, 작업에 적합한 도구를 사용하고 있는지 확인하기 위해 좀 더 깊이 살펴보는 것이 좋다.

빠르고 쉬운 인 게임 장면 제작 방법

앞 절에서 살펴본 것처럼 시퀀서 기반의 전체 시네마틱을 제작하지 않고도 인 게임 장면을 제작하는 데 고려해볼 수 있는 중요한 방법이 있다. 다음은 이에 대한 목록과 일반적인 용도를 나열한 것이다.

- **다이얼로그 시스템**The Dialog System: 7장, '게임에 오디오 추가하기'의 추가 자료 절에 더 자세한 정보가 있다. 다이얼로그는 게임에서 오디오, 현지화[1]에 맞게 제작된

---

1 한국어, 일본어 등 게임을 서비스하는 지역에 맞는 언어를 지원하는 것을 말한다.

텍스트와 상호작용하는 캐릭터와 개별 캐릭터 사이의 조정 가능한 오디오를 제공한다(남성 캐릭터와의 대화는 여성과의 대화와 다를 수 있으며, 친구와의 대화 역시 신의 적과의 대화와 다를 수 있다). 즉, 대화의 흐름, 재생되는 애니메이션, 플레이어 컨트롤의 수준은 이런 상호작용을 만드는 기획자에게 전적으로 달려 있으며, 다이얼로그 시스템은 전체 장면 제작 장치라기보다는 오디오와 흐름을 제어하는 도구라고 할 수 있다.

- **블루프린트**Blueprint: 충분한 노력을 들이면 블루프린트에서 상상할 수 있는 거의 모든 일을 할 수 있다(3장, '블루프린트 리뷰 및 블루프린트 스크립팅 사용시기'의 전체 게임 만들기 내용 참고). 결국 복잡도를 관리하는 것이 문제이다. 하지만 플레이어 컨트롤을 없애면 특정 카메라 액터 설정, 스플라인에 따른 움직임 재생, 오디오 재생에 맞춰 애니메이션 재생 조절하기, 특수 효과 등 모두를 블루프린트에서 처리할 수 있다. 이런 내용을 더 자세히 알고 싶을 경우 블루프린트의 세부 내용에 대한 방대한 정보가 있으며 문제가 발생했을 때 참고할 수 있는 훌륭한 커뮤니티도 있다. 블루프린트의 가장 큰 단점은 블루프린트를 이 정도로 완전히 사용하기 위한 가파른 학습 곡선이 있다는 점이다. 또한 어떤 것이 제한돼야 하는지에 대해 훈련이 부족한 팀 구성원이 사용했을 때 발생할 오류의 위험이 크다는 점이다. 그리고 블루프린트를 구성하는 거대한 로직 그래프의 유지에 큰 어려움을 겪을 수도 있다. 재사용 로직의 일부를 지속적으로 함수 라이브러리로 줄이고 고도의 기술력을 이용한 지속적인 관찰로 이런 문제를 완화시킬 수 있지만, 이런 문제를 의심하지 않는 아티스트가 블루프린트를 사용할 때는 항상 주의해야 한다.
- **단순 시퀀스**Simple Sequences: 이전 절에서 만들었던 인트로 장면은 시퀀서에 전혀 익숙하지 않더라도 시간을 투자해 이 과정을 완료하면 완전히 관리할 수 있다. 앞부분의 단순 버전처럼, 액터를 배치하고 애니메이션을 재생하고 몇 가지 멋진 효과를 추가하는 것이 전부라면, 기술 및 비기술적 유형의 작업 모두 최소한의 훈련만으로도 관리가 가능할 것이다.

이어서 마티네를 살펴보자.

마티네

마티네는 기본적으로 이전 버전과의 호환성을 목적으로 유지되는 전 도구로서, 마티네에서 할 수 있는 일은 시퀀서에서도 할 수 있다. 즉, 마티네에 익숙하거나 아웃소싱 그룹이 여전히 마티네를 사용하는 데 있어 신속한 프로젝트 진행을 원하는 경우가 생길 수 있다. 앞서 설명했듯이, 시퀀서가 향후 지원되는 도구라는 이유를 제외하면 마티네를 사용할 수 없는 특별한 이유는 없다. 마티네는 전통적으로 사용해왔던 클래식 도구이다. 마티네는 예전 UE3와 초기 UE4 타이틀에서 시네마틱 작업의 중심을 이뤘다. 시퀀서 작업을 경험해본 사람이라면 마티네 에디터를 열었을 때 친숙함을 느낄 것이다.

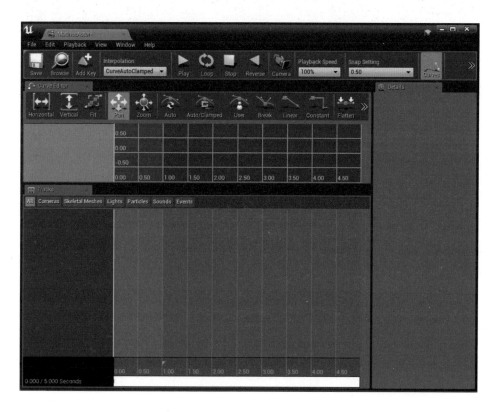

가장 큰 차이점은 마티네의 전면에 커브 에디터Curve Editor가 있다는 점이지만, 두려워할 필요 없다. 이런 컨트롤과 새로운 내용은 모두 시퀸서에서 사용 가능하다(시퀸서 상단 근처의 툴 버튼을 확인해 커브로 뷰 모드를 바꾼 다음, 트랜스폼 또는 키프레임이 적용된 다른 트랙을 선택해보자).

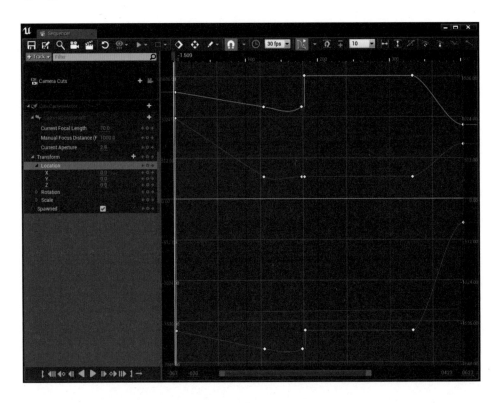

궁극적으로 어떤 도구가 가장 잘 동작하는지에 상관없이 사용 가능한 모든 선택사항(옵션)을 아는 것은 프로젝트를 성공으로 이끄는 데 매우 중요한 요소가 되며, 아마도 최종적으로는 사용 가능한 옵션을 조합해 사용할 것이다. 하지만 이제는 적어도 프로젝트의 시작부터 사용 가능한 도구에 대한 위험성과 가능성이 분명해졌을 거라 생각한다.

요약

시퀀서는 매우 놀라운 도구이다. 많은 사람이 에픽에서 제공하는 기술을 사용해 실시간 말 그대로 시네마틱(영화) 품질의 영상을 제작하고 있으며, 이는 놀라운 일이 아닐 수 없다. UE4의 다른 기능과 마찬가지로, 시퀀서 역시 그 내용이 매우 방대하며, 팀에서는 각 기능에 대한 전문가를 둘 수 있다. 하지만 팀의 기술 리더이자 팀을 이끌어가는 사람으로서 이런 모든 기능을 편안한 수준으로 사용하고 이런 기능이 서로 어떻게 상호작용하는지를 알수 있다면 큰 도움이 된다. 시퀀서 그리고 다른 사용 가능한 도구는 어떤 게임이든 향상시킬 수 있고, 더 많은 플레이어(사용자)를 문 밖으로 나오게 할 수 있다. 10장에서는 프로젝트를 사용자에게 전달하는 방법을 살펴볼 것이다.

연습문제

1. 시퀀서에 익숙해지고 앞으로 사용해야 하는 이유는?

2. 시퀀서에 추가해 가장 많이 사용되는 트랙은?

3. 트랙에 액터를 추가하는 방법은?

4. 시퀀서에서 애니메이션 블루프린트를 가진 폰을 직접 사용하지 않는 이유는?

5. 레벨-시퀀스 샷을 사용하는 목적과 이점은 무엇인가? 레벨 시퀀스는 트랙과 어떤 연관이 있는가?

6. 맵 레벨에 시퀀스를 바로 추가했을 때 발생할 수 있는 주요 위험은?

7. 시퀀스에서 할 수 있는 거의 모든 작업을 블루프린트에서 할 수 있다면, 블루프린트를 컷씬에 사용했을 때 나타날 수 있는 위험은 무엇인가?

8. 시퀀서에서 키프레임 커브를 세부적으로 조정하는 방법은?

▌ 추가 자료

여러 샷과 테이크 생성하기

영문· https://docs.unrealengine.com/en−US/Engine/Sequencer/HowTo/
TracksShot

한글· http://api.unrealengine.com/KOR/Engine/Sequencer/HowTo/TracksShot/
index.html

시네카메라(CineCamera) 액터

영문· https://docs.unrealengine.com/en−US/Engine/Sequencer/HowTo/
CineCameraActors

한글· http://api.unrealengine.com/KOR/Engine/Sequencer/HowTo/
CineCameraActors/index.html

10

게임 패키징하기
(PC, 모바일)

▌ 개요

고객에게 게임을 성공적으로 전달하는 임무는 가장 과소 평가돼 있는 것 중 하나다. 하지만 이는 UE4의 사용자로서 절대적으로 갖춰야 할 능력이다. 10장에서는 게임 패키징의 여러 방법을 살펴본다. 모든 팀과 프로젝트는 대상으로 하는 각 플랫폼을 분석해야 한다. 특정 플랫폼에만 있는 특징은 있지만, 각 플랫폼별 패키징 과정은 대체로 비슷하다. 어떤 프로젝트는 다른 프로젝트보다 고객에게 전달하는 과정이 훨씬 더 복잡할 수 있다. 하지만 10장이 끝날 때쯤에는 어떤 마켓에라도 출시할 수 있다는 기대와 확신을 가질 수 있을 것이다. 10장에서 다룰 내용은 다음과 같다.

- PC용 게임 패키징
- 안드로이드 및 iOS 설정
- 게임의 스탠드얼론^{Standalone} 설치 버전을 만드는 방법과 시기
- 안드로이드 및 iOS에서의 실행 및 빌드
- UE4에서 플레이 vs 패키지 빌드 비교
- 빌드 시 정지시간(다운타임, Downtime)을 피하는 팁

▌ 기술적 요구사항

특정 예제 및 참고사항을 제작하고 테스트를 거친 다음, 10장 GitHub 브랜치에 올려됐다. 하지만 여느 때와 같이 10장에서 설명하는 원칙과 과정은 어떤 프로젝트에도 적용할 수 있다. 또한 예제로 만드는 게임은 적어도 두 장치를 대상으로 빌드하고 테스트할 것이다(Windows와 Visual Studio를 사용해 삼성 갤럭시 노트 8과 같은 안드로이드 장치에 빌드하고 맥OS와 XCode를 사용해 아이패드 미니 3^{iPad Mini 3}와 같은 iOS 장치에 빌드한다). 이런 설정이나 플랫폼 중 어느 것도 10장의 내용에 필요하지는 않다. 하지만 이를 필요로 하는 누군가를 위해 가치 있는 통찰력과 정보를 제공할 수 있기를 바란다. 마지막으로 자유롭게 사용할 수 있는 브라우저(주로 맥과 PC 모두에서 사용하는 Chrome 브라우저)를 대상으로 HTML5 빌드를 생성한 뒤 배포할 것이다. 10장의 GitHub 브랜치 주소는 다음과 같다.

https://github.com/PacktPublishing/Mastering-Game-Developmentwith-Unreal-Engine-4-Second-Edition/tree/Chapter-10.

사용한 엔진 버전: 4.19.2

플랫폼 이해하기

게임을 패키징하는 과정은 플랫폼에 따라 매우 다르다. iOS용 게임의 빌드, 제출, 출시 방법은 Steam으로 PS4나 PC를 대상으로 하는 것과는 완전히 다른 경험과 과정이 필요하다. 여기에서 꼭 필요한 첫 번째 질문은 "우리의 고객은 누구이며 어떤 플랫폼에 전달할 것인가?"이다. UE4가 훌륭한 점은 출시할 가능성이 있는 플랫폼이라면, 그 플랫폼을 위한 방법이 있고 그 플랫폼에서 실행되는 빌드를 생성할 수 있다는 점이다. 10장에서는 몇 가지 예제를 살펴볼 것이다. Xbox와 PS4는 플랫폼 제작자(각각 Microsoft와 Sony)의 더 직접적인 참여가 필요하지만 10장에서 다루는 플랫폼은 이보다는 덜 제한적이다.

어떤 플랫폼에 배포할 프로젝트를 설정하는 마지막 단계에 대한 경험이 있는 사람과 파트너 관계를 유지하는 것은 언제나 좋은 방법이다. 예를 들어, Microsoft는 Xbox 및 중대형 프로젝트와 파트너 관계를 맺는 기타 지역의 개발자 계정 관리자(Developer Account Managers, DAMs)를 제공한다. 일반적으로 한 스튜디오의 프로덕션 팀이 이런 관리자를 맡아 개발 팀과 연락을 취하고 의사 소통을 원활하게 하는 데 활용한다. 인디 개발자에게는 남의 얘기처럼 들릴 수 있다. 하지만, 플랫폼에서 이미 성공을 거둔 경험이 있는 다른 인디 개발자와 함께할 수 있다면 협력하는 것이 좋다. 이 영역의 커뮤니티는 대체로 참여도가 강하고 커뮤니티를 지지하는 성향이 상당히 강하다. 모든 사람이 도움을 필요로 하며, 커뮤니티에 기여한다. 커뮤니티의 이런 관계(서로 도움을 주고받는)는 잘 드러나지 않지만 성공적인 게임 개발을 위한 또 다른 장점이라고 할 수 있다.

설치 가능한 PC 버전 설정 및 일반적인 설정

UE4에서 패키지로 배포할 수 있는 가장 쉬운 플랫폼은 아마 PC(또는 맥)일 것이다. 이미 그중 하나의 플랫폼(PC 또는 맥)에서 실행 중이며, PIE에서 수행하고 테스트한 작업은 빌드를 패키징할 때 PC에서 동작한다. 즉, 가장 인기 있는 모바일 플랫폼인 안드로이드(설치 가능한 .APK)와 iOS(이와 유사한 .IPA)용 버전의 패키징을 위한 준비사항을 살펴봐야 한다. 후자(iOS)의 경우 실제로 빌드하고 적절하게 테스트하기 위해서는 블루프린트만 사용하는 게임을 제작하는 경우가 아니라면, 애플 개발자 라이선스가 필요하다. 이 라이선스의 1년 구독료는 약 99달러이다. iOS가 대상 플랫폼 중 하나라면, 가능한 빨리 라이선스를 취득하는 것이 좋다. 취미 개발자나 인디 개발자의 경우 예산과 관련해, 안드로이드 및 HTML5는 무료라는 점을 알아두자. 따라서 이 플랫폼(안드로이드 및 HTML5)을 대상으로 배포하고 테스트할 것을 권장한다.

 안드로이드용으로 빌드, 테스트, 배포하기 위해 Windows 10 및 Visual Studio를 사용했고(맥에서는 동작하지 않는다), iOS용으로 빌드, 테스트, 배포하기 위해 XCode가 설치된 맥북 프로(MacBook Pro)를 사용했다는 점을 명시한다(프로젝트에 코드 변경이 있기 때문에, 맥이 없는 PC에서는 동작하지 않는다). 네트워크로 맥이 연결된 PC에서는 iOS를 빌드할 수 있다. 하지만 중소 규모의 전문 스튜디오 및 팀 그리고 이 책을 위한 개인적인 개발 과정에서 문제가 종종 발생했다는 점을 명심하고 주의하자. 이 방법이 쉽고 안정적으로 동작하는 경우라면 사용해볼 만하지만, 이를 설정하는 내용은 추가 자료 절에서만 확인할 수 있다.

안드로이드 빌드를 진행하기 전에, 책에서 설명한 두 플랫폼 모두에서 살펴볼 일반적인 내용이 있다. 먼저, 좀 더 흥미로운 부분인 장치/플랫폼의 조합으로 에디터에서 **Play** 버튼을 사용해 실행하는 것과 패키징과의 비교는 이 절의 나머지 부분에서 살펴볼 것이니, 이 단계에서 빠진 내용이 있더라도 기다려주기 바란다. 다음 그림은 모든 플랫폼에서 단순히 설정해야 하는 쿠킹 및 패키징에 대한 프로젝트의 일반적인 설정을 나타낸 것이다. **프로젝트/패키징**Project/Packaging은 아래의 그림에서 확인하자.

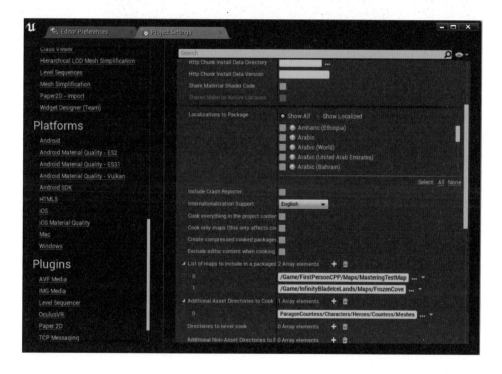

예를 들어, FrozenCove는 기본 맵의 레벨 전환 볼륨Level-Transition Volume에서 이름만 약간 참조한다. 위 그림에서 볼 수 있듯이 FrozenCove의 이름을 항상 포함해야 할 목록always-included에 추가했다(MasteringTestMap도 추가했다).

백작 캐릭터의 경우, 하드 참조hard reference 없이 동적으로 생성될 수 있기 때문에 백작 캐릭터 메시의 폴더에서 쿠킹이 진행될 수 있게 설정했다(이 작업은 실제로 맵에서 직접 참조하지 않는(하드 참조가 없는) 애셋을 로드하고 사용하려는 경우에 해야 할 수도 있는 예를 보여준다). 플랫폼 섹션에서 각 플랫폼의 옵션을 살펴보면 텍스처를 설정할 수 있는 스플래시 화면splash-screen이 있고, 팀에서 적절하게 설정할 수 있는 **해상도**resolution 및 **방향**orientation 옵션이 있는 것을 확인할 수 있다.

안드로이드 설정

기본적인 설정을 완료했으니, 안드로이드용으로 빌드하기 위한 설정으로 넘어가보자. 먼저, 엔진 설치 경로의 /Extras/AndroidWorks/Win64 폴더로 이동해서 여기에 있는 실행 파일을 실행한다. 그러면 UE4 안드로이드 프로젝트를 성공적으로 빌드하기 위해 필요한 단계와 Visual Studio의 기본 통합 과정이 자동으로 수행된다. 로컬 안드로이드 빌드를 수행하는 것과 공개용 배포를 위한 안드로이드 빌드 간에는 스토어 키Store Key, 또는 개인적으로 권장하는 업로드 키와 관련해 몇 가지 차이점이 있다. 에픽은 안드로이드 플랫폼 프로젝트 설정에서 필요한 정보에 대한 링크를 통합해뒀다(덕분에 필요한 모든 URL을 추가 자료 절에 복사하는 것을 피할 수 있었다). 다음 그림을 확인해보자.

파란색 링크를 클릭하면 해당 주제에 대한 최신 안드로이드 페이지로 이동한다. 여기에서 Google Play Store에 빌드를 서명하고 제출하는 다양한 방법과 키 스토어Key Store 서명과 관련된 정보를 모두 확인할 수 있다. 이 과정은 프로젝트와 팀의 선택에 따라 달라진다(링크를 참조하면 좋은 배경 정보를 얻을 수 있기 때문에 책에서는 반복하지 않는다). 따라서 다음은 보다 기술적인 주제로 이어지는 일반적인 내용이다. 아직 모르는 사람을 위해 설정하자면, Play Store의 타이틀에서 특정 하드웨어 유형, 특정 폰 또는 장치를 제외하도록 제한할 수 있다. 이렇게 하면 특정 안드로이드 버전을 이용하고 있는 사용자에게만 타이틀이 보인다 (이런 제외사항은 에픽의 프로젝트 설정과 일치해야 한다!). 또한 게임에서 제공하거나 제한해야 하는 세부 항목에 대한 옵션이 다양하게 제공된다. 일반적으로는 프로젝트 관리자나 다른 팀 구성원(이에 대한 결정권을 가진)이 프로젝트의 Google Play 웹 인터페이스에서 이런 세부 항목을 설정한다. 하지만 기술적인 관점에서 볼 때, 각 옵션의 의미와 이런 옵션이 생성하고 업로드하는 빌드와 어떻게 호환되는지 이해하는 것은 중요하다. 다음은 이에 대한 명확한 예제를 보여준다.

안드로이드의 가장 기본적인 빌드 설정 중 하나는 Open GL ES2와 ETC2 압축을 사용해 빌드를 생성하는 것이다. Open GL ES2는 프로젝트 설정에서 설정하며(나중에 이 내용을 더 자세히 살펴보자), 텍스처 압축 포맷은 다음 그림에서 볼 수 있듯이, ETC2 외의 다양할 설정을 선택할 수 있으며, 그중 하나인 Multi Config(다중 설정)를 선택할 수도 있다.

ETC2는 안드로이드에서 매우 광범위하게 사용되고 지원되는 텍스처 압축이며, ES2는 오래된 폰 및 태블릿을 포함하는 아주 넓은 범위의 Open GL ES 버전의 기본 레벨이다. 두 설정을 사용해 빌드를 진행하면, 셰이더 컴파일을 시도할 때 빌드에 실패한다. 새 압축 포맷인 ASTC로 간단히 변경하면 빌드가 진행되지만, 백작 캐릭터가 회색 체크 박스로 표시된 기본 텍스처로 나타난다. 백작 캐릭터의 머티리얼은 ASTC 포맷으로 빌드에 실패할 뿐만 아니라 ES2에서 제대로 렌더링되지 않는다. 이런 문제는 머티리얼 중 하나를 확인해 보면 쉽게 확인할 수 있다.

ES2는 여기에서 사용하기에 좋지 않다. 이를 위한 가장 좋은 해결책은 안드로이드 빌드를 위한 권장사항인 ES3.1로 변경하는 것이다.

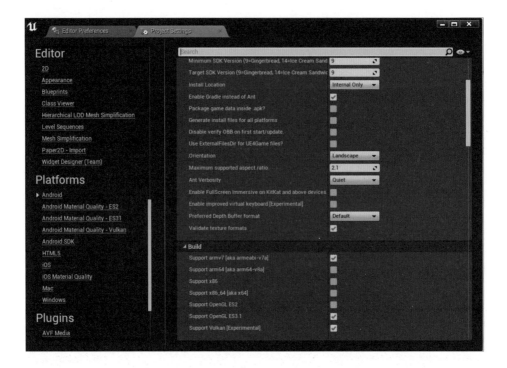

예제의 경우에는 빌드와 패키지를 성공적으로 생성했고, 여기에서 사용한 갤럭시 노트 8 (하지만 이 폰은 책을 쓰는 시점에서 고사양이며 상당히 고가이다)에서 백작 캐릭터가 제대로 렌더링됐다. 하지만 팀에서 오래된 장치에서도 게임 실행을 원하는 경우에는 어떻게 해야 할까? 이 때 8장, '셰이더 편집 및 최적화 팁'에서 설명한 품질 전환Quality Switch이 필요하다 (다음 그림 참조).

Quality Switch 노드(MF_CharacterEffects)를 더블 클릭하면 머티리얼의 특정 부분만 건너 뛰는 것을 볼 수 있다(death fade). 아주 넓은 범위의 장치 지원과 호환성이 요구되는 프로 젝트에서는 Quality Switch가 필요한 경우가 종종 있다. ES2 빌드는 문제를 발생시키는 기능을 전부 건너뛰기 때문에 ETC2/ES2 빌드는 성공적으로 동작한다. 물론, 이 설정이 적용되는 일부 머티리얼을 저장하고 대량의 셰이더를 다시 빌드해야 한다. 그러니 이런 위험을 주의하며 작업하자. 또한 여러 종류의 하드웨어 세트별로 게임의 SKU(제품 모델을 생각해보자)를 별도로 제공하는 방법도 실제로 적용 가능하고, 흔히 사용되는 방법 중 하나 이다. 게임에서 설치 가능한 모든 하드웨어 조합을 지원할 필요는 없다. 물론 멀티 플레이 어 게임과 같은 특정 게임의 경우라면 가능한 많은 하드웨어 조합을 지원하는 것은 바람 직하다. 하이 엔드^{High-End}부터 로 엔드^{Low-End}까지 광범위한 잠재적 플랫폼을 지원하는 것 이 힘든 경우에는 하이 엔드용 SKU[1]와 로 엔드용 SKU를 별도로 설정할 수 있다. 이 경우 에는 빌드 시간, 테스트 시간, 릴리즈 업데이트에 필요한 모든 시간을 두 배(또는 그 이상) 로 늘려야 한다.

마지막으로, 안드로이드는 애셋을 .apk에 패키지로 묶을 수 있는 옵션을 제공한다. 이 옵 션은 작은 프로젝트에서는 괜찮을 수 있지만, 대부분의 프로젝트(책의 예제와 같은 아주 작은 프로젝트도 포함해서)에서는 이 옵션을 사용하지 않는 것이 좋다. 이렇게 하면 애셋을 별도 의 .obb 파일로 생성한다. Play Store는 .obb 파일의 다운로드 및 설치와 관련한 처리 방 법을 알고 있다. 또한 프로젝트에서 애셋에는 변경사항이 없고, .apk에만 작은 변경사항 (버그 수정 등)을 적용해야 할 경우에 특히 유용하다. 모든 빌드에 수백 MB 또는 1GB 이상 의 애셋을 포함하지 않고, 수십 MB 크기의 .apk만 포함시키면 사용자는 훨씬 더 쉽게 테 스트하고 실행할 수 있으며 빌드를 훨씬 더 빨리 제출할 수 있다.

---

1 SKU는 앱 고유 ID.

iOS 설정

안드로이드의 Google Play Store Key와 비슷하게, Apple도 키를 생성하고 .ipa 패키지에 서명하는 다소 추상적이지만 잘 정의된 프로세스를 제공한다. 이를 통해 테스트용으로 여러분의 iOS 장치에 배포가 가능하다. 결국, 이 과정은 프로비저닝 프로파일 및 인증서 서명뿐만 아니라 다양한 Ad-hoc 또는 기타 프로덕션 프로파일/인증서 조합에 대한 멋진 인증 방법(과정)을 사용하는 것으로 생각할 수 있다.

에픽은 안드로이드에 대한 링크를 제공했던 것과 달리, Apple에 대한 링크는 제공하지 않기 때문에 다음과 같이 Apple의 모든 단계에 대한 링크를 나열한다. 다음 링크의 단계를 따라가려면 유효한 Apple 개발자 계정이 필요하다.

1. 먼저, AppID가 필요하다. com.mastering.*과 같이 설정한 경우, 프로젝트 세팅에서 com.mastering으로 설정하지 않길 바란다. 이렇게 설정하면 AppID를 찾을 수 없다. 인증서와 일치하게 프로비저닝 프로파일에서 com.mastering.dev와 같이 설정해야 한다(자세한 내용은 Apple의 문서를 참고하기 바란다): https://developer.apple.com/account/ios/identifier/bundle

2. 최소 하나 이상의 기기를 설정한다(테스트 아이패드 또는 아이폰 등): https://developer.apple.com/account/ios/device/ipad

3. 개발 인증서 및 Ad-hoc/스토어 배포 인증서에 익숙해져야 한다(이들 중 하나만 받음). Apple 빌드를 처음 진행하는 경우에는 개발 인증서로 시작할 것을 권장한다: https://developer.apple.com/account/ios/certificate/create

4. 그런 다음, 이와 비슷하게 프로비저닝 프로파일(Provisioning Profiles)을 제작하는 방법에도 익숙해져야 한다. 개발 인증서와 프로비저닝 프로파일은 주로 팀에서 하나를 사용하고, Ad-hoc/스토어 배포 인증서는 하나 이상을 사용한다: https://developer.apple.com/account/ios/profile/

링크를 클릭해 필요한 사항을 다운로드한 다음, UE4로 임포트한다. 모든 과정이 잘 진행되기를 바란다. 하지만 개인적으로 수년간의 개발 경험에 비춰봤을 때 처음 시도해서 바로 성공하는 것을 본 적은 없다. 비슷한 경험을 한 사람이 굉장히 많다는 것은 다행인지도 모른다. 따라서 성공적으로 설정하지 못해 생긴 문제를 위한 해결책을 온라인에서 찾을 수 있을 것이다.

▌ 빌드, 테스트, 배포 방법

이 시점에는 모바일(또는 HTML5 및 PC) 플랫폼에서 적절한 장치 테스트를 거쳐 모든 설정을 처리할 수 있는 준비가 됐을 것이다. iOS 절에서 설명했듯이 설정 과정이 한 번에 바로 진행되지 않더라도 너무 낙심하지 않길 바란다. 모든 팀에서 처음에 설정할 때 어려움을 겪는다. 하지만 설정 과정이 제대로 진행되고 나면, 앞으로의 빌드 과정과 이를 유지하고 변경하는 것은 일반적으로 훨씬 더 수월하다.

UE4의 플레이 옵션 vs 패키지 프로젝트

원하는 플랫폼에서 빌드를 만들고 테스트를 진행하기 전에 살펴볼 마지막 내용이다. 여러분에게 다음과 같은 질문이 생길 수 있다. "에디터에서 **플레이** 버튼을 사용하는 것과 장치에 설치하기 위한 모든 작업을 처리하는 것은 패키징 관점에서 어떤 차이점이 있는가?" 간단히 설명하면, **플레이** 버튼을 사용하면 해당 플랫폼에 빌드, 쿠킹, 배포를 수행해 빠른 작업에 매우 유용하다. 하지만, **플레이** 버튼을 사용하면 스탠드얼론 빌드를 설치했을 때와는 다른 경로에 여러 파일을 저장해두며, 몇 가지 특정 설정을 사용한다. 예를 들어, 맥의 iOS용 외부 디버거에서 게임에 연결할 수 있어야 한다. 일반적으로 **플레이** 버튼을 사용할 때는 설정에서 개발자 인증서(또는 프로비저닝 프로파일)를 사용해야 한다. 특히 **플레이** 버튼을 사용하면 잠재 고객에게 배포를 위해 Apple에 업로드하는 제품을 위한 설정을 적용할 수 없다. 그러니 상식선에서 생각해보자. 하드웨어에서 작은 변경사항을 적용하고 빠르게 테스트하고 싶고, 프로젝트와 원하는 플랫폼에서 **플레이** 버튼이 잘 동작하는 경우에는 이를 활용하자. 실제로 스토어에 배포를 원하는 경우라면 스탠드얼론 빌드를 제작하고 테스트하자.

기기에 빌드하고 테스트하는 방법 및 시기

팀에서 다양한 플랫폼에 대한 테스트를 시작해야 한다고 느끼는 시기는 전적으로 개발 철학과 개발 과정에 따라 달라진다. 대부분의 대형 스튜디오는 이미 이러한 프로세스를 갖추고 있으며, 통과해야 할 구체적인 마일스톤 단계가 있다. 그중 하나는 게임이 실행될 플랫폼에 대한 스탠드얼론 빌드를 요구할 가능성이 높고, 다른 단계에서는 게임 플레이 및 아트 애셋을 간단하게 시연해야 할 수 있다. 많은 인디 개발자는 기본적인 콘셉트를 증명하기 위한 가장 적은 반복 작업시간을 원할 것이다(책에서 이 절까지 했던 것과 비슷하게). 지금까지 가장 간단한 테스트 방법은 PC나 맥의 에디터에서 PIE로 테스트하는 것이다. 하지만 이 절을 읽는다면, 결국 장치에서 실행하려고 하는 관심과 필요성이 생겼다는 것을 의미할 것이다. 이를 위한 가장 좋은 조언은 다음과 같다. 가능하다면 개발 1일차부터 동작하는 빌드를 생성하고, 빌드, 배포, 테스트를 정기적(규칙적)으로 하라는 것이다. 이 방법은 대부분 방치되거나, 너무 오랫동안 신경 쓰지 않은 상태로 남아 있는 개발의 또 다른 측면이라고 할 수 있다. 그러다가 가장 많이 필요한 순간이 올 때 이 방법을 사용하려고 하면 예기치 않은 문제가 발생하곤 한다. 물론, 스탠드얼론 빌드를 생성하는 데 시간을 할애하지 않고 매일 개발을 진행하는 것이 훨씬 더 쉽다. 하지만 팀에서 빌드를 생성하지 않는 기간이 더 길어질수록 팀에서 빌드 생성을 필요로 할 때의 위험 요소가 더 커지며 문제가 발생할 수 있다. 이런 문제는 주로 출시를 전적으로 방해하는 요소로 작용한다. 그러니 가능한 자주 빌드, 배포, 테스트를 진행하자.

스탠드얼론 빌드 생성 및 설치

Windows: PC 패키지를 만드는 것은 특별할 것이 없다. 파일File ➤ 패키지 프로젝트Package Project ➤ Windows ➤ Win32(또는 Win64)를 선택해 빌드를 진행하면 된다. 맥도 이와 비슷하다. 이 메뉴를 선택하면 실행 파일과 빌드된 애셋이 폴더에 저장되며, 이 단계에서 Steam과 같은 곳에 제품을 업로드하는 것은 매우 간단하다. 이런 점을 감안하면, 이 플랫폼에는 시간을 쓰지 않아도 된다. 하지만 단순히 빌드 프로세스를 테스트(경험)하고 싶은 경우라면 이 방법이 가장 빠르고, 쉽고, 단순하다. 프로젝트 세팅Project Settings ➤ 플랫폼Platforms ➤ Windows에서 몇 가지 옵션을 확인할 수 있다. 이제 안드로이드 및 iOS 패키징 과정으로 넘어가보자.

안드로이드: 파일File ➤ 패키지 프로젝트Package Project ➤ 안드로이드Android에서 원하는 텍스처 압축 포맷을 선택(안드로이드 설정 절의 드롭다운 스크린샷 참조)하면 .apk 파일(기본 설정을 사용하면 .obb 파일도 함께)과 두 개의 .bat 파일이 지정한 폴더에 생성되며 .bat 파일을 클릭하면 빌드를 시작한다. .bat 파일은 매우 명확하게 이름이 설정돼 있다. 하나는 프로젝트 설치

제거를 위한 것이고, 다른 하나는 프로젝트 설치를 위한 것이다(프로젝트 설치용 bat 파일은 매번 동일한 AppID로 프로젝트의 클린 설치를 위해 프로젝트 제거용 bat 파일을 실행한다). https://developer.android.com/studio/run/device에 설명된 바와 같이, 디버깅을 위한 기기의 설정이 완료되면, 커맨드 라인에서 adb devices 명령어로 테스트할 수 있는 기기가 연결됐는지 확인할 수 있다. 그런 다음, 설치용 .bat 파일을 실행하면 연결된 기기(일반적인 경우인, 하나의 기기만 연결된 경우)에 자동으로 설치된다.

iOS: **파일**^{File} ➤ **패키지 프로젝트**^{Package Project} ➤ **iOS** 메뉴를 선택하면 지정한 폴더에 .ipa 파일이 생성된다. 그런 다음에는 주로, Devices and Simulators 창의 + 버튼을 사용해 XCode의 Devices 창에 있는 기기에 추가한다.

HTML5는 모든 자바스크립트를 번들로 묶고, 그 외의 모든 내용은 브라우저로 드래그해 실행할 수 있는 패키지로 묶는다. 이를 사용자에게 배포하는 방법은 웹 배포 관점에서 전적으로 여러분에게 달려 있기 때문에 여기에서는 다루지 않는다.

이렇게 기기에 설치된 빌드는 기존의 다른 스토어에서 다운로드해 설치한 다른 애플리케이션처럼 실행 가능하다. Apple과 Google 모두 업로드된 빌드의 테스트를 수행할 수 있는 영역도 제공한다. 따라서 제출/승인을 위해 앱을 전송하기 전에 이들 플랫폼(Apple 및 Google)에 대한 전체 작업 과정을 테스트할 수 있다.

출시 임박 시점에 리빌드 지옥 피하기

마지막으로 언급할 내용은 상식적인 수준에서 테스트 방법을 고려할 때 사용할 단순한 내용이다. 어떤 변경사항이 다른 플랫폼의 그래픽에 영향을 주는 경우가 발생하면 어떻게 해야 할까(머티리얼 수정, 복잡한 새로운 셰이더 변경 또는 이와 같은 기능에 영향을 줄 수 있는 프로젝트 세팅의 변경 등)? 이런 문제가 발생하면, 해당 플랫폼의 대표적인 장치에서 테스트해야 한다. 어떤 변경사항이 전적으로 게임 플레이에만 국한된 것인가(파일 시스템의 사용은 플랫폼에 따라 문제가 될 수 있고, 이 시점에서의 GitHub 프로젝트에서 금방 해결할 수는 있지만, 분명히 로드/저장에 버그가 있다)? 그렇다면, 일반적으로 개발 플랫폼에서 이 변경사항을 빠르게 반복 테스트해보는 것이 가장 좋다. 밤을 새워 어떤 작업을 완료했다면, 실제 플랫폼에 이를 빌드해보고 문제가 없는지 확인하자. 대형 프로젝트에서는 작은 변경사항을 테스트하기 위해 매번 애셋을 쿠킹하는 데 몇 시간씩 소모하는 것은 올바르지 않을 수 있다. 하지만 실제 의도한 플랫폼을 무시하는 일 역시 어리석은 일이다.

언제든지 팀이 쉽게 접근하고 사용할 수 있는 고성능 머신에서 빌드 및 배포를 중앙 집중화해 이런 많은 프로세스를 자동화할 수 있는 유용한 도구 및 기술이 다양하다는 것을 명심하자. Jenkins와 HockeyApp 앱을 예로 들 수 있으며, 자세한 내용은 추가 자료 절에서 확인할 수 있다. Jenkins와 같은 빌드 자동화 플랫폼의 경우, 언리얼 에디터에서 패키징할 때 출력 창을 보고 각 단계에서 사용하는 명령 줄을 복사하는 것처럼 설정이 간단하다. 대형 프로젝트, 큰 규모의 팀, 대상 플랫폼이 다양한 경우에는 이런 유형의 빌드 자동화를 적극 권장한다.

▎요약

게임 개발에 있어 가장 흥미롭고 재미있는 부분은 아니지만, 제품을 고객에게 전달하고자 하는 모든 프로젝트에 있어 빌드 및 배포는 매우 중요하다. 코드를 작성하고 셰이더를 빌드하는 작업이 게임 개발 영역에서 만족감을 더 줄 수는 있다. 하지만 적절한 플랫폼에 빌드하고 출시할 수 없다면 앞서 했던 일은 모두 헛수고가 된다. 이런 프로세스를 만들고 유지하는 방법을 아는 것은 UE4 개발을 마스터하는 데 있어 매우 중요한 단계이다. 하지만 다음 절에서는 다시, UE4가 제공하는 멋지고 아름다운 비주얼적인 측면으로 돌아간다.

▌ 연습문제

1. 모든 프로젝트의 초기 단계에서 대상 플랫폼의 결정이 필요한 이유는?

2. Always-cook(항상 쿠킹에 포함) 목록에 맵과 콘텐츠를 추가하는 이유는?

3. 맵과 콘텐츠를 Always-cook(항상 쿠킹에 포함) 목록에 포함했을 때 위험한 점은?

4. iOS, PC, 안드로이드 중 설정 복잡도가 가장 낮은 것부터 높은 순서대로 나열해 보시오.

5. 제품에서 단일 SKU를 제공할 때의 이점은? 그리고 여러 "SKU"를 제공할 때 해결되는 문제는?

6. iOS 빌드를 위해 필요한 4가지 항목은 무엇인가?

7. 셰이더에서 품질 수준 전환Quality-Level Switch과 같은 방법으로 문제를 수정했을 때의 장단점은?

8. 대형 프로젝트에서 빌드 및 반복 작업시간을 줄일 수 있는 방법은?

▌ 추가 자료

네트워크에 연결된 맥을 사용해 Windows에서 iOS 빌드하기

영문· https://docs.unrealengine.com/en-us/Platforms/iOS/Windows

한글· http://api.unrealengine.com/KOR/Platforms/iOS/Windows/index.html

Jenkins 빌드 자동화 플랫폼

https://jenkins.io/doc/

HockyApp 장치 배포

https://hockeyapp.net/

11

볼류메트릭 라이트맵,
포그, 사전계산

개요

UE4는 개발자가 기대할 수 있는 최고급 그래픽 기능을 제공한다. 다행히도 레벨 디자
이너가 있으면 여러 플랫폼에서 많은 게임이 자동으로 처리된다. 하지만 일반적인 동작
방식을 모르는 경우에는 다음과 같은 팀의 두 가지 큰 단점이 있을 수 있다. 내장된 고
급 엔진 기술의 이점을 활용하지 못하거나 빌드 시간이 너무 오래 걸리거나 빌드 용량
이 너무 커지는 문제가 발생했을 때 문제를 해결하기 위해 어디에서 시작해야 할지 모
를 수 있다. 언리얼에서 사용할 수 있는 실제 기술 및 물리 기반 조명에 대한 내용만으
로 책의 지면을 다 채울 수 있을 만큼 그 내용이 방대하다. 11장에서는 이런 기능에 대
한 옵션과 사용법에 대한 정보를 제공하는 것에 초점을 맞출 것이다. 11장이 끝날 무렵
에는 조명을 가장 잘 활용하는 방법이 무엇인지 알 수 있을 뿐만 아니라 조명 문제를 해

결하는 방법에 확신이 생겨 멋진 게임을 만들 수 있고 팀을 모범 사례로 이끌 수 있다.
11장에서 다루는 내용은 다음과 같다.

- 볼류메트릭 라이트맵
- 애트머스페릭 포그 및 볼류메트릭 포그
- 라이트매스(설정 및 미리보기 도구)
- 라이트맵 프로파일링 방법

▌ 기술적 요구사항

11장에서는 GitHub 프로젝트의 11장 브랜치에 있는 예제를 사용한다. 하지만 여기에서
사용되는 콘셉트 및 기법은 모든 프로젝트에 유효하다.

https://github.com/PacktPublishing/Mastering-Game-Development-with-
Unreal-Engine-4-Second-Edition/tree/Chapter-11

사용한 엔진 버전: 4.19.2

▌ 볼류메트릭 라이트맵, 라이트매스, 포그

이 절에서는 볼류메트릭 라이트맵, 라이트매스, 포그(새로운 게임 제작자나 캐주얼 게임 제작자
에게 혼란을 줄 수도 있는)를 간략하게 살펴볼 것이다.

1. 볼류메트릭 라이트맵은 사전에 계산된 볼륨 기반 색상 세트다. 색상 세트는 맵의
   특정 영역에서 반사된 조명을 빠르게 판단하는 데 사용할 수 있다. UE4 4.18 이
   전 버전에 익숙한 사람이라면, 간접광 캐시Indirect Lighting Cache로 이를 수행했다는
   점을 알고 있을 것이다. 하지만 간접광 캐시는 샘플 크기가 고정돼 있다. 새로운

라이트맵인 볼류메트릭 라이트맵은 디테일을 더하기 위해 동적인 샘플링을 사용한다. 볼류메트릭 라이트맵은 신의 색상을 라이트맵으로 구운 다음, 혼합된 색상을 오브젝트에 적용하는 일반적인 라이트맵과 다르다. 볼류메트릭 라이트맵을 공간의 샘플에 있는 복잡한 색상 정보를 빠르게 찾을 수 있는 룩업 테이블look-up table로 생각할 수도 있다.

2. 라이트매스는 볼류메트릭 라이트맵을 계산하는 방법을 포함해 라이팅 속성을 결정하는 언리얼 시스템의 이름이다. 조명 계산시간이 너무 길어지지 않게 일반적으로는 하나 이상의 라이트매스 임포턴스 볼륨Lightmass Importance Volume(기본 언리얼 볼륨 유형)을 배치한다. 라이트매스 임포턴스 볼륨을 배치하면 엔진과 에디터에게 조명 계산에 있어 어느 영역을 더 중요하게 생각하는지 알려줄 수 있다. 조명과 볼륨을 결합하는 다양한 방법이 있고, 시간이 오래 걸리기 때문에 모두 따라 하기는 어려울 수도 있다.

3. 애트머스페릭 포그Atmospheric Fog는 행성의 대기를 통과하는 햇빛(또는 다른 빛)을 시뮬레이션하는 시각적 효과이다. 맵에 애트머스페릭 포그 오브젝트를 배치하고 애트머스페릭 포그에 영향을 줄 조명을 설정해 시각적 효과를 만든다. 애트머스페릭 포그와 관련이 있지만, 고유한 특징이 있는 볼류메트릭 포그는 특정 영역의 볼륨에 안개를 채우기 위해 사용되는 시각적 효과이며 조명에 의해 적절히 영향을 받는다. 볼류메트릭 포그는 이 절에서 볼륨이라는 단어를 사용하는 또 다른 대상이다. 하지만 볼류메트릭 포그는 언리얼에서 맵의 익스포넨셜 하이트 포그Exponential Height Fog 오브젝트에 의해 전역적으로 정의되거나 파티클에 의해 로컬 영역에 정의된다.

라이트매스 볼륨과 함께 볼류메트릭 라이트맵 추가하기

이전 절에서 설명했듯이, 라이트매스 임포턴스 볼륨을 추가하면 이 볼륨 안의 영역은 기본적으로 볼류메트릭 라이트맵이 생성된다. FrozenCove 맵은 이런 설정에 대한 매우 훌륭한 예제를 제공한다. 라이트매스 임포턴스 볼륨을 살펴보고 레벨에서 배치된 볼륨을 살펴보자.

맵에서 플레이 가능한 실제 동굴 영역을 보면 라이트매스 임포턴스 볼륨이 배치된 것을 볼수 있다. 볼륨은 플레이 가능한 지역을 전체적으로 감싸지만 그리 크게 설정되지 않았다. 바로 이 방법이 라이팅 빌드 시간과 저장되는 전체 라이트맵의 수를 줄이기(따라서 메모리도 감소) 위해 시도해봐야 할 방법이다. 이렇게 하면 빌드 시간과 메모리 사용량은 줄이면서 플레이어가 직접 보고 상호작용하는 영역에서는 최고의 시각적 경험을 제공할 수 있다. 이

지역에서 아주 높은 곳으로 에디터 시점을 옮겨서 살펴보면, 바위 주변에 모델링하기 위해 제작된 지오메트리가 상당히 많다는 것을 알 수 있다. 하지만 플레이어의 장면(신)에 대한 조명 기여에는 관련이 없으며, 게임에 추가한 총으로 운 좋게 아주 멀리 발사했을 경우를 제외하면, 어떤 움직이는 물체도 이 지역에서 가까이 보이지 않는다.

왜 이런 것이 그리 중요할까? 이 예제에서 사전에 빌드된 조명이 무엇인지 그리고 라이트 맵이 가져다주는 좋은 점은 어떤 것인지를 간단히 살펴보자. 가장 먼저 디퓨즈 인터리플 렉션Diffuse Interreflection, 즉 확산 상호반사가 있다. 이 단어는 라이트 매스에 주로 사용되는 기술적인 용어다. 물체에서 반사되는 빛을 런타임 시에 사용할 수 있는 형태로 미리 계산 하는 방법에 대한 상세한 모델을 말한다. 라이트매스는 두 가지 다른 방법으로 계산을 수 행한다. 먼저 신의 모든 정적 오브젝트에 대해 쿠킹 처리되거나 구운 라이트맵을 빌드한 다음, 런타임에 이를 해당 지오메트리에 직접 렌더링한다. 두 번째는 이렇게 반사된 조명 색상 샘플의 빠른 룩업 테이블인 볼류메트릭 라이트맵으로 런타임에 동적으로 움직이는 물체에 렌더링한다. 이와 관련한 계산은 너무 깊게 다루지 않을 것이다. 여기에서는 이것 이 중요한 이유에 초점을 맞추자. 이런 정보를 사전에 계산하는 데 필요한 약간의 시간을 투자하면, 런타임 시 성능 비용을 최소화하면서 훨씬 더 사실적이고 시각적으로 멋진 장 면을 연출할 수 있다. 한 물체에서 다른 물체로 색상이 섞이는 이런 상호반사 개념이 다 소 관련이 없어 보일 수 있다. 하지만 시간을 투자해 이런 효과가 적용된 장면과 적용되지 않은 장면에 대한 예제를 찾아 비교해보면, 아마 훨씬 더 사실적이고 품질이 좋은 렌더링 을 제공하는 장면을 선택할 것이다. 이와 비슷하게, 라이트매스는 그림자, 앰비언트 오클 루전Ambient Occlusion, 구석이나 작은 틈의 빛을 가려 더 어둡게 하는 기법[1] 등의 모든 방식 을 계산한다. 11장의 두 번째 절에서는 라이트매스 설정의 세부사항과 라이트매스의 장점 을 최대한 활용하는 방법을 자세히 살펴볼 것이다. 이 절에서는 라이트매스를 게임에 추 가하는 가장 기본적인 방법(라이트매스 임포턴스 볼륨 추가하기)과 라이트매스 임포턴스 볼륨 이 중요한 이유를 설명했다.

---

[1] 음영을 강조해 깊이감을 더하는 기법.

애트머스페릭 포그 사용하기

에픽은 복잡한 안개 기법을 개발자가 더 쉽게 사용할 수 있도록 하기 위해 지난 수년간(특히 4.16에서 업데이트됨) 많은 노력을 기울여왔다. 이 시점에서는 과거에 했던 작업과 비교해보면 비교적 쉽게 안개 효과를 추가할 수 있다. FrozenCove 맵 예제에서 먼저, 맵에 배치된 애트머스페릭 포그 오브젝트 사용법과 하늘 및 하늘에 대응되는 방향광(디렉셔널 라이트) 속성을 살펴볼 것이다. 고도가 낮은 곳에서 안개가 더 두껍고 확연하게 나타나는 낮게 깔리는 안개 효과를 원하는 게임의 경우, 다음 절의 익스포넨셜 하이트 포그Exponential Height Fog(Volumetric Fog)에 대한 내용을 참고하기 바란다. 특정 영역에 특화된 볼류메트릭 포그를 사용해 해당 지역의 안개 효과를 향상시키거나 해당 지역에 대한 특별한 속성을 적용하거나 볼륨 포그를 동적으로 이동 또는 변경하고자 하는 경우에는 다음 절을 참고하면 된다. 또한 이 두 내용과 관련된 링크를 추가 자료 절에서 확인할 수 있다.

여기에서는 예제에서 사용한 방법을 확인해보자. 레벨을 살펴봤을 때 그 즉시 알아차리기 힘들 수 있다. 하지만 안개 효과를 제거하거나 이를 과장시키면, 동굴에서 태양을 바라봤을 때 나타나는 차이점을 쉽게 확인할 수 있다.

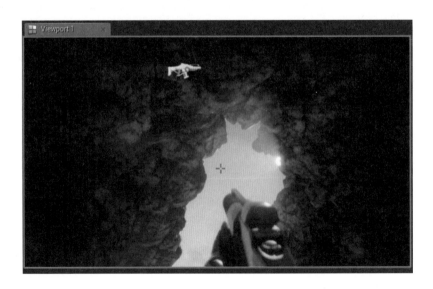

정상에 있는 바위 주변의 안개가 충분히 명확하게 보이고, 장면의 나머지 부분을 봤을 때 하늘을 볼 수 있는 영역이 눈에 띄게 밝아지는 것을 볼 수 있다. 이런 효과를 만들어내는 설정을 살펴보자. 먼저 살펴볼 내용은 Sky Sphere이다.

Directional Light Actor가 지정된 것을 눈여겨보자. 여기에 설정된 조명을 따라가면 레벨에 배치된 조명을 찾을 수 있다. 다음은 조명의 속성을 나타낸 것이다.

이 속성의 핵심은 Atmospheric/Fog Sun Light 박스다. 이 속성으로 애트머스페릭 포그에서 볼륨 안개를 생성할 때 어떤 조명을 태양의 재료로 사용해야 하는지 알 수 있다.

마지막으로 애트머스페릭 포그 오브젝트의 이런 속성을 수정하는 방법을 살펴보자(왼쪽의 모드 패널에서 익스포넨셜 하이트 포그Exponential Height Fog 오브젝트에서 찾을 수 있다).

극명하게 바뀐 것을 바로 알아차릴 수 있다. 모든 설정을 실험해볼 것을 적극 권장한다. 여기에는 살펴볼 내용이 매우 많은데, 모든 매개 변수가 실시간으로 결과에 어떤 영향을 미치는지 확인해보는 재미가 있다. 라이트매스 효과 및 설정의 많은 부분과 달리 애트머스페릭 포그는 업데이트를 위해 빌드(상단의 **빌드** 버튼 사용)가 필요하지 않고, 쉽고 **빠르게** 여러 설정을 변경해가며 효과를 확인할 수 있다.

볼류메트릭 포그 사용하기

볼류메트릭 포그Volumetric Fog는 플레이어가 걸어다닐 수 있는 상당히 평평한 맵이나 고도의 차이가 있어 플레이어가 위를 올려다보거나 아래로 내려다볼 수 있는 영역을 위해 특별하게 설계된 아주 훌륭한 시각적 효과이다. 계산의 어려움을 감안할 때, 현재는 다른 방법으로는 지원되지 않는다(예를 들어, 카메라 각도에 따라 달라지는 등). 하지만 여전히 팀에게 그 중요성을 설명하고 익숙해져야 할 만한 매우 강력한 도구이며 훌륭한 시스템이다. FrozenCove에 배치된 것을 한 번 더 살펴본 다음, 속성을 약간 변경해보자.

여기에 적용된 설정은 익스포넨셜 하이트 포그 오브젝트가 배치된 곳에서 아주 멀리 떨어진 데서 시작되는 멋진 안개 효과를 제공한다. 데모를 목적으로 속성을 좀 더 극단적으로 설정해보자(그리고 이어서 설명할 앞부분의 파티클을 주목하자).

레벨에서는 전통적인 파티클을 사용한다. 눈보라를 시뮬레이션하는 파티클은 블렌딩 성능 비용 때문에 앞에서 살펴봤다. 하지만 예제에서 확인할 수 있듯이, 볼류메트릭 포그 파티클을 사용해 같은 작업을 수행할 수 있다. 이제 맵에서 그 결과를 확인할 수 있을 것이다. 하지만 이 이미터Emitter가 동작하려면 익스포넨셜 하이트 포그의 Volumetric Fog 속성을 true로 설정해야 한다(현재 이 박스는 체크돼 있지 않다). 필요할 때 라이트매스 출력을 최적화하는 방법은 나중에 설명할 예정이다. 이런 방식으로 볼류메트릭 포그를 사용하면 잠재적인 성능 비용을 감안해 8장, '셰이더 편집 및 최적화 팁'에서 살펴봤던 기법을 활용하는 것이 좋다. 이제 동적으로 변하고, 색상이 적용된 볼류메트릭 포그를 얻기 위해 파티클 시스템에 추가할 수 있는 머티리얼을 살펴보자.

이제 씬 배치 파티클 이미터에 추가된 머티리얼의 내용 그대로 다소 딱딱한 느낌의 파란색(원래 의도인)이 적용될 것이다.

이미시브 색상Emissive Color의 연결을 해제하면, 머티리얼을 적용한 결과로 안개의 자연스런 색상에 걸맞게 훨씬 더 은은한 느낌의 효과를 얻을 수 있다. 다음 그림은 GitHub 프로젝트에서 확인할 수 있다.

로컬 및 글로벌 볼류메트릭 포그 모두 장면의 몰입도를 더할 수도 있고 반대로 깨뜨릴 수도 있다. 따라서 여기에서 중요한 요점은 볼류메트릭 포그를 사용하는 과정에서 자신감을 가져야 하지만, 경험 많은 배경 아티스트에 의해 많이 논의된 잠재적인 성능 비용을 감안해 장면에 너무 과도하게 사용하지 않도록 주의하는 것이 필요하다는 것이다.

▌ 라이트매스 도구

볼류메트릭 포그에 대한 기본적인 내용을 살펴봤다. 볼류메트릭 포그의 힘과 일반적으로 볼류메트릭 포그를 조명과 결합해 사용하는 방법을 살펴봤다. 이제는 라이트매스 자체에 대해 조금 더 자세히 살펴볼 차례다. 다양한 오브젝트, 변수 그리고 탐구할 수 있는 이 둘의 조합은 그 끝이 없다. 하지만 기술적인 측면에 초점을 맞추기 위해 다음과 같은 몇 가지 핵심 영역에 중점을 둘 것이다.

- 디퓨즈 상호 반사 설정Diffuse Interreflection

- 동적 간접광 라이트맵을 시각화하는 방법과 조정하는 방법

- 앰비언트 오클루전의 장단점

- 라이팅 빌드 시간에 영향을 줄 수 있는 추가 요소

- 퀄리티 모드

- 라이트맵을 찾는 방법과 라이트맵의 사용을 프로파일링하는 방법

두 번째 세부 절에서 라이트맵을 중점적으로 다룰 예정이므로 첫 번째 절에서는 퀄리티 모드의 영향과 라이트매스를 정의하는 속성을 살펴볼 것이다.

라이트매스 설정 및 미리보기 모드 살펴보기

먼저 **월드 세팅**World Settings에서 찾을 수 있는 글로벌 라이트매스 설정을 살펴보자.

처음 다섯 가지 옵션은 간접광에 가장 큰 영향을 준다. 라이팅 빌드 시간이 매우 오래 걸린다면, Static Lighting Level 속성을 1보다 큰 값으로 설정한다. 그러면 샘플링 크기를 크게 조절해 라이팅 빌드 시간을 크게 줄일 수 있다. 다양한 레벨이나 전체 게임의 라이팅 빌드 시간이 점점 문제가 되고, 게임과 팀에서 라이팅 정확도의 퀄리티 감소로 작업을 이어갈 수 있다면, 이를 먼저 시도하는 것이 좋다. 이와 비슷하게 The Number of bounces는 라이팅 빌드 시간에 큰 영향을 줄 수 있다. 간접광의 목적은 일부 광자^{Photon}가 물체를 만났을 때 반사, 굴절 및 일부는 흡수되는 현실 세계를 시뮬레이션하는 것이다. The Number of bounces는 공간에서 각 점을 계산할 때 반사되는 조명의 양도 계산해야 한다는 것을 의미한다. 당연히 더 많이 반사될수록 더 좋은 결과를 얻을 수 있다(또한 더 사실적인 정확도를 보여준다). 그다음 3개의 속성은 약간 수수께끼 같아 보이지만, 속성에 마우스를 가져가면 그 내용을 확인할 수 있다. 예를 들어, Light smoothing은 특정 유형의 맵에서 큰 도움이 될 수 있지만, 명시된 것과 같이 간접 그림자 디테일에 대한 비용을 가중시킨다. 안타깝게도 앞서 설명했던 볼류메트릭 포그의 다른 속성과는 달리, 이 속성은 모두 속성의 결과를 완전히 확인하기 위해서는 라이트를 빌드해야 한다. 따라서 상당한 시간이 소요될 수 있다. 이론적으로는 어떤 게임에 스타일이 설정된 경우, 개발 초기에 몇 가지 실험을 수행하고 선호하는 값을 선택한 다음, 프로젝트를 진행하는 동안 이 값을 고정하는 것이 일반적이다.

조명 효과를 시각화하기 위해 뷰포트의 뷰 옵션에서 디테일 라이팅^{Detail Lighting}, 라이팅만 Lighting Only, 리플렉션^{Reflections} 등을 확인해보자.

여기에서 가장 관심이 가는 것은 아마도 볼류메트릭 라이트매스일 것이다. 볼류메트릭 라이트매스는 **뷰포트의 표시**^{Show} ➤ **시각화**^{Visualize} ➤ **볼류메트릭 라이트맵**^{Volumetric Lightmap}을 선택하면 미리보기를 할 수 있다.

이런 방향광^{Directional Lighting} 샘플은 런타임에 오브젝트를 이동하는 데 사용되며 정적 조명을 다시 빌드하기 전에 스태틱 메시를 이동하는 데 사용된다. 숙련된 UE4 개발자라면, 4.18 버전부터 기존의 라이팅 캐시 모델보다 일반적으로 훨씬 더 좋은 결과를 내는 모델이 기본값으로 적용됐다는 점을 잊지 말자. 이 변경에 대한 자세한 내용은 추가 자료 절에서 확인할 수 있다.

어두워지는 영역을 생각하면서 앰비언트 오클루전(실제로 FrozenCove 맵에서는 꺼져 있음) 속성을 변경해보자. 실생활에서 움푹 들어간 표면은 빛의 반사를 차단한다. 이 효과는 현실감을 더하는 동시에 적어도 하나 이상의 간접광 반사Indirect Lighting Bounce를 사용하고 있는 경우에는 빌드 시간이 추가되지 않는다. 여기에서는 계산을 단순화하기 위해 하향식 top-down 조명 방식으로 모델링했다는 점을 알아두자. 따라서 어떤 면에서는 익스포넨셜 하이트 포그와 마찬가지로 제한적이다. 기본적으로 평평한 게임(예: 실제와 같이 평평하지 않은 지구의 표면과 비슷한 곳을 움직이는 플레이어)이 아니라면 현실감이 떨어질 수 있다. 하지만 월드의 라이트매스 세팅Lightmass Settings에서 Use Ambient Occlusion 설정을 쉽게 끌 수 있다. 다른 많은 라이트매스 옵션과 마찬가지로, 이 설정 역시 이 옵션을 켠 상태로 라이트를 빌드한 다음 레벨을 충분히 살펴보고, 필요하다면 특정 부분에 대한 스크린샷을 저장한 다음 이 옵션을 끄고 같은 과정을 반복해서 켠 상태와 끈 상태의 결과를 비교해보고 사용할지 여부를 결정하는 것이 가장 좋은 방법이다. 뷰포트의 **뷰 모드**View Mode ➤ **버퍼 시각화**Buffer Visualization ➤ **앰비언트 오클루전**Ambient Occlusion에서 앰비언트 오클루전의 결과를 미리 보기 할 수 있다.

라이팅 빌드 시간과 관련해 문제[2]가 발생해 빌드 시간에 영향을 줄 수 있는 매개변수를 일부 조정한 경우에는 라이팅 빌드가 Swarm Agent 시스템을 사용한다는 점에 주목할 필요가 있다. Swarm Agent 시스템은 네트워크의 여러 컴퓨터에 계산을 분산시킬 수 있다. 자세한 내용은 추가 자료 절에서 확인할 수 있다. 또한 많은 게임에서 완전히 동적인 조명만으로도 충분하다는 점도 명심하자. 따라서 동적 조명 수준의 디테일만 필요한 모바일 게임 등에서는 라이트매스의 설정 대부분을 끌 수 있다. 하지만 이 경우에는 메모리 비용 및 사전 제작한 라이팅에 대한 이점이 없다. 프로젝트의 상황과 프로젝트의 요구사항을 파악하고 개발 초기 단계에서 실험을 진행한 다음, 아티스트와의 의사소통을 통해 최선의 선택을 하는 것이 좋다. 쿠킹된 조명을 제거하면, 아티스트가 배경이나 캐릭터에 보다 세부적인 텍스처를 추가할 수 있다. 이는 게임의 해상도와 기타 설정에 따라 아티스트를 만족시킬 수 있는 타협점이 될 수 있다. 이를 위해 실험하고 토론하는 것을 두려워하지 말자!

---

2 빌드 시간이 너무 오래 걸리는 등의 문제.

마지막으로 게임에서 요구하는 라이팅 퀄리티 레벨을 파악하자. 라이팅 퀄리티 레벨은 **빌드**Build 버튼의 드롭다운 메뉴에서 다음과 같이 선택할 수 있다.

이 옵션은 실제로 퀄리티 수준 대비 빌드 시간을 아주 높은 수준에서부터 낮은 수준까지 보여준다[3]. 한 옵션에서 다른 옵션으로 빠르게 전환(변경)하려는 경우에는 반드시 빌드 시간 대비 퀄리티를 생각했을 때의 첫 번째 선택이어야 한다.

---

3 퀄리티 레벨이 올라가면 빌드 시간도 증가한다.

라이트맵 프로파일링하기

라이트매스는 라이트매스 임포턴스 볼륨에 포함된 모든 영역에 대해 자동으로 라이트맵을 만든다. 그렇다면 이것이 프로젝트의 메모리에 어떤 의미가 있을까? 빠른 추정을 위해서는 항상 빌드된 데이터의 크기를 확인하면 된다(힌트: 빌드된 데이터의 대부분은 라이트맵이 차지할 것이다. 그리고 약간의 내비 메시와 레벨 내부에서 사용하는 몇 가지 필수 항목이 포함될 수 있다). 예를 들어 프로젝트의 Conent/InfinithBladeIceLands/Maps 폴더를 보면, FrozenCove 맵의 빌드된 데이터^{BuiltData} .ubulk 파일이 약 100MB 정도 되는 것을 볼 수 있다. 이는 맵에서 갖는 일반적인 크기이다. 하지만 좀 더 자세한 정보를 알고 싶은 경우, 라이트매스의 월드 세팅에서 아래쪽 화살표(고급 옵션)를 클릭하면 다음 그림과 같이, Lightmaps 항목을 확인할 수 있다.

그리고 이 라이트맵 중 하나를 더블 클릭하면 더 자세한 정보를 확인할 수 있다.

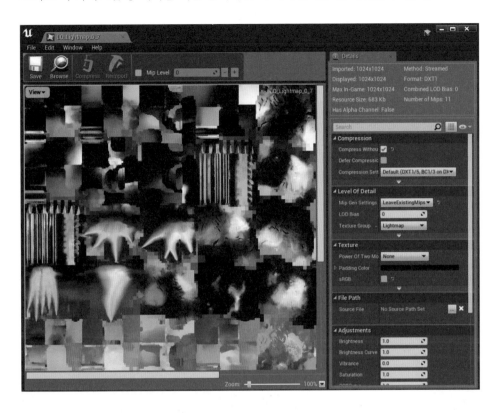

여기에서 압축^{Compression}, 크기^{Size}(해상도 및 메모리) 그리고 변경 가능한 다양한 설정도 확인할 수 있다. 스태틱 메시 에디터에서 개별 메시의 라이트맵 해상도를 변경할 수 있다. 또한, 뷰포트의 **뷰 모드**^{View Mode} **최적화 뷰모드**^{Optimization Viewmodes} **라이트맵 밀도**^{Lightmap Density} 메뉴를 선택해 라이트맵의 텍셀 밀도^{Texel Density}를 볼 수 있다.

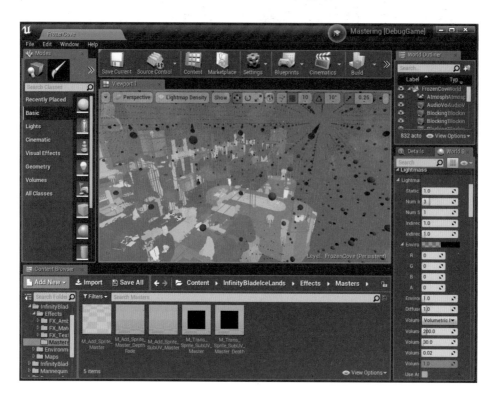

요약

11장에서는 살펴볼 내용이 아주 많았다. 하지만 이런 방대한 양에 압도되지 않는 것이 중요하다. 이쯤에서는 팀이나 프로젝트에서 가질 수 있는 주요 질문(의문)에 대체로 답변할 수 있어야 한다. 즉, 아티스트와 비주얼 퀄리티에 대해 논쟁하고 있는 경우나 빌드 시간에 대해 전체 팀과 논의를 하고 있는 경우에 필요한 도구를 활용해 선택 가능한 옵션을 찾고, 값을 조정하고, 조절해 최적의 솔루션에 도달할 수 있어야 한다. UE4의 라이팅은 놀라운 동시에 복잡하다. 하지만 전체 시스템이 동작하는 방식을 이해하는 것은 그리 중요하지 않다. 그 대신, 올바른 결정을 내리기 위해 어떤 작업을 해야 하고 그 이유가 무엇인지 숙지하고 있어야 한다. 12장에서는 11장보다는 한결 편안한 내용인, 인 씬In-Scene 비디오를 가지고 UE4에서 할 수 있는 시각적 기법을 살펴볼 것이다.

연습 문제

1. 볼류메트릭 라이트맵의 기능은 무엇인가?
2. 라이트매스가 기본적으로 포함하고 있는 기능을 설명하시오.
3. 애트머스페릭 포그Atmosphereic Fog와 볼류메트릭 포그Volumetric Fog의 차이점은?
4. 볼류메트릭 포그의 지역화된 인스턴스localized instance를 만드는 방법은?
5. 라이팅 빌드 시간이 오래 걸리는 경우, 시간 대비 퀄리티를 변경하는 가장 쉬운 방법은?
6. 라이트맵이 빌드된 상태에서 라이트맵 데이터의 일반적인 크기를 확인할 수 있는 곳은?
7. 전통적인 라이트맵과 볼류메트릭 라이트맵의 차이점은?

▍추가 자료

익스포넨셜 하이트 포그^{Exponential Height Fog}

영문 · https://docs.unrealengine.com/en-us/Engine/Actors/FogEffects/HeightFog

한글 · http://api.unrealengine.com/KOR/Engine/Actors/FogEffects/HeightFog/
index.html

볼류메트릭 포그^{Volumetric Fog}

영문 · https://docs.unrealengine.com/en-us/Engine/Rendering/
LightingAndShadows/VolumetricFog

한글 · http://api.unrealengine.com/KOR/Engine/Rendering/
LightingAndShadows/VolumetricFog/index.html

간접광 라이트맵^{Indirect Lightmap} vs 라이팅 캐시^{Lighting Cache}

영문 · https://docs.unrealengine.com/en-US/Engine/Rendering/
LightingAndShadows/VolumetricLightmaps

한글 · http://api.unrealengine.com/KOR/Engine/Rendering/
LightingAndShadows/VolumetricLightmaps/index.html

언리얼의 Swarm Agent

영문 · https://docs.unrealengine.com/en-us/Engine/Rendering/
LightingAndShadows/Lightmass/UnrealSwarmOverview

한글 · http://api.unrealengine.com/KOR/Engine/Rendering/
LightingAndShadows/Lightmass/UnrealSwarmOverview/index.html

12

인 씬 비디오 및 시각적 효과

개요

UE4는 놀라운 인 게임 비주얼 이펙트를 제공한다. 미디어 프레임워크^{Media Framework}는 매우 멋진 도구이며 게임에 인 씬^{In-Scene} 비디오를 추가할 때 사용한다. 또한 언리얼은 완전하지는 않지만 실시간 비디오 캡처를 위한 도구도 제공한다. 12장에서는 게임플레이의 일부분을 캡처한 다음, 이를 인 씬 비디오로 표면에 투영하는 방법을 알아본다. 언리얼은 매우 방대한 양의 시각적 효과를 제공한다. 그리고 무기 충격 효과를 더하기 위해 이런 종류의 옵션의 기반을 다질 수 있는 물리 기능과 함께 충격 파티클 효과를 추가할 것이다. 12장에서 다루는 내용은 다음과 같다.

- 미디어 프레임워크를 사용해 인 게임 비디오 플레이어 만들기
  - 맵에 어떤 액터에도 추가할 수 있게 하는 애셋과 머티리얼 만들기
  - 비디오 재생 및 반복 재생하기
- 게임에 물리 기반 파티클 추가하기
  - 예제의 발사체를 위한 파티클 이미터를 만들고 Hit 이벤트에 파티클 이미터 생성하기(재생하기)
  - 멋진 모션을 만들고 좋은 느낌을 주기 위해 파티클을 회전시키고 변경시키기

기술적 요구사항

12장에서는 Github에 있는 프로젝트의 12장 브랜치에 있는 컴포넌트를 구현할 예정이다.

https://github.com/PacktPublishing/Mastering-Game-Development-with-Unreal-Engine-4-Second-Edition/tree/Chapter-12

사용한 엔진 버전: 4.19.2

미디어 프레임워크를 활용해 인 씬 비디오 재생하기

미디어 프레임워크는 엔진 내에서 비디오를 재생하는 데 도움이 되는 몇 가지 핵심 시스템을 추가한다. 하지만 여기에서는 플레이어가 시작시킨 화면에서 오디오 재생과 함께 인씬 비디오를 재생하는 데 초점을 맞춘다. 이 기능은 많은 게임에서 아주 일반적이고 인기 있는 기능이며, 언리얼의 렌더 타깃 머티리얼을 사용하면 맵의 다른 영역을 실시간으로 렌더링할 수 있다. 이에 대한 전통적인 예로 다른 지역을 보여주는 보안 카메라를 들 수 있다. 12장에서는 미디어 프레임워크를 활용해 무엇을 할 수 있는지 보여주기 위해 게임에 비디오를 추가하는 방법과 게임에 비디오를 추가하는 데 필요한 내용의 학습에 초점을 맞출 것이다. 먼저 이를 위해 몇 가지 새로운 아이템이 필요하다.

애셋 생성하기

멋진 인 씬 비디오 플레이어를 만들기 위해서는 몇 가지 컴포넌트가 필요하다. 컴포넌트를 빠르게 살펴보자.

- 원본 비디오가 필요하다. 에픽의 문서에서 지원되는 파일의 목록을 확인할 수 있다. 어떤 파일 포맷을 사용해야 할지 모르겠다면 모든 플랫폼에서 동작하는 MP4를 사용하자(곧 자세히 살펴볼 예정이다).
- 원본 미디어(여기에서는 비디오)를 참조하는 파일 미디어 소스File Media Source 오브젝트
- 런타임에서 작업을 수행하는 미디어 플레이어Media Player 오브젝트
- 이와 연결된 미디어 텍스처Media Texture 애셋
- 텍스처(미디어 텍스처)를 사용하는 머티리얼

언리얼이 많은 부분에 있어 자동화돼 있기 때문에 고마움을 느낄 수 있다. 그러니 앞서 나열한 목록에 너무 겁먹지 말자. 필요한 작업을 놀랍도록 빠르게 진행할 수 있다.

간단히 말하자면 실제 비디오 파일이 이 전체 개념의 핵심이기 때문에 일반적으로 이 비디오가 어디에서 비롯된 것인지를 설명할 것이다. 비디오를 캡처하는 방법에는 여러 가지가 있다. 이 책은 어떤 특정 외부 제품을 보증하는 것이 아니다(사용된 개발 도구와 버전을 인식하는 것 외에는). 따라서 이 내용이 궁금한 경우 Windows 화면 캡처를 검색해보길 바란다. 또한 모바일 장치에서 게임 스트리밍 도구나 앱을 사용해 비디오를 캡처할 수 있다. 여러 도구(또는 앱)에는 비디오를 캡처하고 저장하는 게임 모드가 있다.

 필요한 기능을 시퀀스 레코더가 제공할 수도 있으니, 에디터에서 시퀀스 레코더(Sequence Recorder)를 확인해보자(창(Windows) ➤ 시퀀스 레코더(Sequence Recorder)). 개인적으로 예전에 시퀀스 레코더를 사용하다가 몇 가지 문제를 발견했다. 하지만 이와 같은 시스템을 위해 끊임없는 작업이 이루어지고 있다. 그리고 UE4에 내장돼 지원되는 시스템에 익숙해질 수 있다면, 이 방법이 가장 좋은 방법이다.

GitHub 브랜치에서 볼 수 있는 체크인Checked-in된 애셋은 말 그대로 백작 캐릭터 소개인 게임 씬으로 걸어가는 장면뿐이다. 그리고 이를 MP4 비디오로 캡처해 저장한 다음, GitHub 브랜치에 업로드했다. 이 파일을 Content 폴더에 추가한 다음, 에디터로 돌아오면 콘텐츠 브라우저에서 관련 항목을 만들 수 있다.

다음으로 필요한 것은 파일 미디어 소스File Media Source이다.

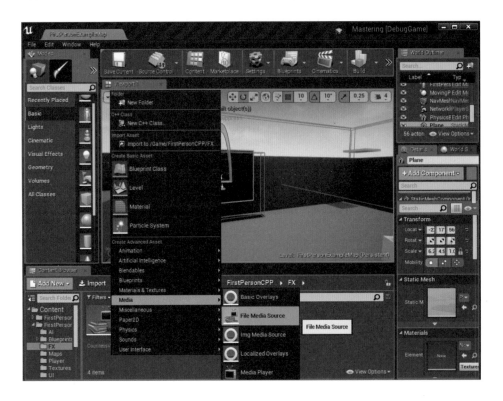

생성한 파일 미디어 소스를 확인해보면 알겠지만, 이 오브젝트에는 특별할 것이 없다. 단지 원본 미디어(소스 미디어)를 참조하고 여러 플랫폼의 플레이어를 재정의하는 옵션을 제공한다.

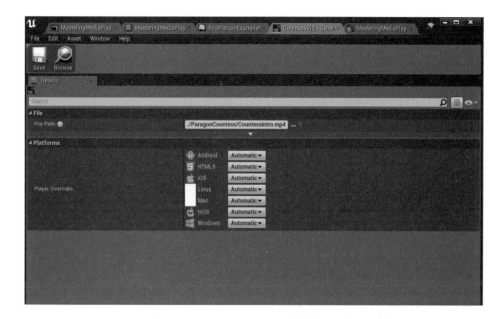

마지막으로 추가할 것은 미디어 플레이어^{Media Player}이다. 새 미디어 플레이어를 만들 때는 다음과 같은 팝업 창이 나타나는데, 옵션을 체크해야 한다는 점에 주의하자(이 항목을 체크해야 미디어 텍스처를 자동으로 생성하고, 생성된 미디어 텍스처와 연결할 수 있다).

OK 버튼을 클릭하면 작업을 진행할 수 있다.

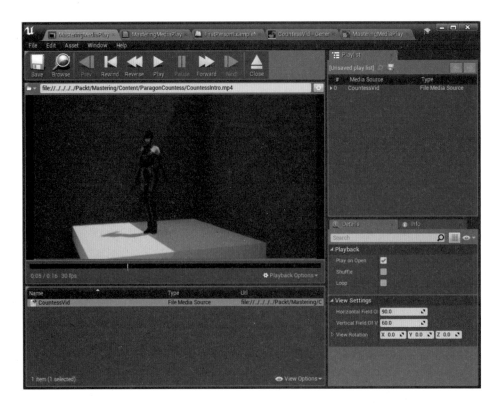

여기에서 방금 만든 CountessVid 애셋을 왼쪽 하단에 드래그해놓으면 기본 설정이 적용된 플레이어가 준비된다. 텍스처 애셋이 자동으로 생성되고 텍스처 애셋과 연결된다(다시 말하지만, 작업을 간소하게 해주는 최신 UE4의 매우 뛰어난 기능이다). 이제 머티리얼이 필요하다. 텍스처를 액터에 드래그하면 머티리얼을 바로 생성할 수 있다. 이 방법으로 머티리얼을 생성해보자.

인 씬에서 비디오를 제작하고 재생하기

이론적으로는 지금 스태틱 메시 액터나 특정 표면에 비디오를 재생할 수 있다. 하지만 일반적으로, 비디오 재생은 대부분 모드 창에서 레벨로 드래그해 생성할 수 있는 평면Plane에서 이뤄진다. 사용을 원하는 액터(여기에서는 평면)에 미디어 텍스처를 바로 드래그해 머티리얼을 생성할 것이다. 그러면 아주 단순한 머티리얼이 생성되고 드래그한 표면에 설정된 것을 볼 수 있다. 이 작업을 모두 진행하면, 그림에서 볼 수 있듯이 어려운 작업이 하나 남는다. 인 씬 화면(평면)에서 **+ 컴포넌트 추가**Add Component를 클릭해 미디어 사운드Media Sound 컴포넌트를 추가하고, 미디어 플레이어와 연결하지 않으면 오디오 재생에 실패한다.

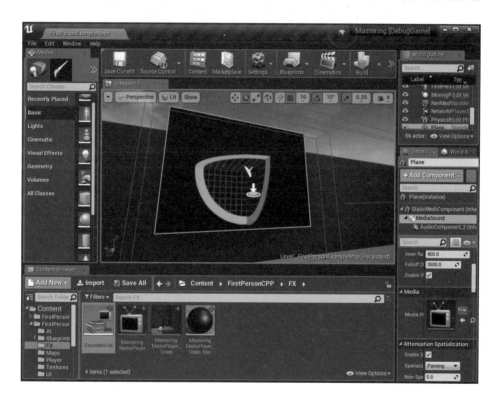

이로써 필요한 모든 내용이 준비됐다. 이제 비디오를 재생시키고 확인하는 일만 남았다.

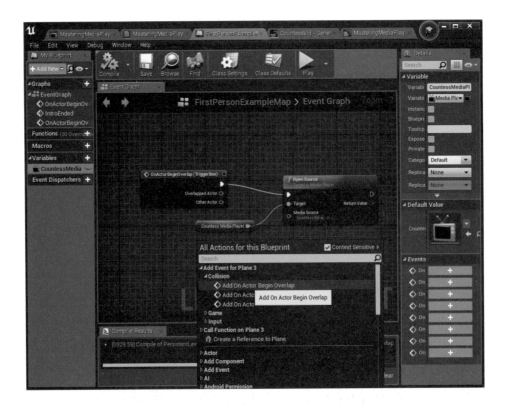

화면(평면) 앞에 단순한 트리거 볼륨을 배치하고 블루프린트 수준의 변수^{Media Player} 타입을 내 블루프린트^{My Blueprint}에 추가했다. 그리고 트리거 볼륨을 선택한 상태에서 블루프린트의 이벤트 그래프에서 마우스 오른쪽 버튼을 클릭해 OnActorOverlap 이벤트를 추가한 다음, Open Source 노드를 실행시킨다. 또한 Open Source 노드에 앞서 생성한 새 애셋을 설정한다. 이 로직은 미디어 플레이어를 재생시키기 때문에 모든 머티리얼 및 머티리얼 인스턴스에서 재생되는 결과를 볼 수 있다. 결과는 훌륭할 수 있지만 원하는 것이 아닐 수 있다. 이를 위한 몇 가지 해결책이 있다. 가장 확실하지만 애셋 정리상태가 깔끔하지 않은 방법은 개별적으로 재생을 원하는 미디어 플레이어를 복제하는 것이다. 작업을 위한 모든 준비를 마쳤다. 이제 화면(평면)으로 걸어가면 MP4 비디오를 재생해 백작 캐릭터의 인트로 시퀀스를 보고 들을 수 있고, 원하는 만큼 반복해 확인하는 것도 가능해졌다.

마지막으로 살펴볼 점은 비디오를 재생할 때 어두운 상태로 보인다는 것이다.

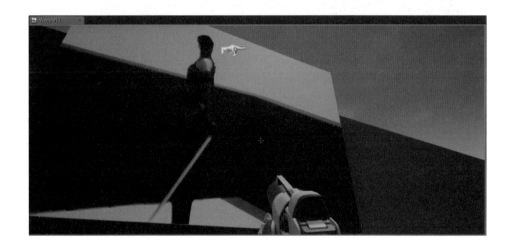

이 문제를 해결하기 위해 머티리얼의 컬러 출력을 몇 배로 곱해줬다. 재차 설명하지만 이 문제를 해결하는 접근 방법에는 여러 가지가 있다. 개인적으로는 가장 단순한 방법으로 시작하고 이 방법이 제대로 동작한다면 작업을 이어간다. 다음 그림에서 변경된 내용을 확인하자. 머티리얼에서 상숫값^{Multiply} 노드의 상숫값을 변경해보면서 게임에서 출력에 미치는 영향을 확인해볼 수 있다.

아직 파티클 시스템을 활용하지 않았다. 파티클 시스템을 사용해 UE4로 만들 수 있는 더 멋진 비주얼 이펙트를 살펴보자.

물리 파티클 추가하기

이 절의 목표는 두 가지로 나눌 수 있다. 첫 번째는 발사체가 어딘가에 부딪혔을 때 나타나는 불꽃(스파크) 효과를 추가하는 것이다. 그런데 물리 세계 안에서 프레임 속도는 떨어뜨리지 않고, 이런 불꽃이 물체 주변에서 튀게(반사되도록) 만들어야 한다. 이를 위한 좋은 소식은 UE4가 모든 플랫폼에 대해 GPU 파티클을 지원한다는 점이다. 일반적으로 물리 파티클을 만들 때는 GPU 파티클을 사용해 작업한다. 복잡한 비주얼 때문에 GPU 쪽 부하GPU-bound가 많이 걸리는 경우(또는 낮은 하드웨어 성능 때문에)에는 GPU 파티클을 가장 먼저 살펴봐야 하는 경우가 대부분이다. 하지만 지금 이런 걱정을 할 필요는 없다. 멋진 불꽃 효과를 만들어보자.

발사체가 부딪혔을 때 재생할 파티클 이미터 생성하기

앞에 나온 Starter Content Pack 추가를 기억할 것이다. 이제 콘텐츠 팩을 좀 더 많이 활용할 수 있게 됐다. 폴더의 맨 아래로 스크롤 바를 내려보면 StarterContent/Particles 폴더를 찾을 수 있다(또는 검색 상자에서 P_Sparks를 검색하면 찾을 수 있다). 정확히 원하는 파티클은 아니지만 거의 근접하므로 이를 활용하면 작업시간을 줄일 수 있다. 이 파티클을 살펴보면 Spark와 Smoke에서 이미 GPU Sprite 이미터의 사용을 볼 수 있다. 꼭 필요한 것이므로 사용하지 않을 이유가 없다. C++ 클래스 및 다른 게임 개발 측면과 비슷하게 원하는 작업의 일부를 이미 수행하고 있는 어떤 것을 사용해 작업을 시작할 수 있을 때는 항상 효율을 위해 해당 항목을 변경해 사용하는 것이 좋다. 이제 불꽃 효과를 살펴보자.

여기에서 기존과 조금 다르게 동작하게 수정할 것이다. 간단히 파티클 이미터(P_Sparks 애셋)를 FirstPersonCPP/FX에 복제했다. 그리고 파티클을 검색할 때 혼동을 피하기 위해 복제한 애셋의 이름을 P_ImpactSparks로 변경했다. 이제 새로운 복제본이 생성됐으니 여기에서 작업을 시작할 수 있다. 하지만 우선 한발 뒤로 물러나 발사체가 충돌했을 때 파티클을 그대로 재생해보자. 이를 위해 MasteringProjectile 클래스에 새로운 변수를 추가하고 충돌(충격) 사운드를 재생하는 곳에서 추가한 파티클을 재생해야 한다. 먼저 발사체의 헤더에 다음과 같이 변수를 추가한다.

```
UPROPERTY(EditAnywhere, BlueprintReadWrite)
class UParticleSystem* ImpactParticles;
```

.cpp 파일에서 OnHit 아랫부분에 다음 코드를 추가한다.

```
const float minVelocity = 1000.0f;
if (cueToPlay != nullptr && GetVelocity().Size() > minVelocity)
{
    UGameplayStatics::PlaySoundAtLocation(this, cueToPlay, Hit.Location);
    UGameplayStatics::SpawnEmitterAtLocation(GetWorld(),ImpactParticles, Hit.Location,
GetActorRotation(), true);
}
```

그리고 충돌 위치에서 생성할 파티클을 설정한다.

FirstPersonCPP/Blueprints/Weapons 폴더에 있는 모든 발사체(무기)로 가서 Impact
Particle 변수를 모두 새로 복제한 P_ImpactSparks 애셋으로 설정한다. 단계별로 진도를
따라오는 사람은 이 시점에서 몇 가지 문제점을 확인할 수 있을 것이다.

첫째, 파티클 시스템(이미터)이 계속 지속된다. 둘째, 파티클이 항상 속도감 없이 똑바로 위아래로 흩어진다. 그리고 고정된 분수처럼 바닥으로 흘러간다. 첫 번째 문제는 간단히 해결할 수 있다. 캐스케이드에서 P_ImpactSparks를 열면(애셋의 더블 클릭 사용) 메인 창에서 세 개의 파티클 이미터를 볼 수 있다. 각 이미터에서 **Required** 바를 클릭하고 스크롤을 아래로 내려 **Details** 메뉴를 찾아보면 세 개의 이미터 모두 looping count가 0(계속 반복)으로 설정된 것을 볼 수 있다(looping count를 1로 설정하면 파티클이 지속되는 문제를 해결할 수 있다).

개인적으로 캐스케이드 사용자 인터페이스를 잘 다루지는 못한다. 하지만 연습을 통해 캐스케이드를 능숙하게 다루는 FX 아티스트의 작업을 봐왔기 때문에 시스템에서 필요한 부분을 빠르게 찾아 변경할 수 있다. 예제의 경우, 불꽃의 속도를 증가시키고 이미터의 수명을 줄여야 한다. 하지만 이 내용은 모두 외관상으로 보이는 것이다. 마지막 쟁점은 발사체 (무기)가 표면에 부딪힌 상황에 알맞게 방향을 설정하고, 성능상의 이유로 작업이 필요할 경우 불꽃의 동작을 조정할 수 있는지 확인하는 것이다.

 왜 파티클을 위한 새로운 에디터인 나이아가라(Niagara)를 사용하지 않았는가? 솔직히 말해 나는 캐스케이드만 다룰 줄 안다. 물론 누구나 나이아가라를 사용해도 좋다. 그리고 나이아가라 관련 링크(이 링크는 캐스케이드와의 차이점과 비슷한 점에 대한 내용을 시작한다)를 추가 자료 절에서 확인할 수 있다. 이 전의 마티네(Matinee) vs. 시퀀서(Sequencer)와 비슷하게 두 시스템 모두 유지되고 지원되지만 장기적인 관점에서는 나이아가라로 옮겨가는 것이 좋은 선택일 수 있다.

파티클의 방향 설정 및 물리 속성 조정하기

비처럼 내리는 지루한 불꽃 파티클을 재생하는 것만으로 파티클 시스템이 원하는 효과를 보여주지 않는다. 발사체 충돌(충격) 상황에 맞게 불꽃 파티클을 일치시켜야 한다. 이를 위해서는 조금 더 많은 코드 작업과 캐스케이드 작업이 필요하다. 하지만 이내 좋은 결과를 얻을 수 있다.

 현재 캐릭터 클래스에 있는 기능을 무기 클래스에서 동일하게 복제해야 한다는 점을 알고 있기 때문에, 현재 캐릭터에서 사용되는 내용을 주석 처리하고 작업하고 있는 무기가 완성되면 나중에 주석 처리한 내용을 제거한다.

먼저 다음과 같이 코드를 변경하자.

```
FRotator rot = GetVelocity().ToOrientationRotator();
UGameplayStatics::SpawnEmitterAttached(ImpactParticles, GetRootComponent(),
NAME_None, FVector::ZeroVector, rot,
EAttachLocation::SnapToTargetIncludingScale, true);
```

여기에서 선택할 수 있는 옵션은 다양하다. 예를 들어, 원하는 경우 파티클을 추가하지 않고 회전을 만들어내는 Velocity 대신 Hit.Normal/Hit.ImpactNormal을 사용할 수 있다. 여기에 파티클 시스템을 추가하면 파티클이 발사체(무기)로 당겨지는 점을 발견했다. 그리고 속도에 따른 회전을 설정하는 혼란스러운 느낌을 보여줬다(개인적으로는 좋음). 캐스케이드에서 보면 현재 Smoke 시스템만 부모 Velocity(속도)를 상속받게 설정돼 있다. Sparks도 부모의 Velocity(속도)를 상속받게 설정했다(이미터에서 마우스 오른쪽 버튼을 클릭하고 Inherit Parent Velocity 필드를 추가함). 왼쪽에서 Emitter Duration 값이 감소하게 조정한 것을 주목하자.

최종 결과는 전문적인 퀄리티라고 보기에는 준비가 덜 됐다. 하지만 팀의 한계를 잘 아는 것 역시 팀과 함께 성장하는 데 있어 매우 중요하다. 12장에서 살펴본 내용이 언리얼의 놀라운 시각적 효과를 사용하는 데 자신감을 얻었길 바란다. 탐구해야 할 내용은 훨씬 더 많다. 하지만 책에서는 프로젝트를 진행하기 위해 기본적인 내용을 파악하는 것에 중점을 둔다.

▌ 요약

지금까지 UE4가 제공하는 모든 주요 시스템을 살펴봤다. 좀 더 특화된 시스템도 있지만, 지금은 UE4의 원하는 모든 플랫폼에서 일반적인 게임을 만들 때 편안함을 느낄 것이다. 언리얼 커뮤니티에는 무료로 다운로드할 수 있는 엄청난 양의 FX가 있다. 앞서 설명한 내용을 이해했다면 더 자세한 옵션을 살펴볼 수 있는 자신감이 생길 것이다. 아직 살펴보지 않은 영역은 한 가지뿐이다. UE4에 추가된 가장 새롭게 추가된 시스템 중 하나이며, 13장에서 살펴볼 내용이다. 13장에서는 언리얼의 증강 현실Augmented Reality과 가상 현실Virtual Reality API 그리고 프로젝트를 살펴본다. 또한 메인 GitHub 프로젝트에 대한 마지막 업데이트이다(FirstPersonCPP 템플릿으로 시작한 처음부터 FrozonCove, 포그 및 라이팅, 백작 캐릭터와 AI, 로딩 및 저장 시스템, 이펙트와 최적화에 이르는). 영감을 얻고 의미 있는 여행으로 여길 수 있었기를 바란다. 이제 새로운 세계인 AR과 VR로 떠나보자!

▌ 연습 문제

1. UE4에서 비디오 유형을 선택할 때 일반적으로 MP4가 가장 좋은 옵션인 이유는?(
   힌트: 추가 자료 절에서 자세한 내용 참고)
2. 여러 액터에서 하나의 미디어 플레이어를 참조할 때 이 미디어를 열면 어떤 일이 발생하는가?

3. 비디오 텍스처와 비디오 머티리얼을 만드는 가장 빠르고 단순한 방법은?

4. 예제의 머티리얼에서 컬러 출력에 상수 곱하기^{Constant Multiplier} 노드를 추가한 이유는?

5. 파티클 이미터에서 사용했던 방법으로, C++와 애셋 생성에서 시간을 절약하는 좋은 전략은 무엇인가?

6. 처음 구현했던 것처럼 특정 공간에 파티클 이미터를 배치하지 않고, 발사체(무기)에 이미터를 추가한 이유는?

7. 발사체(무기) 방향과 파티클 이미터의 방향을 일치시키는 방법은?

8. GPU에서 파티클(캐스케이드에서 쉽게 변경할 수 있는)을 시뮬레이션하는 것이 불리한 경우는?

▌추가 자료

미디어 프레임워크에서 지원하는 비디오 타입

영문· https://docs.unrealengine.com/en-US/Engine/MediaFramework/
TechReference

한글· http://api.unrealengine.com/KOR/Engine/MediaFramework/
TechReference/index.html

나이아가라 파티클 이미터

영문· https://docs.unrealengine.com/en-us/Engine/Niagara

한글· http://api.unrealengine.com/KOR/Engine/Niagara/index.html

13

UE4의 가상 현실 및 증강 현실

▌개요

UE4에서 가장 새롭게 추가됐으며, 흥미로운 두 가지 시스템은 가상 현실Virtual Reality, VR과 증강 현실Augmented Reality, AR의 통합 기능이다. VR은 얼마 전부터 지원되고 있었지만, AR은 커스텀 브랜치를 병합하거나 실험적 컴포넌트를 사용할 필요 없이 완벽하게 동작하도록 2018년 여름 4.20 버전에 처음 추가됐다. 두 시스템 모두 살펴볼 내용이 매우 방대하지만, 여기에서는 이 책의 중점사항인 언리얼 시스템을 이해하고 자신감을 키우는 데 중점을 둘 예정이다. AR과 VR 모두를 위한 프로젝트를 만들어보고, 실제 프로젝트에 필요한 내용을 추가하는 과정을 직접 경험해봄으로써 지원하는 기능을 살펴볼 것이다. 언리얼 세계에서 가장 새롭고 논란의 여지없이 가장 멋진 새로운 플랫폼을 탐험할 준비를 하자. 13장에서 다루는 내용은 다음과 같다.

- VR 프로젝트를 생성하고 수정하기
    - 필요한 사항을 준비하고 안드로이드 기어 VR 헤드셋에 배포하기
    - 모션 기반 컨트롤을 프로젝트에 추가하기
- AR 프로젝트를 생성하고 수정하기
    - 필요한 사항을 준비하고 안드로이드 휴대폰에 배포하기
    - 프로젝트 내의 발사체(무기)를 새로운 AR 게임에 맞게 포팅하기

▌ 기술적 요구사항

두 새로운 플랫폼의 기술에 초점을 맞추기 위해 스탠드얼론 프로젝트로 만들 예정이다. 책에서 여러 번 언급했듯이, VR 및 AR을 지원하기 위해 기존의 Mastering 프로젝트를 포팅할 수 있다. 하지만 프로젝트 초기에 이런 주요 결정을 하고 이를 구현하는 것이 가능한지 검증한 다음, 프로젝트 개발 과정에서 이를 유지하는 것이 가장 좋은 방법이다. 다시 말해, AR 프로젝트에서 이전 프로젝트의 일부를 AR 버전으로 포팅해 어떻게 진행되는지 그리고 그 작업이 만들어졌을 때 얼마나 휴대성이 좋은지에 대한 테스트를 해볼 수 있다. 두 개별 프로젝트의 GitHub 브랜치 주소는 다음과 같다.

VR:

https://github.com/PacktPublishing/Mastering-Game-Development-with-Unreal-Engine-4-Second-Edition/tree/Chapter-13-VR

AR:

https://github.com/PacktPublishing/Mastering-Game-Development-with-Unreal-Engine-4-Second-Edition/tree/Chapter-13-AR

또한 VR 컴포넌트의 경우 GearVR 플랫폼을 사용했다. 언리얼 통합을 위해 구글의
ARCore 앱은 Galaxy Note 8에도 설치했다. 덕분에 구글 커스텀 API를 설치하는 고민을
피할 수 있었다. 이 영역(AR)에서 4.20은 이전 통합 버전과 비교해 iOS와 특히 안드로이드
에 꿈 같은 버전이다. 따라서 13장을 진행하기 위해 최소 4.20 이상의 버전으로 업데이트
할 것을 적극 권장한다(특별히 요구하는 것은 아니다).

사용한 엔진 버전: 4.20.2

 책에서 특별하게 다루지는 않지만 주로 블루프린트 프로젝트 템플릿으로 진행하기 때문에 맥
과 iOS 플랫폼을 사용하는 사용자에게도 과정이 많이 다르지 않을 것이다. 그러니 블루프린
트 코드 및 코드 이주를 자유롭게 해보기 바란다. 13장의 다른 부분에서는 탐색기를 Finder로
Visual Studio를 XCode로, 안드로이드를 아이패드/아이폰으로 대체하는 과정에서 가장 어려
울 수 있는 부분은 이미 10장, '게임 패키징하기(PC, 모바일)'에서 다뤘다.

▌ VR 프로젝트를 만들고 새로운 컨트롤 추가하기

이쯤에서 개인적으로 독자들이 잘 알고 있을 거라 확신하는 VR은 헤드셋을 착용한 사용
자와 사용자에게 완전히 몰입 가능하고, 탐험할 수 있는 3D 세계를 보여주는 게임이나 앱
이 포함된다.

VR 프로젝트 처음 만들기

이 책의 모든 여행을 나와 함께해준 독자를 위해 1장, '1인칭 슈팅 게임을 위한 C++ 프
로젝트 만들기'를 간략히 리뷰할 것이다. 건너뛰는 내용도 있을 수 있지만 중요한 단계는
건너뛰지 않고 진행할 것이다. 먼저, 프로젝트를 지정하지 않고 엔진을 실행한다. 1장에
서 봤듯이 엔진 설치 디렉터리에서 실행하거나 이미 만들어둔 바로가기가 있다면 바로가
기로 실행할 수 있다. 언리얼 프로젝트 브라우저가 나타나면 **새 프로젝트 탭**을 클릭한다.

그리고 블루프린트 탭의 가상 현실(VR) 프로젝트 템플릿을 선택한다. 콘텐츠 수준은 모바일/태블릿^Mobile/Tablet 으로 설정하고, 시작용 콘텐츠^Starter Content 는 제거한다(일반적으로는 프로토타입에 활용할 수 있는 흥미로운 애셋을 포함하기 때문에 추가하는 것이 좋지만, 상당한 양의 공간을 차지한다). 원하는 대로 이름을 지정해도 되지만, GitHub 파일과 일치시키려면 앞의 그림과 같이 MasteringVR로 지정하자. **생성**^Create 버튼을 클릭하면 프로젝트가 생성돼 에디터에서 열리고 이미 일부 플랫폼(PS4-VR, Oculus Rift 등 유선 헤드셋)으로 배포해 바로 테스트할 수 있는 준비가 자동으로 진행된다.

개인적으로 속도와 디버깅을 목적으로 C++로 작업하는 것을 선호한다는 사실을 알 수 있을 것이다. 하지만 이 템플릿(VR 템플릿)은 현재 블루프린트 템플릿만 존재한다. 이제 C++ 클래스를 추가하고 프로젝트를 직접 컴파일하는 것은 그리 어렵지 않을 것이라고 생각한다. 이 작업은 AR 프로젝트에서도 수행할 것이다. 그러나 클래스 추가 시 빌드를 반복할 때 상당한 시간이 추가된다는 점에 유의하자. 내 경우 컴파일을 다시 하고 .apk의 서명을 다시 할 때마다 에디터에서 **시작** 버튼을 사용할 때마다 5~10분가량 추가됐다. GitHub 프로젝트를 자세히 살펴보면 .cpp에서 pawn 클래스에 코드를 추가하려고 했던 한 지점을 찾을 수 있다. 하지만 이 문제를 발견하고 난 다음에는 다시 전체 블루프린트 버전으로 되돌아갔다. 이 VR 섹션에서 블루프린트만 사용한다면 빌드 반복 시간은 1분 미만이 걸린다(전체적으로!). 따라서 끊임없이 하드웨어에 배포해야 하는 프로젝트에서는 C++를 프로젝트에 사용하기 전, 이 점을 고려하는 것이 좋다.

 처음으로 어떤 플랫폼용으로 빌드 및 배포할 때는 모든 엔진 셰이더를 컴파일하고 콘텐츠를 쿠킹해야 한다는 점을 명심하자. 첫 빌드 이후의 빌드 시간은 앞에서 설명한 대로이다. 하지만 첫 번째 실행은 다소 느리고 견디기 힘들 수도 있다.

GearVR로 빌드하고 배포하기

편리한 VR 프로젝트 템플릿을 사용하더라도 여기에 나와 있는 지시를 따라 삼성 안드로이드 기기를 사용하는 사람을 위해 GearVR 플랫폼에서 동작시키기 위해서는 아직 여러 단계가 필요하다.

 개인적으로 이 플랫폼의 굉장한 팬이다. 팬이 된 데에는 여러 가지 이유가 있다. 첫째, 선이 없다. 유선 헤드셋은 더 강력한 기능을 제공하고 이를 통해 추가 기능을 제공한다. 하지만 한편으로는 PC나 PS4에 항상 묶여 있는 느낌이 들어 개인적으로는 혼란스러운 기분마저 들었다. 둘째, 접근성이 좋다. 다른 안드로이드 앱과 같이 Google의 스토어 및 플랫폼이 아니라 삼성의 스토어와 플랫폼이지만, 상당히 많은 사람이 S7과 그 상위 버전의 기기를 소유하고 있다. 개인적인 의견으로는 S7및 그 상위 버전의 기기는 GearVR 앱에서 매우 잘 동작한다. 개인적으로 삼성과 Google이 어느 시점에서 스토어를 통합하기를 기대한다. 이와 같은 장치(S7 이상의 기기)에서 이런 프로젝트를 시도할 수 있는 옵션만으로도 개인적으로는 좋은 결과를 얻을 수 있었다.

다른 안드로이드 기반 앱과 같이 **프로젝트 세팅**^{Project Settings} ❯ **플랫폼**^{Platforms} ❯ **안드로이드**^{Android}로 이동해 상단의 **지금 환경설정**^{Now Configure} 버튼을 클릭한다.

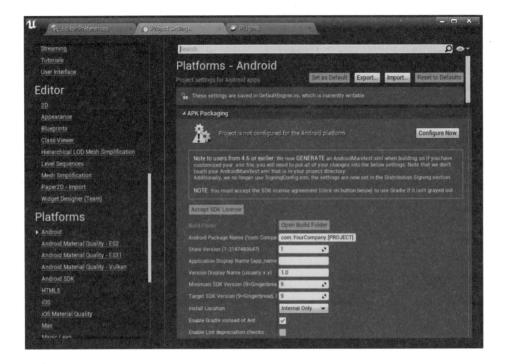

그런 다음 바로 아래에서 몇 가지 설정해야 할 항목을 찾을 수 있다.

이름 그대로 SDK 버전을 19로 설정한다. 에픽은 KitKat+ Fullscreen Immersive 속성을 true로 설정할 것을 권장한다(개인적으로 테스트 과정에서 이 속성의 필요성을 느끼지는 못 했다).

다음으로 같은 섹션에서 스크롤 바를 내려 Advanced APK Settings를 찾아 필요한 체크
박스를 하나 더 설정해야 한다.

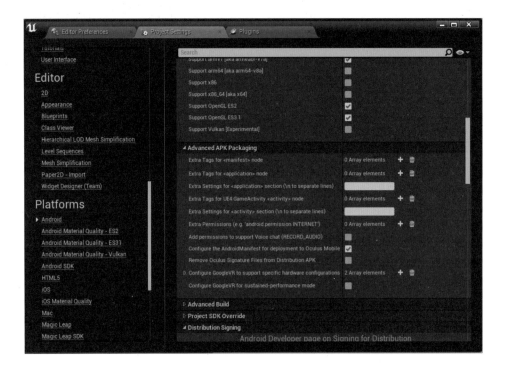

Configure the AndroidManifest for deployment to Oculus Mobile 속성이 반드시 필
요하다. 그리고 GearVR 헤드셋(Galaxy S6 이상)을 사용할 수 있는 모든 장치에서 OpenGL
ES 3.1을 지원하기 때문에 OpenGL ES 3.1 관련 속성으로 이동해 조절했다.

 개인적으로 하드웨어 가속 플랫폼으로서 선호하는 Vulkan의 활성화를 시도해봤지만, 기본
프로젝트를 활용해 시작할 때 오류가 발생했다. 따라서 문제가 생기지 않게 Vulkan 옵션을
해제해야 한다.

그리고 이보다는 덜 중요한 두 가지 항목을 설정해보자. 먼저, 반복 작업을 위해 일반적으로 수행하는 에디터에서 실행하려는 경우 다음과 같이 Startup Map 항목을 기본 StartupMap이 아니라 MotionControllerMap으로 설정한다.

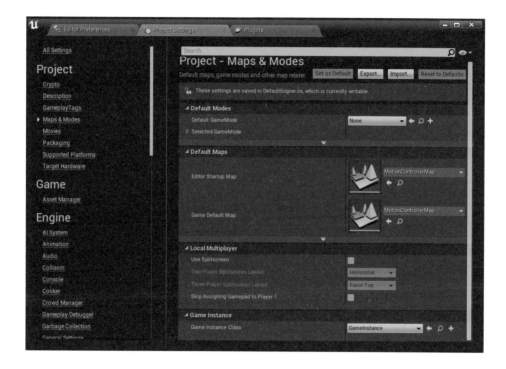

GearVR 컨트롤러는 StartupMap에서는 활성화되지 않지만 MotionControllerMap에서는 원하는 대로 잘 동작한다(스탠드얼론 .apk를 만들고 설치한 다음, 실행할 때의 기본 게임 맵). 참고로 기능이 제대로 동작할 때까지 컨트롤러의 섬스틱^{tumstick}을 여러 번 클릭해야 할 수도 있다.

마지막으로 오큘러스에서 서명 키를 얻기 위해 다음의 지침을 따라야 한다. 하지만 앞서 진행했던 것보다는 훨씬 간단하다.

https://dashboard.oculus.com/tools/osig-generator/

지정한 폴더에 오큘러스 서명 키가 없으면 서명되지 않아 앱이 시작할 때 중단된다.

이제 GearVR 헤드셋을 사용해 1분 안에 변경사항을 적용하고 이를 확인할 수 있게 됐다.

 HMD(Head Mounted Display) 패드 자체를 사용하려는 경우에는 추가 자료 절에 있는 에픽의 가이드를 참고하기 바란다.

HMD 컨트롤 추가하기

이제 레벨에서 플레이할 수 있고 섬스틱을 사용해 텔레포트(순간이동)할 수 있다. 그리고 파란색 상자에 충분히 가까이 다가가면 이 박스를 잡을 수 있고, 컨트롤러의 트리거를 사용해 잡은 상자를 던질 수 있다. 텔레포트를 너무 많이 사용하지 않고 레벨을 돌아다녀보는 것도 좋은 방법이다. 다른 용도로 사용하기 위해 섬스틱을 이동 기능에서 제외하는 한 가지 방법은 HMD^{Head Mounted Display} 방향 자체를 입력 수단으로 사용해 머리의 방향을 기반으로 동작을 만드는 것이다.

하지만 이 방법을 사용하면 플레이어가 움직이지 않고는 위나 아래를 더 이상 바라볼 수 없게 된다. 하지만 이 문제도 해결할 예정이다. 먼저, 카메라 방향을 기반으로 하는 간단한 로직으로 블루프린트로 플레이어를 이동시켜보자. 이를 위해 MotionControllerPawn에서 작업을 진행할 것이다(콘텐츠 브라우저의 Content/VirtualRealityBP/Blueprints에서 찾을 수 있다). 하지만 이 기능을 실제로 동작시키기 위해서는 Pawn을 Character로 변환해야 한다. 전에 했던 것처럼 블루프린트를 열고 **파일**^{File} ❯ **블루프린트 부모변경**^{Reparent Blueprint}으로 가서 **Character**를 선택한다. 기본 캐릭터의 캡슐 높이가 상당히 높고, 이전의 Pawn은 지면^{Ground}을 원점으로 예상하고 동작한다. 이제 캡슐의 크기를 작게 만들어보자. 동작을 위해서 너무 작게 설정할 필요는 없다. 캡슐의 Height와 Radius에 대해 34cm 정도면 좋다.

다음으로 블루프린트 함수를 새로 만들고, 시퀀스^{Sequence} 노드의 핀에서 드래그한 다음, 생성한 함수와 연결해 Tick 이벤트에서 호출되게 노드를 구성한다.

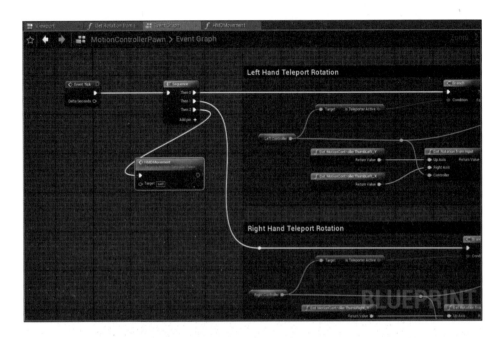

함수 안에서 카메라 방향을 기반으로 플레이어를 이동시키는 간단한 로직을 추가한다.

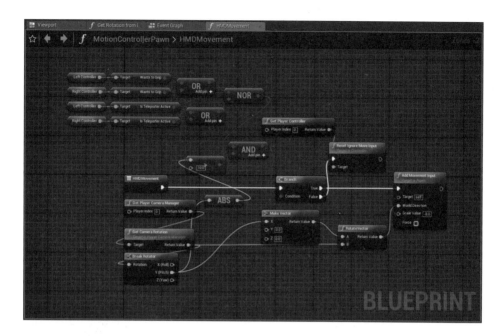

처음에 언급했듯이, 어떤 컨트롤러에서 물체를 집거나 텔레포트를 시도하면 이동 기능을 비활성화하는 것을 볼 수 있다(또한 틸트가 10도 미만인 경우 이동을 중단한다). 이 방법을 사용하면 동작을 수행하면서 주변을 둘러볼 수 있고, 동작을 하지 않는 상태에서 앞이나 뒤를 바라보면 플레이어가 앞뒤로 움직이고, 물론 방향전환도 가능하다. 원하는 경우, 동일한 로직에 카메라 롤^{roll}과 옆으로 이동하는 벡터를 사용하면 옆으로 이동하는 기능을 쉽게 추가할 수 있다.

이렇게 추가한 기능을 테스트해본 결과, 텔레포트만 이용해 이동했을 때보다 훨씬 쉽게 이동하고 상자를 집고 던질 수 있다는 것을 확인할 수 있었다.

 위의 스크린샷에서 궁금한 점이 있을 수도 있다(VR을 실행하는 장치에서 찍은). 컨트롤러에서 트리거를 당기면 실행되는 Execute Console Command 노드를 블루프린트에 추가했다. Execute Console Command 노드에서 "HighResShot 1920x1280" 명령을 실행한다(물론 원하는 해상도를 지정할 수 있다). 그런 다음, 휴대폰이 연결된 상태에서 ₩Phone₩UE4Game₩MasteringVR₩Saved₩Screenshots₩Android 경로에서 앞에서 저장한 스크린샷을 확인할 수 있다.

▌ AR 프로젝트를 만들고 발사체(무기) 포팅하기

AR은 지난 몇 년간 엄청난 인기를 모은 분야다. 따라서 UE4가 마침내 매우 견고하고 간단한 통합 과정과 프로젝트 템플릿을 제공하는 것을 보는 일은 매우 멋진 일이다. AR가 간단히 설명하자면, 증강 현실^{Augmented Reality}은 현실 세계의 사용자를 별도의 세계로 끌어들이지 않는다는 점에서 VR과 다르다. 그 대신 Microsoft의 홀로렌즈^{HoloLens}, 새로 발표된 Magic Leap 고글 또는 현재 많이 사용되고 있는 스마트폰 및 태블릿과 같은 장치를 사용해 실제 세계와 통합(결합)한다. AR은 실제 배경(환경)을 앱이나 게임에 통합하기 때문에 사용자는 현실 세계의 물체를 게임 내 상호작용과 결합시킬 수 있다. AR을 위해 새 프로젝트에서 시작한 다음, 이전에 진행했던 작업에서 일부 코드와 애셋을 가져와 포팅을 진행할 것이다.

첫 AR 프로젝트 만들기

첫 번째 장과 바로 앞의 VR 절의 내용과 매우 비슷하게 이 절의 상당 부분은 리뷰가 될 것이다. 하지만 처음부터 시작하는 프로젝트이기 때문에 각 단계를 모두 거치는 것이 가장 좋은 방법이다(언리얼 프로젝트 브라우저를 한 번 더 준비하자!). 따라서 프로젝트를 지정하지 않고 엔진을 시작한 다음, 언리얼 프로젝트 브라우저가 나타나면 새 프로젝트^{New Project}와 블루프린트^{Blueprint} 탭에서 휴대형 증강 현실^{Handheld AR} 템플릿을 찾을 수 있다. 이 템플릿을 선택한 다음, 콘텐츠 수준은 모바일/태블릿^{Mobile/Tablet}으로, 시작용 콘텐츠^{Starter Content}는 제외한다(물론 원하는 경우에는 추가할 수 있다).

그러면 에디터가 열리고 작업을 바로 시작할 수 있다.

안드로이드 배포 세부 설정

VR 절과 비교하면 설정해야 할 속성이 훨씬 적지만, 안드로이드를 위한 설정을 하는 시작 과정은 똑같이 중요하다.

VR이나 다른 안드로이드 프로젝트와 같이, **프로젝트 세팅**Project Settings ❯ **플랫폼**Platforms ❯ **안드로이드**Android 메뉴로 이동해 **지금 환경설정**Configure Now 버튼을 클릭한다. 메뉴 하단에서 볼 수 있듯이, VR을 위해 설정해야만 했던 여러 설정 작업(예: APK 버전 설정 등)이 이미 처리된 것을 볼 수 있다.

개인적으로는 장치에서 기본 AR 게임을 실행하는 데는 기본 설정으로 충분했다. 여기에서 시작해 3차원의 가상 세계가 돋보이게 월드를 꾸미고, UE4 AR가 어떤 동작을 하는지 보기 위한 **디버그** 메뉴를 사용하고, 잘 동작하는지 보기 위한 시각화 등의 기능을 추가할 수 있다.

무기를 포팅해 AR에서 발사하기

기존의 프로젝트에서 무기(발사체)를 이 AR 데모 프로젝트로 가져와 훨씬 더 흥미롭게 바꿔보자. 먼저 적절한 폴더에 소스 파일을 추가한 다음, 프로젝트 파일을 생성해야 한다. 개인적으로는 이 작업을 위해 로컬 하드 드라이브에 두 개의 프로젝트 복사본을 만들었다(GitHub에서 같은 저장소^{Repository}에 있는 두 브랜치를 다루는 게 까다로웠다). 하지만 작업을 간단히 하기 위해 이 브랜치의 복사본을 사용해 로컬에서 작업했다(간단하게 새 폴더에 잘라내기/붙여넣기를 했다).

https://github.com/PacktPublishing/Mastering-Game-Development-with-Unreal-Engine-4-Second-Edition/tree/Chapter-13-AR

그리고 12장의 브랜치를 일반 GitHub 로컬 드라이브 위치로 가져왔다.

https://github.com/PacktPublishing/Mastering-Game-Development-with-Unreal-Engine-4-Second-Edition/tree/Chapter-12

이렇게 하면 12장의 항목을 AR 프로젝트로 가져올 수 있다. 약간 복잡하지만 로컬에서 12장의 파일과 폴더를 삭제하고 git의 정보에서 .git 숨김 파일을 제외시키면 된다. 그리고 로컬 AR을 해당 위치로 이동시킨(또는 이름 변경) 다음, 브랜치를 다시 AR 프로젝트로 전환하고 변경사항을 체크인(check in)하면 된다. Git은 이런 경우에 까다로울 수 있다. 하지만 이제 AR 환경에서 재미있는 시도를 하고, AR을 활용해 할 수 있는 일을 확인할 준비가 됐다. 시작해보자!

앞서 언급했듯이 소스 파일을 복사하는 것이 첫 번째 단계다. 12장의 MasteringProjectile. h와 .cpp 파일을 가져와 MasteringAR/Source 폴더에 복사한다. 복사가 끝나면, MasteringAR.uproject 파일에서 마우스 오른쪽 버튼을 클릭하고 **Generate Project Files** 메뉴를 선택하거나, 앞서 진행해봤던 대로 배치^{batch} 파일을 사용해 VS2017 파일을 생성한다. 이제 에디터를 빌드하고 실행할 수 있고, 배포도 할 수 있게 됐다. 하지만 이제는 C++ 프로젝트가 됐다는 사실을 명심하자. 따라서 배포할 때마다 코드를 컴파일하기 때문에 장치에서 실행하는 반복 작업시간이 상당히 증가할 것이다. 하지만 이 작업은 12장에서 만들었던 코드를 사용해 무기를 발사하는 데 필요한 작업이다.

> UE4 AR 프로젝트에서 Mastering.uproject로 파일 이름을 지정하고, MasteringProjectile이라는 이름의 새 C++ 클래스(Actor 클래스 기반)를 추가한 다음, 이주한(migrated) 애셋이 자신의 부모 클래스를 찾을 수 있게 메인 프로젝트의 코드를 이 프로젝트에 복사-붙여넣기를 해야 했다. 예전에는 앞서 설명한 파일 복사-붙여넣기 버전이 잘 동작했지만, 이 과정에서 문제가 발생하는 경우에는 방금 설명한 방법을 시도해보기 바란다.

12장 프로젝트를 실행한 다음, 일부 애셋을 AR 프로젝트로 이주Migrate해야 한다. 이를 위해 에디터를 열어 무기(발사체)를 찾은 다음, 블루프린트에서 마우스 오른쪽 버튼을 클릭한다. 팝업 창에서 **애셋 액션**Asset Action 하위의 **이주**Migrate 메뉴를 선택한다.

그러면 어떤 목록을 보여주는 팝업 창이 나타날 것이다. 일반적으로 언리얼에서 복사할 것이라고 알려주는 모든 의존 정보Dependencies를 보여준다. OK 버튼을 클릭한다.

AR 프로젝트의 Content 폴더를 지정하면, 무기(발사체) 및 무기와 의존 관계가 있는 애셋 (12장, '장면 내 비디오 및 시각적 효과'에서 제작한 특수 효과 등 무기에서 사용하는 모든 애셋)이 AR 프로젝트로 이주(이동)한다. 이런 방법으로 애셋을 이주하면, 애셋을 공유하는 프로젝트 사이에서 작업시간을 크게 절약할 수 있다. 마침내 애셋 이주 기능을 공유할 수 있게 됐다.

모든 작업을 완료했으면, AR 프로젝트가 열린 에디터로 돌아와서 무기에 대한 배열을 만들고 프로젝트가 시작할 때 만들었던 지오메트리 대신 무기를 생성해보자.

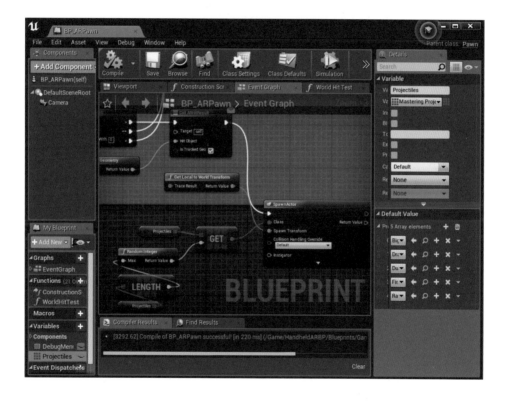

모든 작업을 완료했다. 이제 AR 세계에서 특수 효과 등과 함께 무기를 발사할 수 있는 핵심 프로젝트를 완료했다.

요약

지금까지 UE4의 가장 기본적인 내용에서부터 시작해 최신의 그리고 최고의 기술을 활용해 기능을 제작하고 변경하는 내용까지 다뤘다. 대상 플랫폼에서 동작하는 것을 바라보고, 작업을 다른 사람과 공유하는 것이 시간 문제라는 것을 아는 것만큼 만족스러운 것은 없다. VR과 AR은 매우 흥미로운 새로운 영역이며, UE4는 이 분야의 선두 주자인 만큼, 매우 좋은 기회이다. 이런 기술을 구현하고 동작시키는 데 필요한 노하우와 노하우를 활용해 제작할 수 있는 수많은 프로젝트와 게임은 매우 흥미롭다. 그리고 이 모두는 진정으로 UE4를 마스터했다는 것을 느끼게 해준다.

연습 문제

1. 새 프로젝트를 시작할 때 시작용 콘텐츠^{Starter Content}를 포함할 때 수반되는 장단점은?

2. VR 또는 AR 프로젝트를 만들 때 가능한 블루프린트로만 사용하는 프로젝트로 유지하는 주된 이유는?

3. 모든 **안드로이드** 프로젝트에서 빌드 및 배포가 가능하게 하기 위해 반드시 필요한 단계는?

4. 현재의 PC/콘솔 버전에 비해 GearVR 플랫폼이 갖는 장단점은?

5. HMD를 통해 움직임을 추가할 때 사용자에게 어떤 문제가 발생할 수 있는가? 그리고 이 문제는 어떻게 해결(또는 완화)할 수 있는가?

6. VR 템플릿에서는 설정해야만 했는데 AR 템플렛에서는 이미 설정돼 있던 **안드로이드**의 기본 설정은 무엇인가?

7. 블루프린트 전용 프로젝트를 C++ 프로젝트로 변환할 때 필요한 두 가지 단계는?

8. 모든 의존 관계를 유지한 상태로 한 프로젝트에서 다른 프로젝트로 애셋을 이주하는 방법은?

▌ 추가 자료

UE4에서 GearVR HMD 터치패드 사용하기

영문 · https://docs.unrealengine.com/en-us/Platforms/GearVR/HowTo/
HMDTouchPad

한글 · http://api.unrealengine.com/KOR/Platforms/GearVR/HowTo/
HMDTouchPad/index.html

Google의 AR을 지원하는 **안드로이드** 장치

영문 · https://developers.google.com/ar/discover/supported-devices

찾아보기

ㄱ

가비지 컬렉터 121
가상 현실 369
게임 모드 28, 116
게임 인스턴스 198, 206, 210, 214

ㄴ

내비메시 161
내비메시 볼륨 213
네이티브화 88, 90

ㄷ

데코레이터 163
디테일 47, 53, 262

ㄹ

레벨 101, 114, 116
레벨 블루프린트 101
루트 컴포넌트 98, 159

ㅁ

마켓플레이스 111, 223

ㅂ

뷰 타깃 120
블랙보드 161, 162, 163
블록 96
블루프린트 36, 50, 84, 87, 93, 95
블루프린트 비주얼 스크립팅 85
블루프린트 함수 라이브러리 90
비헤이비어 태스크 234
비헤이비어 트리 160, 161, 172

ㅅ

서비스 160, 161, 165
스켈레탈 메시 50
스태틱 메시 95
시퀀서 281, 282, 283
씬 컴포넌트 68, 95, 179

ㅇ

애니메이션 노티파이 176, 229
액터 203, 209, 213
오버랩 96
월드 세팅 117
이벤트 그래프 98
임포트 128
입력 바인딩 41

ㅈ

증강 현실 369
직렬화 119, 141, 145, 146

ㅋ

캐릭터 35, 49, 64
컴파일 43, 96
콘텐츠 브라우저 47, 48
콜리전 62
클래스 세팅 145

ㅌ

툴바 88, 230
트랜지션 175, 185

ㅍ

폰 70, 116, 117, 233
프로젝트 세팅 41, 199, 236, 320
플레이어 컨트롤러 261

ㅎ

핫 리로드 33, 38

A

AI 컨트롤러 180

B

BlockAllDynamic 97
BlueprintImplementableEvent 102
BlueprintReadOnly 86
BluprintCallable 102

C

check 73
checkSlow 73, 75

D

Details 47, 53

H

hot-reload 33
HUD 109

O

OverlapOnlyPawn 97

P

Pawn 70, 233

T

Transient 119

U

UFUNCTION 84, 102
UMG 109
UPROPERTY 49, 50, 84, 86

언리얼 엔진 4 게임 개발 2/e

게임 개발에 필요한 전반적인 기능 익히기

발 행 | 2019년 10월 31일

지은이 | 맷 에드먼즈
옮긴이 | 장 세 윤

펴낸이 | 권 성 준
편집장 | 황 영 주
편 집 | 이 지 은
디자인 | 박 주 란

에이콘출판주식회사
서울특별시 양천구 국회대로 287 (목동)
전화 02-2653-7600, 팩스 02-2653-0433
www.acornpub.co.kr / editor@acornpub.co.kr

한국어판 ⓒ 에이콘출판주식회사, 2019, Printed in Korea.
ISBN 979-11-6175-346-1
http://www.acornpub.co.kr/book/mastering-ue4-2e

이 도서의 국립중앙도서관 출판시도서목록(CIP)은 서지정보유통지원시스템 홈페이지(http://seoji.nl.go.kr)와
국가자료공동목록시스템(http://www.nl.go.kr/kolisnet)에서 이용하실 수 있습니다.(CIP제어번호: CIP2019041794)

책값은 뒤표지에 있습니다.